上班族
拉伸手册

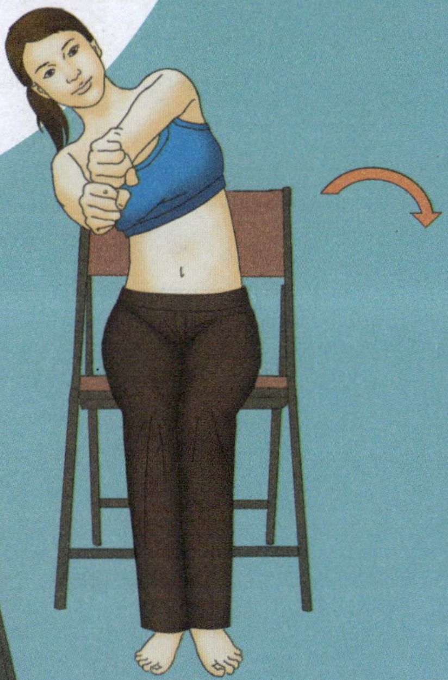

杨克新 / 编著

天津出版传媒集团
天津科学技术出版社

本书配有智能阅读助手，帮您实现

"时间花得少，阅读效果好"

▶ 建议配合二维码一起使用本书 ◀

我们为本书特配了智能阅读助手，它可以为您提供本书配套的读者权益，帮助您提高阅读效率，提升阅读体验。

针对本书，您可能会获得以下读者权益：

线上读书群
为您推荐本书专属读书交流群，入群可以与同读本书的读者，交流本书阅读过程中遇到的问题，分享阅读经验。

微信扫码
添加智能阅读助手

另外，还为您精心配置了一些辅助您更好地阅读本书的读书工具与服务。

阅读助手，助您高效阅读本书，让读书事半功倍！

图书在版编目（CIP）数据

上班族拉伸手册 / 杨克新编著 . -- 天津：天津科学技术出版社，2018.4（2020.10 重印）
  ISBN 978-7-5576-4832-9

Ⅰ . ①上… Ⅱ . ①杨… Ⅲ . ①健身运动 – 手册 Ⅳ . ① G883-62

中国版本图书馆 CIP 数据核字（2018）第 040117 号

上班族拉伸手册
SHANGBANZU LASHEN SHOUCE

策 划 人：	杨　譞
责任编辑：	王朝闻
责任印制：	兰　毅
出　　版：	天津出版传媒集团 天津科学技术出版社
地　　址：	天津市西康路 35 号
邮　　编：	300051
电　　话：	（022）23332490
网　　址：	www.tjkjcbs.com.cn
发　　行：	新华书店经销
印　　刷：	三河市兴博印务有限公司

开本 720×1020 1/16 印张 20 字数 328 000
2020 年 10 月第 1 版第 2 次印刷
定价：55.00 元

前言 PREFACE

拉伸是一种旨在提高身体柔韧性的训练方法，也是一种非常方便的健身方法，随时随地都可进行，非常适合生活节奏快、压力大的现代人群。相比其他运动来说，拉伸有着天然的优势。它动作简单，即学即用，不受时间、地点的限制。只要你愿意，任何时间、任何地点都可以拉伸：工作的时候，在汽车里的时候，等公交车的时候，在路上行走的时候，远足之后在阴凉的树荫下休息的时候，或者在海滩上玩耍的时候。只要你有这个意识，随时随地拉伸几下，就可享受到拉伸的益处。

正确而有规律的拉伸有助于缓解肌肉紧张，使身体更加放松；可使身体更加轻松自如地运动，从而提高身体的协调性，预防肌肉扭伤等一般性运动损伤；有助于使跑步、滑雪、网球等高强度运动变得更加容易；有助于保持现有的筋骨柔韧度，使你的身体不会因年龄的增长而变得僵硬。拉伸不仅可以有针对性地治疗人体的各种常见疾病，如高血压、心脏病、糖尿病等生活方式病，对网球肘、鼠标手、关节错位、肌肉拉伤等现代文明病也有非常明显的疗效，还可以帮助人们美容、减肥、抗衰、美体，可以说是改善身体健康状况、防病强身、治疗百病的奇效良方。正确的拉伸方法是放松地、持续地、柔和地，将注意力集中于被拉伸的肌肉上。若动作极快，并且拉伸到身体疼痛的程度，则可能会适得其反。

拉伸，被称为不需要意志力的运动，即学即用的健康法，人人都可用的放松术。它适用的人群有：久坐的办公一族，可以帮助消除"鼠标

手""五十肩"等现代文明症状；全职太太或家庭主妇，帮助她们保持好身材，并指导家人轻松拉伸；专业的健身教练，在运动前、后对健身者进行拉伸方法的指导；职业运动员，可以有效避免过多的运动伤害；年老体弱者，简单、因人而异的拉伸运动，可使气脉通畅、疲倦尽消。

《上班族拉伸手册》主要针对都市上班族由于久坐、缺乏运动引起的颈椎、肩膀、腰部、背部等的酸痛症状，收纳了实际且简单实用的拉伸内容，介绍了一整天的拉伸计划，包括起床、上班、午休、下班、散步等时间段的简单拉伸动作介绍和图示。让你充分利用零碎时间和空间，巧用墙壁、椅子等道具，随时随地运动起来。不管你是"无法维持运动习惯"的人还是"虽然想运动，却一直挪不出时间来"的人，只要你在乎自己的健康，就可以现在开始学做拉伸，进而培养自己的运动习惯，保持青春活力。

目录 CONTENTS

第一章 拉伸——即学即用的健康法

第一节 拉伸，人人都需要的放松术 2
- 有规律地拉伸可以改变健康状况 2
- 如何做才是"好的拉伸" 3
- 最流行的 PNF 拉伸 4
- 拉伸要跟着感觉走 5
- 塑身动态拉伸 8
- 立位拉伸法和卧位拉伸法 10

第二节 拉伸前后的热身与调节 12
- 拉伸中的注意事项 12
- 拉伸的程度宜"酸"不宜痛 13
- 运动前和运动后都别忘拉伸 13

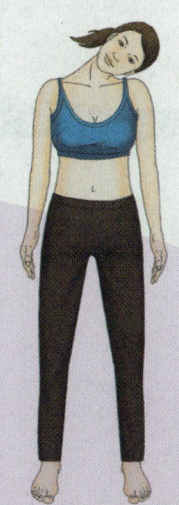

第二章 身体各部位拉伸

第一节 全身综合拉伸 16
- 全身保健拉伸 16
- 伸展拉伸法 21
- 肌肉群拉伸 26
- "一字"拉伸功 31

增强活力拉伸 ……………………………………… 31
放松拉伸 …………………………………………… 36
减轻压力拉伸 ……………………………………… 43
修养心灵拉伸 ……………………………………… 51
美化体形拉伸 ……………………………………… 54
修炼仪态拉伸 ……………………………………… 58
利用毛巾进行拉伸 ………………………………… 61
利用健身球进行拉伸 ……………………………… 65
利用仰卧起坐板拉伸 ……………………………… 67
伸背器的伸展训练 ………………………………… 69

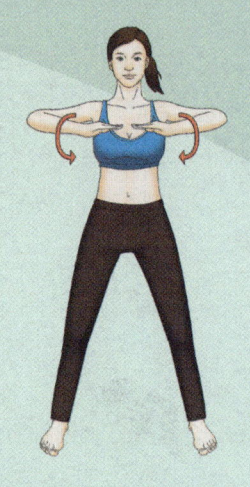

第二节　头颈肩拉伸 …………………………… 71

缓解颈部疲劳拉伸 ………………………………… 71
缓解颈部酸痛拉伸 ………………………………… 75
颈椎瑜伽拉伸促健康 ……………………………… 78
颈椎的牵拉拉伸 …………………………………… 80
养护颈椎的运动疗法 ……………………………… 82
颈项部经筋痹病拉伸 ……………………………… 84
电脑族颈部拉伸 …………………………………… 86
肩部放松拉伸 ……………………………………… 91
打造"V"字肩拉伸 ………………………………… 93
防治高低肩简易式拉伸 …………………………… 96
工作间隙的肩部拉伸 ……………………………… 101
肩周炎康复拉伸 …………………………………… 104
肩部经筋痹病拉伸 ………………………………… 108
电脑族肩部拉伸 …………………………………… 113

第三节　背部拉伸 ………………………………… 118

背部拉伸保健好轻松 ……………………………… 118
背部放松拉伸 ……………………………………… 121
背部伸展拉伸 ……………………………………… 124

缓解背部疼痛拉伸 …………………………………… 125

居家背部保健拉伸 …………………………………… 127

下班后的背部拉伸 …………………………………… 129

弹力带背部拉伸 ……………………………………… 131

哑铃美背拉伸 ………………………………………… 133

养护脊柱拉伸 ………………………………………… 135

脊柱健美拉伸 ………………………………………… 139

生活中的脊椎保健拉伸 ……………………………… 142

防治脊柱错位拉伸 …………………………………… 146

强直性脊柱炎的拉伸 ………………………………… 148

第四节　腰部拉伸 …………………………………… 149

腰部日常保健拉伸 …………………………………… 149

上班族养护腰部的拉伸 ……………………………… 151

腰背、下肢经筋的拉伸 ……………………………… 154

防治"空调腰"的拉伸 ……………………………… 156

电脑族腰部保健拉伸 ………………………………… 158

美化腰部线条拉伸 …………………………………… 161

克服腰腿痛的皮筋拉伸 ……………………………… 164

防治腰肌劳损的拉伸 ………………………………… 167

第五节　腹部、臀部拉伸 …………………………… 172

上腹部和下腹部综合拉伸 …………………………… 172

坚实腹部拉伸 ………………………………………… 176

燃烧腹部脂肪拉伸 …………………………………… 179

拉伸告别大肚腩 ……………………………………… 182

睡前腹部拉伸 ………………………………………… 185

办公室腹部拉伸 ……………………………………… 187

腹部弹力带拉伸 ……………………………………… 189

臀部健美拉伸 ………………………………………… 192

减掉臀部赘肉拉伸 …………………………………… 195

臀部弹力带拉伸 198
　　家务劳动时的臀部拉伸 200
　　灵活髋部的拉伸 201

第六节　四肢拉伸 204
　　大腿筋的拉伸 204
　　手腕部的拉伸 205
　　手臂拉伸 208
　　紧实玉臂的拉伸 210
　　利用弹力带的上臂拉伸 214
　　养护关节拉伸 217
　　美化下半身 219
　　办公室瘦腿拉伸 220
　　腿部弹力带拉伸 222
　　缓解腿部疲劳拉伸 224
　　足部保健拉伸 226
　　骶髋部经筋痹病拉伸 228
　　踝部经筋痹病拉伸 231

第三章　上班族拉伸保健

第一节　办公室拉伸 234
　　简易的办公室拉伸 234
　　办公桌前的拉伸保健 236
　　开始工作前的拉伸 240
　　利用椅子来拉伸 242
　　办公室健脑拉伸 245
　　电脑族脊背拉伸 248
　　电脑操作者试试这套拉伸 251

开会前的拉伸	254
打电话时的拉伸	256
消除疲劳的拉伸	258
图书当器械，做做拉伸	260
午间休息的拉伸	261
拉伸小动作甩开"鼠标手"	262
办公室铅笔操	263
办公室不同时段的拉伸	264
长期伏案者的颈部拉伸	267
办公室的减肥拉伸疗法	269
办公室水肿的拉伸	270
办公室瘦腰腹的拉伸	271
坐骨神经痛的办公室拉伸	273
防治痔疮的办公室拉伸运动	275
办公室降压拉伸	277
专业设计师的拉伸	280

第二节　办公室里的墙壁拉伸功　283

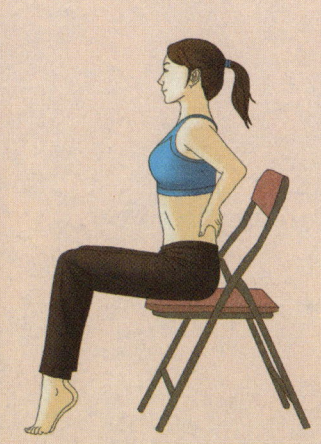

为何蹲墙功也有拉伸效果	283
蹲墙拉伸功的动作要领	283
蹲墙拉伸功对脊柱的修正	285
脊柱系统肌肉拉伸	286
蹲墙拉伸功要用心感受	286
蹲墙拉伸功，要进阶练习	287
面壁蹲墙拉伸功，有哪些注意事项	289
体会扭腰功的动作要领	289
扭腰功的注意事项	290
撞墙拉伸功的养生功效	291
撞墙拉伸功动作要领	292

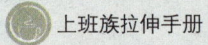

第三节　办公室手指拉伸 294
　　柔软手指拉伸 294
　　防治眼疲劳手指操 296
　　治疗便秘手指操 298
　　空抓，改善手指血液循环 300
　　指腕部经筋痹病拉伸 301

第四节　上下班路上的健身拉伸 302
　　"开车一族"的拉伸 302
　　公交车上的拉伸 304
　　骑自行车一族的拉伸 306
　　等车时的拉伸保健 307

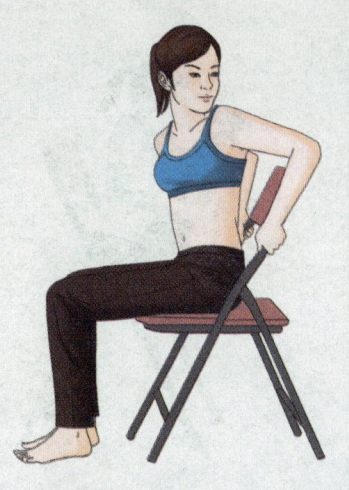

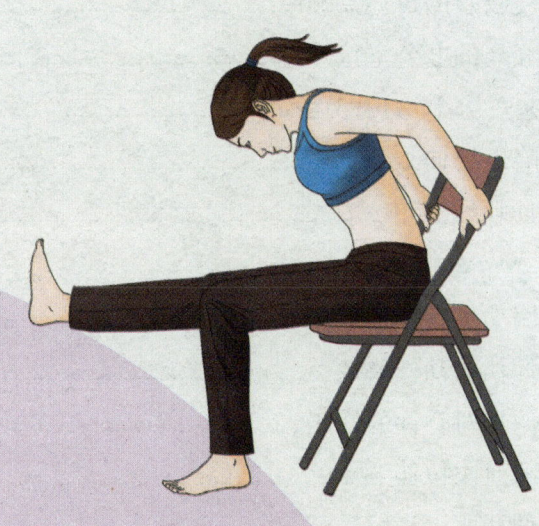

第一章

拉伸

——即学即用的健康法

上班族拉伸手册

第一节 | 拉伸，人人都需要的放松术

有规律地拉伸可以改变健康状况

拉伸是一种健康实用的热身活动。不论年纪大小、身体的柔韧性如何，都可以学习拉伸，而且不拘泥于方式，坐着、站着甚至躺着都能拉伸。有规律地拉伸不仅可以提高身体的柔韧性，减少剧烈运动造成的受伤，减轻肌肉酸痛，还能使人精神放松，达到养生保健的目的。常做拉伸运动可以使你在步入老年以后仍然可以保持身体的柔韧性，运动自如。

拉伸为什么具有如此神奇的功效呢？主要有以下三个原因：

1. 疏通十二经脉

中医认为，十二经筋的走向与十二经络相同，故筋缩处经络也不通，不通则痛。这是因为在拉筋时，人体的胯部、大腿内侧、窝（膝后区的菱形凹陷）等处会产生疼痛感，这是筋缩的症状，则相应的经络不畅。而通过拉筋，可使僵硬的部位变得柔软，增强人体柔韧性，腰膝、四肢及全身各处的痛、麻、胀等病症会因此减缓或消除，重回"骨正筋柔，气血自流"的健康状态。

2. 打通背部的督脉和膀胱经

在武侠电影中，主角常常因为打通了任督二脉而使得武功突飞猛进，由此可见任督二脉的重要性。而这是有理论依据的，并非虚构，中医的经络学说认为，督脉是诸阳之会，元气的通道，此脉通则

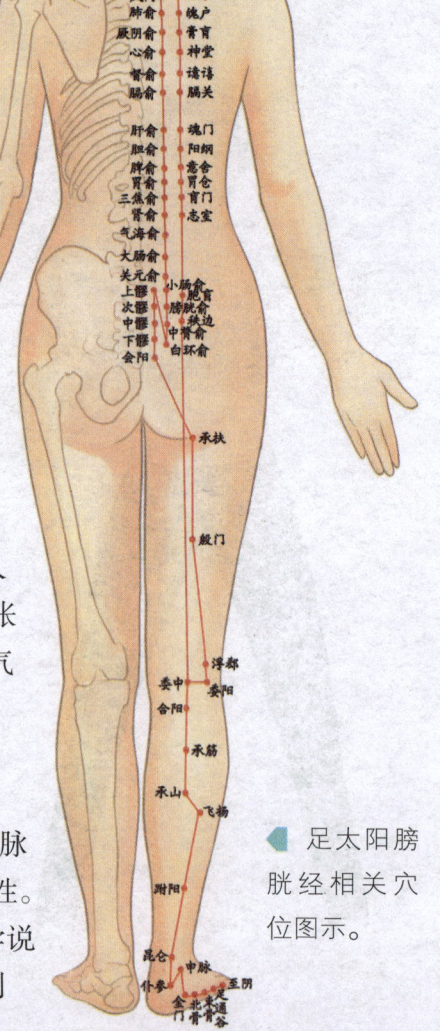

▼ 足太阳膀胱经相关穴位图示。

肾功能加强，而肾乃先天之本，精气源泉，人的精力旺盛、性能力强都仰赖于肾功能的强大。此外，督脉就在脊椎上，而脊髓直通脑髓，故脊椎与脑部疾病有着千丝万缕的联系。任督二脉在人体上是个循环的圈。

任脉指的是膀胱经，它是人体最大的排毒系统，也是抵御风寒的重要屏障。也就是说，膀胱经通畅，则风寒难以入侵，内毒随时排出，肥胖、便秘、粉刺、色斑等自然消除、减缓。而且，膀胱经又是脏腑的腧穴所在，即脊椎两旁膀胱经上每一个与脏腑同名的穴位，疏通膀胱经自然有利于所有的脏腑。从西医角度来看，连接大脑和脏腑的主要神经、血管都依附在脊椎及其两边的骨头上。疏通脊椎上下，自然就扫清了很多看得见的堡垒、障碍和看不见的地雷、陷阱。

3. 改善肝脾肾三条经

中医认为，大腿内侧的肝脾肾三条经通畅，则人的性功能较强。如果这三条经不畅，容易导致生殖、泌尿系统疾病，比如阳痿、早泄、前列腺炎、痛经、月经不调、色斑、子宫肌瘤、乳腺增生，等等。而通过拉筋，尤其是拉腿筋，则能充分改善这三条经堵塞不通的状况，也能在一定程度上治疗男性疾病和妇科疾病。

如何做才是"好的拉伸"

拉伸运动虽然是一种比较简便易行的热身活动，但是，拉伸的方法也有正确与错误，在做拉伸运动的时候要注意聆听身体的声音，不要逞强或者加快动作，以免误伤到身体。

正确的拉伸是放松的、持续的，伴有舒适愉悦的感觉。

1. 调整呼吸

在拉伸时，最先应当调整呼吸，使其顺畅、缓慢而富有节奏感。如果做身体前屈式拉伸动作，就应当在向前屈体时呼气，在保持姿势时吸气，拉伸时不能屏住呼吸。如果某个拉伸动作让你无法自然呼吸，那么这个拉伸动作肯定是错误的。这时就要放缓动作，以便自然地呼吸。

2. 准备拉伸

在开始一个拉伸动作的时候，先用5~15秒钟的时间进行拉伸准备。动作要缓慢，拉伸到感觉有轻微的拉伸张力时，保持一会儿，拉伸张力会慢慢消失。如果

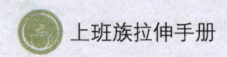

不是这样,那么就稍稍放松身体,调节到令你感到舒适的拉伸感。

3. 静态伸展

在舒缓中找到舒适的拉伸感后,就要跟着这种良好的感觉有规律地进一步拉伸。切记,动作依然不要太快。拉伸时要一点一点地移动身体,直到再次感觉到轻微的拉伸张力,然后保持这个姿势5~15秒钟。要控制自己的身体。拉伸感依然会慢慢消失,如果没有的话,就稍稍放松身体。

4. 跟着节奏走

让绷紧的肌肉放松需要时间,所以刚开始学习拉伸的时候,为了保持足够的拉伸时间,在做每个拉伸动作的时候,在心里默默地为自己数着节拍,就像做广播体操时数节拍一样。即使是熟练以后,也可以采取这种方式,因为节奏感可以让自己做起来更加轻松愉快。

5. 相信自己的感觉

拉伸的目的是放松。如果你的拉伸姿势正确,是不会有任何疼痛感的。而这里说的正确,就是你的感觉。如果感觉到疼痛,就是身体在告诉你,你有什么地方做错了。要及时纠正自己的错误姿势。而要做到相信自己的感觉,就要学会将注意力集中在身体上。

这样,身体自然而然地就会越来越柔韧,从而达到拉伸的目的。

最流行的 PNF 拉伸

拉伸在现代生活中的地位越来越重要,可以帮助人们缓解肌肉的酸痛,减少受伤的机会,增强身体活动功能,增进关节的血液及养分供应,改善体态和缓解腰背痛。当前最流行的拉伸就是 PNF 拉伸。

PNF 是 "Proprioceptive Neuromuscular Facilitationstretch" 的缩写,也就是 "本体感受神经肌肉性促进法",简称 PNF 拉伸。PNF 是20世纪40年代由霍文·贾帕发明的,20世纪70年代鲍勃·安德森对该理论进行完善,20世纪80年代出版《拉伸活动》一书,并提出了静态拉伸法,即拉伸肌肉到一定程度,然后保持这个姿势几秒钟。因为 PNF 拉伸对柔韧性有很强的改善效果,同时能提升力量,改善神经协调,所以越来越受到人们的欢迎。在这里,先给大家介绍两种简单易操作的 PNF 拉伸方法。

1. 收缩—放松

将右手臂弯曲，左手放在右手臂的肘部，左手轻轻用力带着右手肘部沿胸部拉向左侧，感觉有微微的拉伸感，然后肘部向相反方向拉伸，左手给其阻力，保持动作4~5秒。放松片刻之后接着将肘部向后方拉直到再次感到轻微的拉伸感，保持和缓拉伸5~15秒钟。将动作重复几次，左右手臂交替进行。

2. 静力—放松/拮抗肌收缩

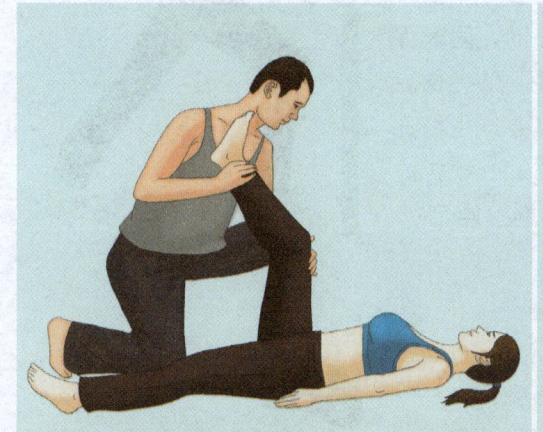

▲ 采取仰卧位，慢慢抬升右腿成60度，教练或者专业人士微微给腿部向外施力，静态拉伸目标肌肉，约10秒钟，还原到60度。

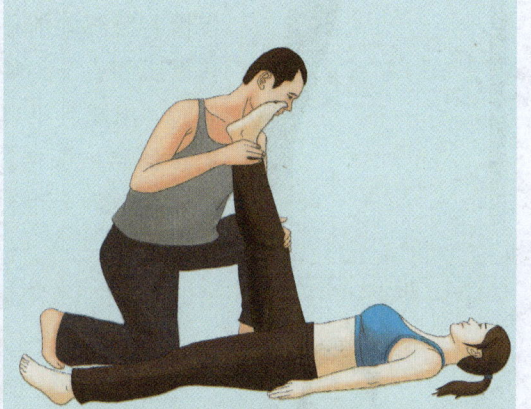

▲ 然后，向大腿内部施力，让目标肌肉等长收缩，保持6秒钟，返回60度；然后伸直腿部，用力蹬直，同时收缩拮抗肌，约30秒钟。

以上动作可以交替重复进行，完成3~4组，最后以静态拉伸结束。你会发现每次重复后的静态拉伸都比前一次要更深一些，肌肉伸展的效果会更好。

拉伸要跟着感觉走

静止拉伸，也称为"被动拉伸"，指肌肉被拉伸到它可以自如行动的状态，并保持在那个状态一定的时间。静止拉伸可以渐渐地到达合适部位，你可以保持每一个拉伸动作10~30秒钟。静止拉伸更适合你在缓和阶段来做。当然，你也可以在热身阶段做一些轻微的静止拉伸。

下面介绍几种简单的静止拉伸供大家参考练习：

1. 小腿肚拉伸

◀ 用前臂支撑在墙上,然后身体前倾,前额贴在手背上。

▼ 一条腿屈膝,靠近墙面,另一条腿绷直,保持脚掌平贴地面且脚尖指向正前方或稍向内。接下来,脚的位置不变,慢慢将髋部向前移动,同时保持后腿绷直、脚掌平贴地面。此时,小腿肚肌肉会产生舒适的拉伸感,保持5~10秒钟。相反方向进行同样的拉伸。

2. 坐位腹股沟拉伸

◀ 坐在地板上,双脚合十,两手勾住脚趾前端。

▼ 上身由髋部开始慢慢前倾,直到腹股沟处感觉到轻微的拉伸。随着拉伸动作缓缓收缩腹部肌肉,保持5~15秒钟。

如果感觉很舒适,慢慢将肘部放在小腿外侧,这样能帮助你保持稳定和平衡。在拉伸张力逐渐消失以后,缓缓加大拉伸幅度,强化拉伸的感觉。如果感觉疼痛,保持姿势15秒钟,然后缓缓放松。

拉伸时要注意以下几点:

(1)保持静止状态的姿势时,缓慢而有节奏地呼吸。

(2)下颌和肩膀放松。

(3)从髋部开始前倾,腰部保持平直,两眼正视前方。

(4)错误的拉伸方法:从头部和肩膀处开始前倾。这种做法会使双肩内缩,增加腰部压力,出现疼痛感。

3. 拉伸大腿后腱和腰部

接动作 2

▶ 左腿保持弯曲，右腿伸直。左脚脚底贴住右大腿内侧。注意不要让右腿膝盖"锁住"。应该保持一条腿伸直另一条腿弯曲的姿势。

▲ 由髋部开始前倾并呼气，直到产生轻微的拉伸感。保持这个姿势 5~15 秒钟。缓慢而有节奏地呼吸。然后，进行相反方向练习。

4. 平躺位腹股沟拉伸

注意：这个动作是很舒适的，不应有任何的疼痛感和紧张感。

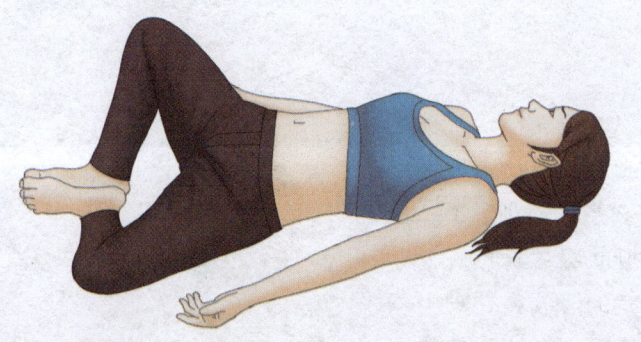

◀ 仰面躺在地板上，双脚合十，两膝盖自然分开，放松髋部。由于重力作用腹股沟会产生轻微的拉伸感，保持 40 秒钟，深呼吸。

5. 伸长拉伸

这是最适合每天早晨起床之前做的拉伸动作。
具体做法如下：

▲ 平躺，慢慢伸直两腿，双臂伸过头顶，双手伸展，脚尖绷直，保持 5 秒钟，然后放松。重复上述动作 3 次。每次拉伸时微微收缩腹部肌肉，从而起到瘦小腹的效果，感觉会非常好。这个动作既拉伸了手臂、肩膀、脊椎、腹部，也拉伸了胸腔、双脚和脚踝的肌肉。

6. 腰部和大腿后部的拉伸

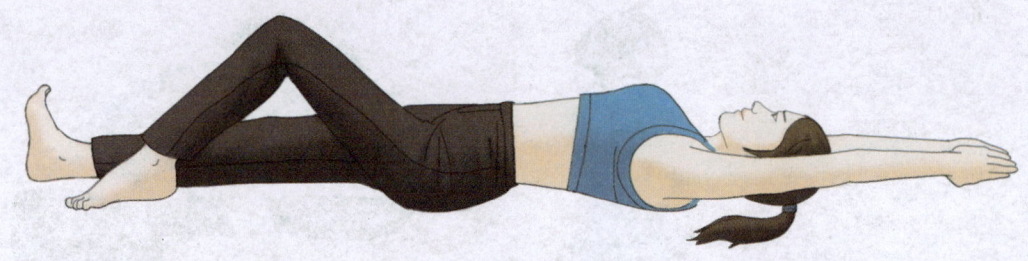

▲ 平躺，慢慢伸直两腿，双臂伸过头顶双手伸展，一条腿屈膝轻轻向胸部拉动，直到能够感觉到轻松拉伸，必要时可用双手辅助腿部的拉伸，保持30秒钟。拉伸时要保持呼吸通畅。

塑身动态拉伸

动态拉伸也被称为主动式拉伸，它是指通过一些动作拉伸肌肉。它把一些快动作变成了特别的拉伸动作。轻微动态拉伸运动是你做运动前进行热身的重要部分。热身活动过程中的动态拉伸应该与要做的健身或运动相符合。下面是动态拉伸的一些动作：

1. 单腿跪地，动态拉伸

▶ 将右脚向前跨出，左膝跪在瑜伽垫上或者地板上，右膝成90度（右膝膝盖不要超过前脚趾）。保持注意力集中，深吸气，将肚脐吸向脊椎，上提胸廓，臀部微微向前，在呼气的时候将左脚尖点地。保持这个姿势，数到3，然后放松。重复整个过程5次，然后，反方向做同样的动作。

2. 金鸡独立，拉伸股四头肌

▶ 左手用弹力带将左脚拉住，右手前伸，右腿单腿独立（注意：左手掌掌心向外，这将保证你的肩部成开放姿势）。

▶ 保持膝部对齐，调动腹肌，将肚脐吸向脊椎，将尾椎微微向下压。在呼气的时候，将左臀向正对方推出。保持这个姿势，呼吸3次。然后，反方向做同样的动作。

3. 仰躺于地，拉伸腿筋

▶ 用弹力带拉住右脚并尽可能伸展腿部。保持这个姿势，呼吸3次。将注意力集中在两腿的股四头肌上，将足跟指向天花板。重复整个过程5次，然后，反方向做同样动作。

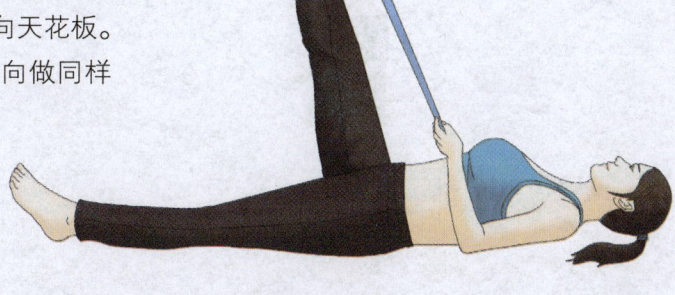

4. 脚掌相对，腰板挺直

◀ 取坐位，两只脚跟相对，将脚跟尽量靠近会阴部位。背靠墙壁，腰背挺直，深呼吸，想象你的尾椎一节一节地往上挺直。保持这个姿势，深呼吸10次。

立位拉伸法和卧位拉伸法

在现代社会,科技进步使生活舒适了很多,很多人都在使用电梯、汽车,导致运动量大大减少,筋缩也因此增加。那些长期坐着工作的白领们,筋缩的可能性大增。如果你觉得自己筋缩了,那么就该拉伸了。从拉伸的方式来说,可分为立位拉伸法和卧位拉伸法。立位拉伸法是指人们站着拉伸的方法,而卧位拉伸法就是指人们躺在床上或长椅上的拉伸方法。下面,我们就来具体介绍一下两种拉伸法的特点。

1. 立位拉伸法

中医认为,采用立位拉伸法可拉松肩胛部、肩周围、背部及其相关部分的肌腱、韧带,有利于肩颈痛、肩周炎、背痛等症的治疗。一般来说,立位拉伸法主要依赖门框来进行,具体步骤如下:

(1)先选定一个门框,举起双手,尽量伸展开双臂,按住门框外缘。

(2)一脚在前,站弓步,另一脚在后,腿尽量伸直。

(3)身体要与门框保持平行,抬头,平视前方。

(4)保持这个姿势3分钟,换另一条腿站弓步,同样站立3分钟。同样多次重复这个过程,但不宜使身体过于劳累。

2. 卧位拉伸法

卧位拉伸法主要用于拉松腰至膝后的筋腱，拉松大腿内侧韧带及大腿背侧韧带，也有助于放松髋部的关节，所以卧位拉伸法又称卧位松髋法。一般来说，卧位拉伸法要依赖椅子、茶几或床来进行，具体步骤如下：

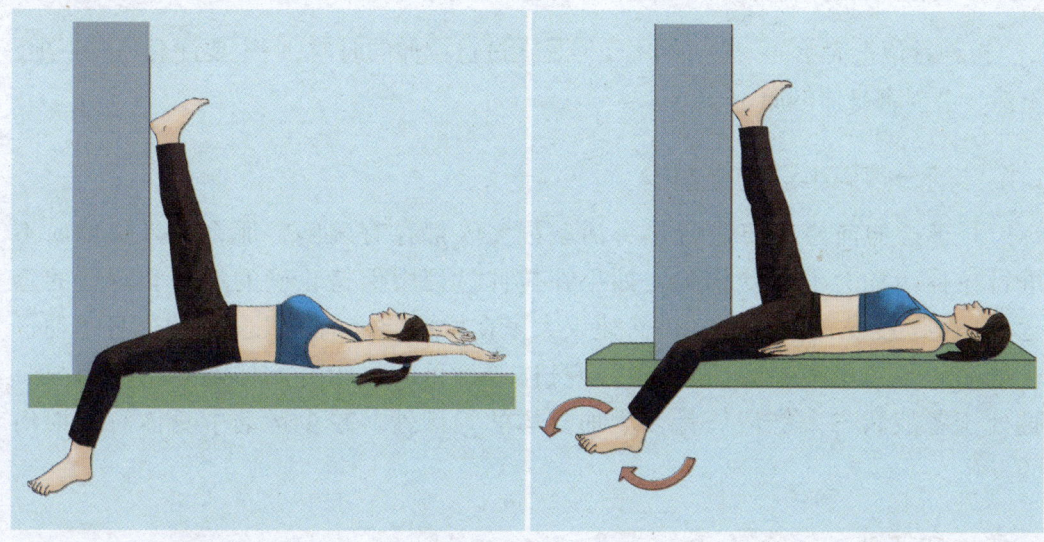

（1）将两张安全稳妥、平坦的椅子或是一张茶几摆放在近墙边或门框处，或是选择一张两面靠墙边的床。

（2）坐在靠墙边或门框的椅子、茶几或床边上，臀部尽量移至椅子、茶几、床边。

（3）躺下仰卧，将靠里面的一条腿（左腿在里则用左腿，右腿在里则用右腿）伸直倚在墙柱或门框上，另一只腿屈膝，让其垂直落地，尽量触及地面，无法触及地面时可用书本等物垫在脚下。

（4）仰卧时，双手自然平放在椅子、茶几或床上，期间垂直落地的腿亦可作踏单车姿势摆动，有利于放松髋部的关节。

（5）保持这个姿势10分钟，然后再移动椅子、茶几靠在对侧的墙或门框，或是到床的另一靠墙的边，再依上述方法，换脚再做10分钟。

第二节 拉伸前后的热身与调节

拉伸中的注意事项

拉伸看似很简单的一些小动作,但是在进行拉伸的时候,一定要注意一些事项,不然,会损害身体健康。

1. 拉伸前,做点小运动来热身

对于拉伸前要不要进行热身活动很多人都存有疑问,那么如果拉伸前不进行拉伸活动会不会受伤呢?如果在拉伸过程中保持正确的姿势和舒适的感觉,是不会受伤的。但是,仍然建议大家在做拉伸之前做几分钟的热身运动,比如小跑步、甩甩手脚、左右转动身体等,目的在于升高体温,使肌肉与肌腱处于备战状态。舒活筋骨,增加身体的柔韧性,减少运动中身体意外损伤的发生。

2. 拉伸使猛劲,危害很可怕

拉伸的目的,是利用肌肉肌腱的弹性及延伸,刺激肌肉梭神经及肌腱感受小体的神经信息,而逐渐地增加伸展的潜力及忍受力。因此,无论是律动式或固定式(连续30秒以上)的拉伸,拉伸的动作都要缓慢而温和,千万不可猛压或急压,尤其忌讳在拉伸平常拉压不到的部位时,一些人为求速成而猛烈地急压,或他人施加外力帮忙,容易因用力不当,拉伤肌腱,对人体造成损害。

3. 别只拉伸一个肌肉群

有些人拉伸时只喜欢拉手部,或是只做拉脚部的运动,这样就会导致只有一个肌肉群运动,可能影响人体结构的平衡。从医学的角度来说,对同一个动作,可能有许多肌肉共同组成相同功能的群体,协同完成动作;但是这些肌肉,因为解剖位置的不同,可能需要靠不同的拉伸动作才能伸展到;除了协同肌,方向作用相反的拮抗

▲ 拉伸时不要只拉伸一个肌肉群。

肌也必须对等地拉伸；如果协同肌在拉伸时有漏网之鱼，在进行某些极限动作时便可能无法"登顶"而受伤；如果拮抗肌没有全部伸展，则在强烈收缩时失去平衡，也会使之受伤。因此，人们在拉伸时不能总是拉伸某一个肌肉群，而要让身体全方位都享受拉伸的养生保健功效，以维护人体的平衡。

拉伸的程度宜"酸"不宜痛

拉伸是一个循序渐进的过程，不能猛力拉伸，以免拉伤肌腱。具体来说，就是要求人们拉伸的程度以感觉有点"张力"或"酸"为宜，绝对不能到"痛"的程度。从医学的角度来说，拉伸时产生"张力"或"酸"的感觉，是肌肉感觉神经元正确地反映出了拉伸的效果；但拉伸到"痛"的感觉，便已接近受伤，此时如果继续拉伸，就可能造成关节和肌肉活动范围过大，导致自身的伤病。

更具体一点来讲，是因为每个人的生命都赋予身体两种保护功能，它们都是特殊的神经细胞。一种类型的神经细胞在肌肉过度拉伸时会把信号传递给大脑中枢；第二种神经细胞是保护性机能的一部分，被称为"拉伸反射"。当第二种神经细胞感到某种拉伸动作过快时，大脑中枢神经就反射性地收缩拉伸的肌肉，其作用恰如汽车的"减震器"，在肌肉可能被拉伤之前使动作变缓直至终止。当你过度地拉伸某一块肌肉，开始产生"拉伸反射"时，神经组织就会向大脑发出信号要求停止拉伸或减弱拉伸强度，大脑中枢神经就反射性地收缩拉伸的肌肉，从而使你产生"痛"的感觉。此时应立即减弱拉伸的强度，直至停止。

总之，为了充分拉伸肌肉或关节，你必须轻柔舒缓地进行拉筋练习，以避免产生"拉伸反射"。花上三四十秒钟的时间轻柔地进行拉筋练习直到拉伸的肌肉产生轻微的疼痛，这就是身体允许的最大范围拉伸的临界点，过了这个点，肌肉就可能被拉伤。此时宜回收一点，进入"可拉伸区域"，让疼痛消失，并保持此姿势 20~30 秒时间，但应力求将此姿势保持 1~2 分钟，这时要进行浅短的呼吸——尽管你需要保持正常的呼吸节奏，最后达到身心的完全放松。你可以在休息 1 分钟后重复此动作，亦可进行下一项练习。

运动前和运动后都别忘拉伸

人们知道运动员为了挑战生理极限，常常做出剧烈的运动，因此时常发生肌腱拉伤的情况。其实，运动不仅可能拉伤肌腱，还可能引起筋缩。

对于那些经常运动的人来说,他们觉得自己筋骨活络,因此常常忽视运动前的拉伸运动,只是随便动动手脚、挥挥手臂,几分钟了事。更有甚者,运动前根本不做热身运动,这是非常错误的做法。

在做热身运动时要尽量激活全身肌肉,避免进行单调重复的拉伸运动,而使得某些部位频繁运动,其他部位活动程度却不够。所以,运动之前,一定要进行全面的拉伸,以增强身体的柔韧性,减少意外伤害。

另外,一般人只记得运动之前要拉伸,而运动后身体疲倦时,只想着坐下休息,没有想到运动后也要拉伸。其实人们在运动之后,虽然肌肉酸痛,仍应再缓和地做一次拉伸,使肌肉纤维重新调理,加快疲劳缓解速度,下一次运动时肌肉的状况也会更好。

▲ 运动前和运动后都做做拉伸运动,对身体更为有益。

第二章
身体各部位拉伸

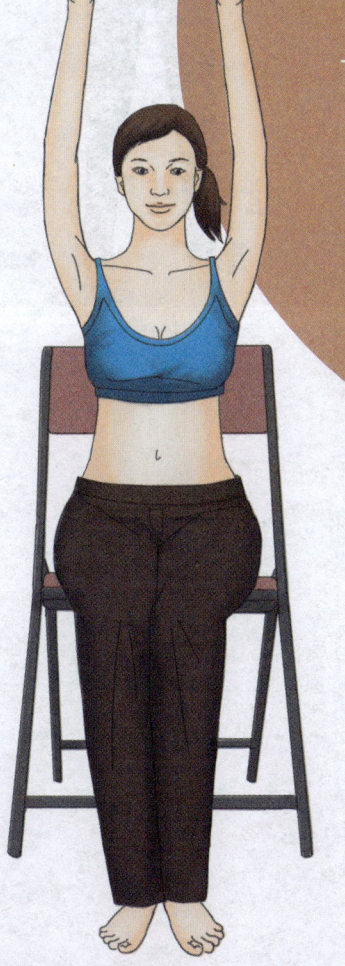

上班族拉伸手册

第一节 全身综合拉伸

全身保健拉伸

拉伸能够增加身体的柔软度，筋骨的柔软性也是鉴定身体是否处于健康状态的一个标准。拉伸可以让肌肉韧带和关节及关节与关节之间配合得更加紧密，从而减少关节和肌肉受伤的可能性。日常生活中很少运动的人，一星期可以做三次拉伸或者每天拉伸一次。

下面介绍一些全身部位的拉伸方法：

1. 头部拉伸

拉伸部位：头颈部。

▶ 拉伸方法：
双脚站立与肩同宽，脚尖向前；然后双手叉腰，头部依次向上、下、左、右四个方向活动，连做2个8拍。

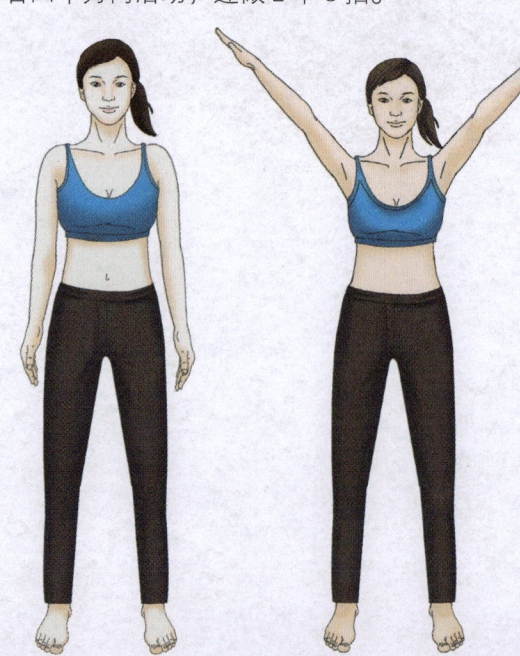

2. 十点十分拉伸操

拉伸部位：肩部、颈椎。

◀ 拉伸方法：
双脚站立与肩同宽，脚尖向前；双臂向两侧水平伸直，向上抬起成钟表的十点十分形状，再恢复到水平伸直的状态，反复练习，8个8拍。

3. 单脚站立拉伸

拉伸部位：腰部。

▶ 拉伸方法：
双手叉腰，身体直立；左腿向后离地绷直，2个8拍；换右腿向后离地绷直，2个8拍。

4. 肩部运动操

拉伸部位：肩部关节。

▲ 拉伸方法：
双脚站立与肩同宽，脚尖向前；左手伸直，右手弯曲，夹住左手肘关节，右手不断用力向后拉，2个8拍。换方向，右手伸直，左手弯曲，夹住右手肘关节，左手不断用力向后拉，2个8拍；

▲ 右手抬起伸直（与地面垂直），左手从前面压住右手肘关节，不断向后拉，2个8拍。此轮动作完成。

▲ 保持这个姿势，右手弯曲，指尖向下，左手按住右手肘关节，不断用力向下压，2个8拍；

▲ 左手抬起伸直（与地面垂直），右手从前面压住左手肘关节，不断向后拉，2个8拍。

5. 旱地划船拉伸

拉伸部位：肩部、背部。

▶ 拉伸方法：

双脚站立与肩同宽，脚尖向前；上身前倾（不要撅屁股），双臂向前水平伸直，握拳用力向肩部靠近，挤压背部肌肉，反复练习，2个8拍，1拍做一次；保持挤压背部肌肉的姿势静止，2个8拍。

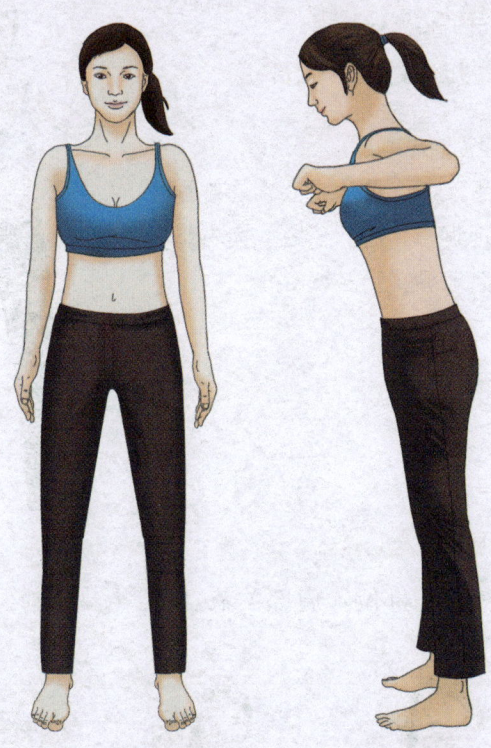

6. 翻手腕拉伸

拉伸部位：腕、肘、肩。

▶ 拉伸方法：

双脚站立与肩同宽，脚尖向前；双臂向前水平伸直，手背相对，左右手前臂交叉，右手放到左手旁，十指交叉，向内翻转伸直，再返回，反复练习2个8拍；换左手放到右手旁，十指交叉，向内翻转伸直，再返回，反复练习2个8拍。

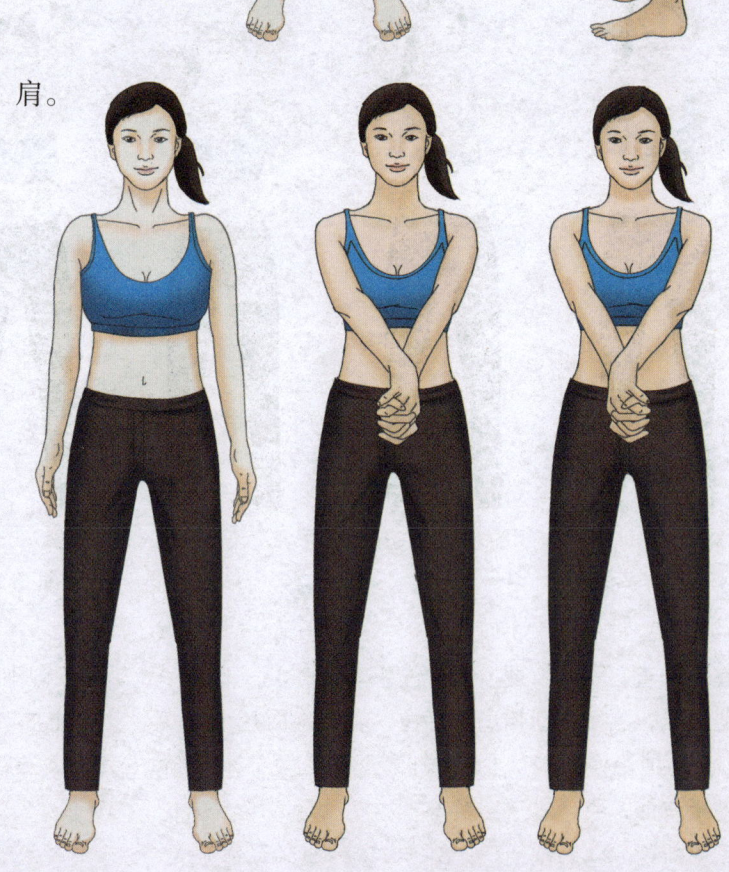

7. 手指拉伸

拉伸部位：手指关节。

▲ 拉伸方法：

双脚站立与肩同宽，脚尖向前；双臂向两侧水平伸直；两手张开，腕关节向下，掌心向外。手指从小拇指开始依次向里握拳，翻转向上，用力向外，然后从大拇指开始依次张开翻转，掌心向外，用力向外，反复练习2个8拍。

8. 弯腰触地拉伸

拉伸部位：腰腹部、腿部。

▲ 拉伸方法：
首先身体站直，双脚并拢；弯腰，指尖或掌心尽量触地，可根据自身情况练习，2个8拍。

▲ 老人可坐在地上手向脚尖延伸。

9. 隔墙看戏拉伸

拉伸部位：颈椎、脚踝、小腿。

▶ 拉伸方法：
身体站直，双脚并拢；脚跟抬起，颈部尽量向上（好像隔着一堵墙在向外看），4个8拍。

10. 千手观音式拉伸

拉伸部位：手指关节、肩关节、小腿。

▶ 拉伸方法：
身体站直，双脚并拢；脚跟抬起；手指的第一、二关节不断弯曲、伸展，手的活动轨迹在身体前面，从下向上、从两侧落下，循环做。在手指活动的同时随着节奏脚跟踮起，注意脚跟不能着地，反复练习4个8拍。

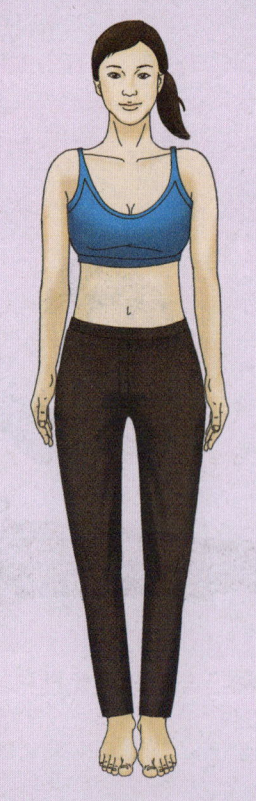

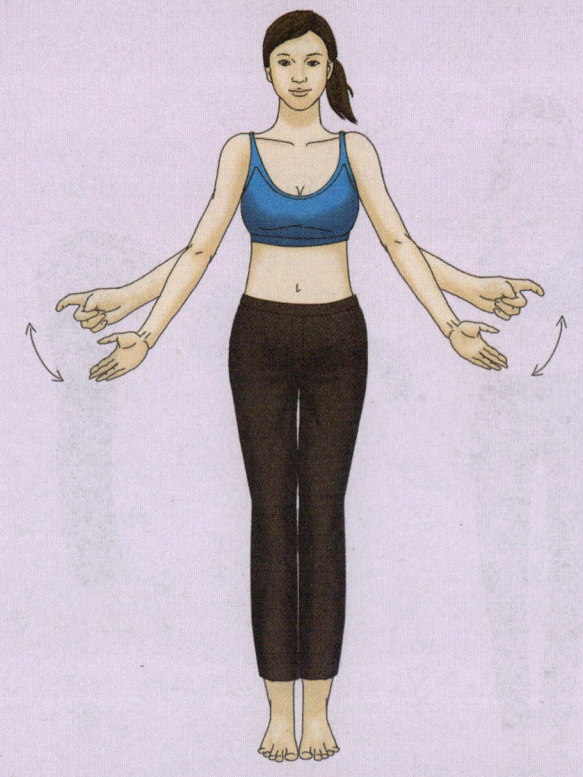

11. 膝盖半蹲拉伸

拉伸部位：膝关节。

▶ 拉伸方法：

双脚分开与肩同宽，脚尖向前；膝盖弯曲站立（微弯），8个8拍。

要想保证身体健康，除了经常做一些拉伸运动外，在日常饮食上也要特别注意少吃或忌吃以下食物：

（1）高脂肪、高热量食物

若连续、长期吃高脂肪、高热量饮食，可使血脂增高、血液黏稠度增加，容易形成动脉粥样硬化斑块，最终导致血栓发生。此外，肥肉、动物内脏、鱼卵等也不要吃，少食花生等含油脂多、胆固醇高的食物；忌用或少用全脂乳、奶油、蛋黄、肥猪肉、肥羊肉、肥牛肉、肝、内脏、黄油、猪油、牛油、羊油、椰子油；不宜采用油炸、煎炒、烧烤烹调。

（2）肥甘甜腻、过咸刺激助火生痰之品

少食甜味饮品、奶油蛋糕；忌食过多酱、咸菜等。

（3）生、冷、辛辣刺激性食物

如白酒、麻椒、麻辣火锅等，还有热性食物如浓茶、绿豆、羊肉、狗肉等。同时还应戒烟、限酒。烟毒可损害血管内膜，并能引起小血管收缩，管腔变窄，因而容易形成血栓；大量饮用烈性酒，对血管有害无益，因为酗酒也能引起脑血栓。

伸展拉伸法

伸展拉伸法，主要是发展骨骼肌的柔韧性，锻炼身体的灵活度。柔韧性不好的人肌肉出现紧张、僵硬，容易扭伤、拉伤，出现慢性酸、痛、麻、胀与疲劳等不适感。

平时我们在正式运动前的暖身运动就包含很多拉伸动作，目的是使关节灵活，肌肉温度上升，这样才能够在正式运动时伸展自如。本系列运动法专为那些柔韧性不好的朋友设置，动作简单，易于学习，只要量力而为、持之以恒地练习，就能产生安全又满意的拉伸效果。

1. 双手探地拉伸

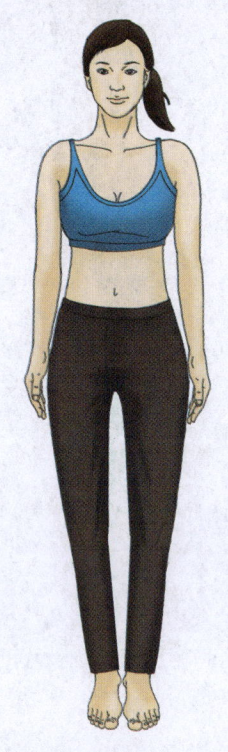

▼ 首先身体站直，双腿并拢；然后两臂上举，指尖向上。同时身体尽可能地向下弯曲，若双手能触及地面则效果最佳。保持这个姿势的过程中，注意双腿伸直并拢，10~20秒之后，回到开始时的站立姿势，调整呼吸到正常状态。若想达到增强腰部和腿部柔韧性的效果，这个动作是最佳的练习选择。

2. 旋腰拉伸

▶ 站立姿势，两脚分开与肩同宽。然后两臂前举，指尖向上（掌心向前），同时向身体的左侧旋转腰身，保持2~3秒之后，可以还原为站立姿势。接下来以同样的动作要领，向身体的右侧旋转腰身，注意保持呼吸顺畅，动作不宜太快。左右两边相互交替旋转腰身5~7次。这个动作可以很好地锻炼腰部的肌肉。

3. 滚背拉伸

🔹 首先以长坐的方式，即双腿伸直并拢，上身坐正，与地面垂直，坐在舒适平坦的床上或地上。然后将双手叉于腰间，并使身体的上半部分向后倾倒，同时身体下半部分的双腿尽量向上后方提起，直到脚尖与地面非常接近甚至能够触及地面。这样保持10~20秒钟之后，还原为坐立姿势，保持正常的呼吸，然后休息几分钟。这个动作可以使腿后的肌肉和腰背部的肌肉得到很好的伸展。

4. 背向拉直功

🔹 第一步，跪坐在平整的地方，地上或者床上皆可。注意身体坐直的同时，双脚脚背平放于地面，以便臀部坐在脚跟上保持稳定。

🔹 第二步，举起双臂尽量向后伸展，直到能触及地面，这时候才可以保证用双手支撑住身体。

🔹 第三步，调整呼吸到正常状态，抬头挺胸，然后慢慢将臀部向上提起，持续该动作10~20秒钟之后，还原为跪坐姿势，然后以同样的动作要领重复练习2~3次。这个动作最突出的特点就是：可以达到增强腿部、腹部和背脊的柔韧性的目的。

5. 合手侧屈功

▲ 自然站立,双脚分开与肩同宽。

▲ 深吸一口气,两臂经侧上举合掌,五指并拢,两手大拇指相扣,并将双臂举至头顶上方;深呼一口气,上体右侧屈,坚持10~20秒钟之后,还原到开始的姿势;以同样的动作要领,上体左侧屈,然后回到站立姿势。注意调整呼吸到正常状态,以便接下来进行3~5次左右两侧的交替弯曲,这个动作具有双重作用,既能充分拉伸双臂的肌肉,又能很好地增强腹部肌肉的柔韧性。

6. 蜷腿松髋拉伸

◀ 端坐于平整的地上或床上,使两个脚掌相对;并用双手分别握住两脚掌。然后,开始慢慢向会阴的方向拉伸,同时伴随的动作是两边膝盖的上下抖动,向下抖动时注意尽量接近地面,以获得增强髋关节柔韧性的最佳效果,坚持这个动作1~2分钟。

7. 弓腿拉伸

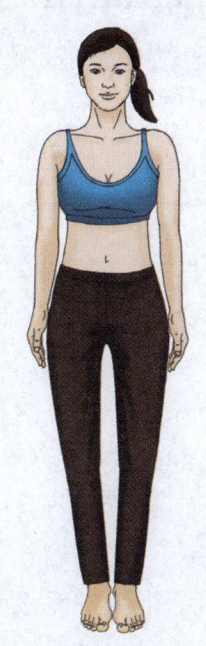

▼ 自然站立,双腿并拢,两臂贴于体侧,身体呈一直线;右腿前迈成弓步,左腿伸直,尽量不要弯曲;上身向前倾,双手着地,支撑身体。保持这个姿势10~20秒钟,在此过程中一定要注意左腿最大限度地伸直,否则无法体会充分拉伸左腿后部肌肉的感觉;调整呼吸到正常状态,稍微休息之后,以同样的动作要领充分拉伸右腿后部的肌肉,左右腿交替练习2~3次后效果更佳。

伸展拉伸完毕后,利用几分钟来闭目养神,具体做法如下:
(1)两臂左右分开,掌心向上,深吸气,同时两臂上举至头顶。
(2)掌心向下,两臂呈环抱状下压,同时呼气。

◀ 待两臂伸直后,双掌自然交叉重叠,置于下腹部正中,也可以双臂自然下垂放在身体两侧。

（3）保持起势的姿势，闭目静立，做轻缓的腹式呼吸，注意力尽量集中在手掌与腹部的一起一伏之中，想着"丹田"，而不去想其他事情。闭目养神，可以使整个身体处于一种异常松弛和舒适的状态，气血归于平顺，阴阳归于调和，神清而气定，慢慢进入一种练功后的忘我状态，独自在冥冥之中陶醉。

肌肉群拉伸

人的衰老首先表现在皮肤的松弛、暗淡、起皱上，是什么在决定着皮肤的状况呢？当然是皮肤下的肌肉。皮肤的紧致主要靠肌肉来维持，而肌肉通常在20岁以后就停止了生长，以后逐步出现老化现象，从而导致皮肤松弛。

假设我们能够进入身体，就会发现肌肉是由一道道钢缆一样的肌纤维捆扎起来的。当肌肉用力时，它们就像弹簧一样一张一缩。每根肌纤维又是由较小的肌原纤维组成的，肌原纤维由缠在一起的两种丝状蛋白组成。这就是肌肉的最基本单位，当它们联合起来以后，就能做出各种动作。随着年龄的不断增长，控制骨骼活动的横纹肌的弹性纤维会逐渐由结缔组织代替。结缔组织虽然很结实，但没有弹性，因此肌肉变得较弱，不能强力收缩。所以老年时，肌肉的力量衰退，反应也迟钝了。人老了，肌肉的力量也就减弱了。

在日常生活中，除了对皮肤和脏腑的保养外，还要多注意呵护肌肉群。拉伸就是个不错的选择。

1. 三角肌拉伸

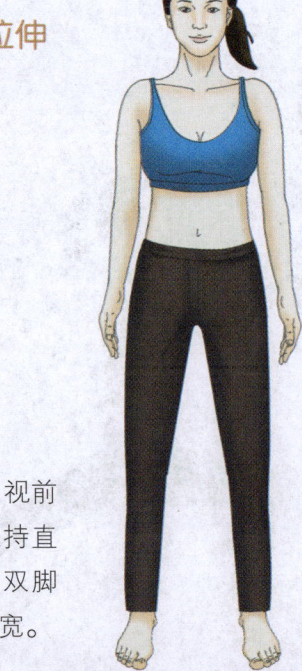

▶ 站立，目视前方，上身保持直立，收腹；双脚分开与肩同宽。

▶ 脚尖向外，膝盖微屈；右手向前伸直，拇指向下，左手握住右肘，将右上臂微微用力拉向左肩。

2. 肩内旋肌群拉伸

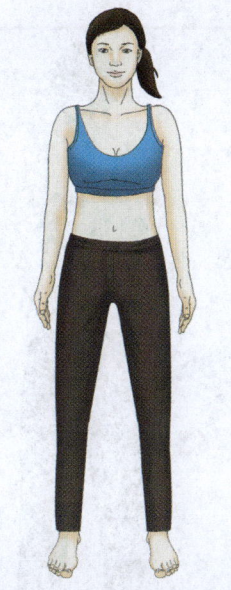 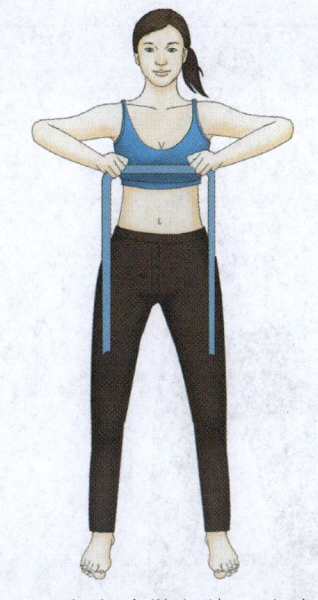 

▲ 双眼向前方看，上身保持直立，收腹；双脚分开与肩同宽。

▲ 脚尖略微向外，膝略微弯曲；将弹力带重叠，留约与前臂一样长。

▲ 左手在上，右手在下，置于体后，双手分别握住弹力带两头。左手将弹力带向上拉。

3. 肩外旋肌群拉伸

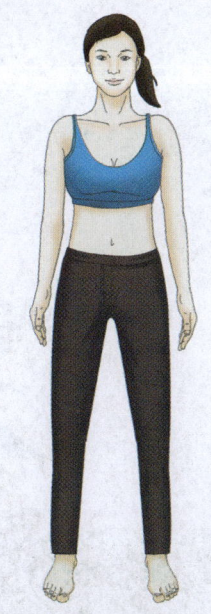 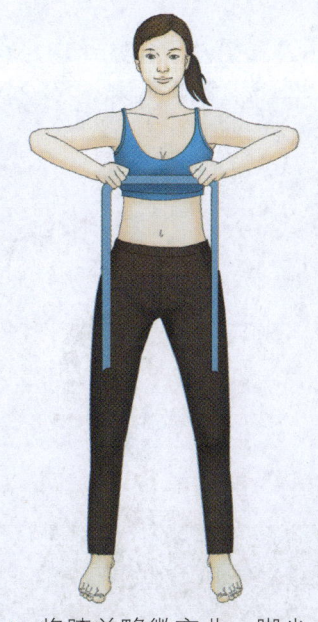 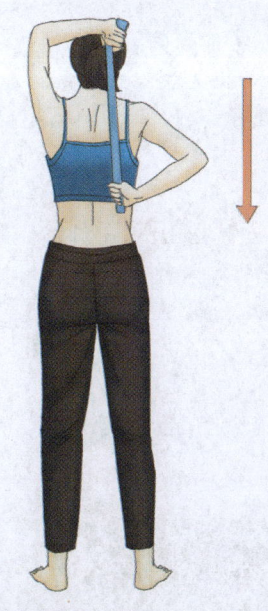

▲ 双眼向前方看，直立上身，收腹。双脚分开与肩同宽。

▲ 将膝盖略微弯曲，脚尖向外。将弹力带折叠之后，留约与前臂相当的长度。

▲ 左手在上，右手在下，两只手分别握住弹力带，两头放在身体后面，右手向下拉弹力带。

4. 肱二头肌及前三角肌拉伸

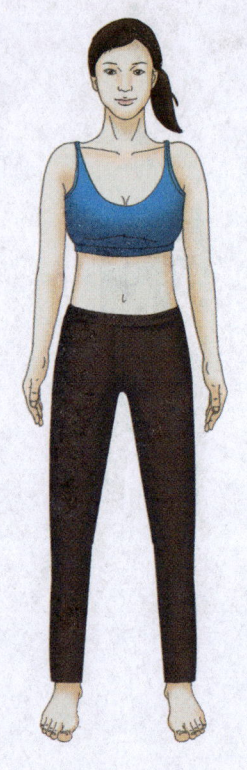 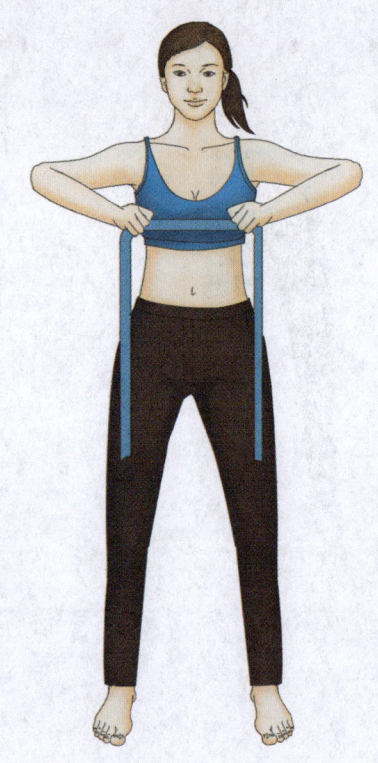 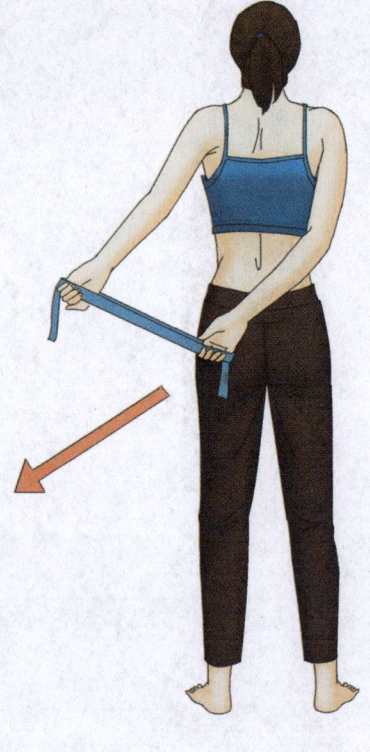

🔺 两眼向前方看，直立上半身，收腹。双脚分开与肩同宽。

🔺 将膝盖略微弯曲，脚尖向外。将弹力带折叠后，留出约与前臂相当的长度。

🔺 两只手放在身后，背部中间，掌心向后。两只手握紧弹力带，向斜后方尽力拉伸。

5. 前臂屈曲肌拉伸

 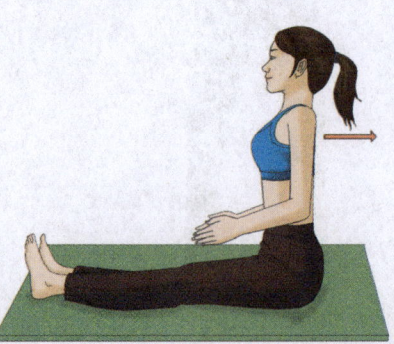 

🔺 坐在垫子上，上半身保持挺立，收腹。

🔺 肘部弯曲，双肩向外伸展。

🔺 双手交叉于胸前，掌心朝外。再将肘部伸展，将两掌朝外推。

6. 背阔肌拉伸

▲ 坐在垫子上，上半身保持挺立，收腹。

▲ 屈膝，两脚掌相对，伸直两手臂向上举，两手之间的距离比肩宽稍窄。

▲ 两手抓住弹力带，掌心向前，身体弯向右侧并向右转，后背左侧感觉有拉伸时，用力以右手向下拉弹力带。

7. 臀部肌群拉伸

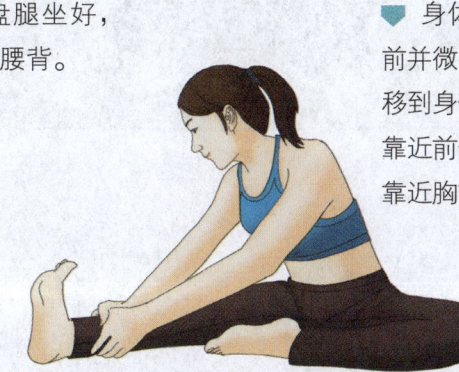

◀ 盘腿坐好，挺直腰背。

▼ 身体略微前倾，右腿向前并微微弯曲膝盖，将左腿移到身体侧后方。上身向前靠近前侧大腿，尽量让大腿靠近胸前。换腿练习。

8. 股四头肌及髂腰肌拉伸

▲ 起始时是弓步，直立上身并收腹。

▲ 右腿在前，弯曲膝盖成90度。左腿微微向后，跪在垫上。

▲ 折叠弹力带后将其套在左脚上，用两只手紧紧握住弹力带，然后用力向上拉，将小腿尽量向大腿拉近。

9. 腘绳肌拉伸

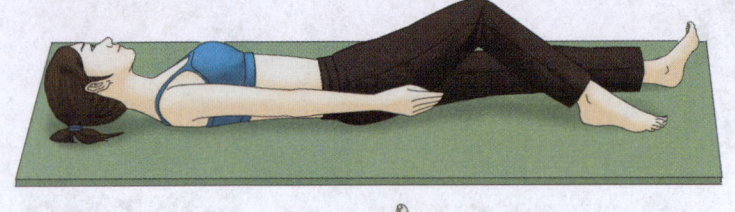

▸ 平躺在垫子上，右腿膝盖弯曲，右脚踩在垫子上，左腿伸直。

▸ 折叠弹力带后用两只手握紧，放在左小腿上。然后用力向下拉，让大腿尽量向胸前靠近。

10. 背部肌群拉伸

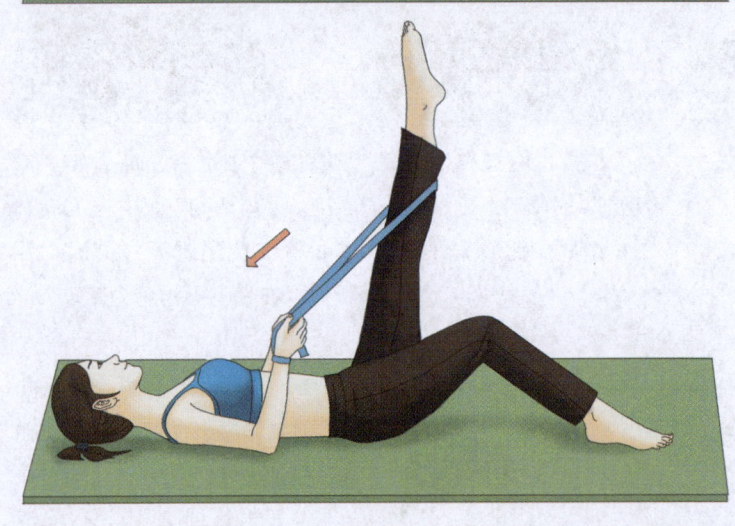

▲ 直立上身，坐在垫子上，收腹，将右膝弯曲，左脚放在右膝外侧。右肘顶在左膝外侧，伸直左肘，手放在身体左后方，保持身体平稳。上半身向左转，右肘用力向右顶。

中医有"脾主身之肌肉"的说法，因此肌肉的保健离不开对脾的保养。脾为五脏之一，对身体的健康起着相当重要的作用，要养好脾以下三点非常重要：吃好睡好、多运动、少生气。

怎么算吃好睡好呢？其实就是该吃饭的时候吃饭，不要饥一顿饱一顿，也不要暴饮暴食，该吃什么吃什么，早晨吃好，中午吃饱，晚上吃少，多喝粥，多吃蔬菜和水果，少吃盐，清淡饮食，等等。该睡觉的时候就要睡觉，不要熬夜，晚上10点之前最好上床睡觉，每天保证8小时的睡眠。多运动，并不是让你天天大量运动，只需要散散步、打打太极就可以。不必太刻意，收拾屋子也算运动，只要不是总躺着、坐着就行。

生气对一个人的伤害很大，很多疾病都是因为生气造成的。为了保护自己的身体，千万不要动不动就生气，凡事心平气和，大事化小，小事化无，对健康也是有益的。

"一字"拉伸功

当身体经常出现酸痛的症状时，人们应该检查一下自己是否筋缩了，同时多做拉伸腿部的运动。拉伸腿部最常用的方法就是"劈腿"，也叫"一字功"。这是所有拉伸动作中较困难的一种，因此人们在练习时不宜操之过急、急于求成，而应循序渐进地练习。

"一字功"的动作很简单：

让两腿往左右两侧劈开，尽量将腿往下压，直至胯部、腿部完全贴至地面，成一条直线。在这个过程中，手可以按在腿上，也可以按在地上，或是举起来皆可。要注意的是，"一字功"是一个循序渐进的拉伸动作，如果人们急于求成，狠劲往下压腿，则容易拉伤胯部肌肉，弄巧成拙。

只要持之以恒，天天练习"一字功"5次，每次2分钟，忍耐髋部、腿部的酸痛，你的腿筋就渐渐被拉长、拉软了，腿部肌肉也开始变得有弹性，双腿开始变得笔直。因此，对于年轻爱美的女孩来说，这是打造出一双美腿的最佳运动。

增强活力拉伸

随着科学技术的迅猛发展，社会竞争越来越激烈。在参与竞争的过程中，就必然要全身心地投入从而消耗大量体能，此种情况下，让自己时刻保持活力就显得十分重要。

拉伸是一个增强身体活力的好方法：

（1）自然站姿，双腿分立，双臂向前伸直，平举至胸前，十指自然分开。用力握拳，再打开，握拳再打开，重复练习。

（2）自然站姿，双腿分立，上半身向前弯曲，双臂自然贴于两侧。双臂慢慢向身后拉伸到极限，保持几秒钟之后，再回到自然站姿，重复练习。

（3）自然站姿，双腿分立，双臂向前伸直，平举至胸前，双臂弯曲做扩胸运动，向后尽量拉伸，使左右肩胛骨距离拉近，重复练习。

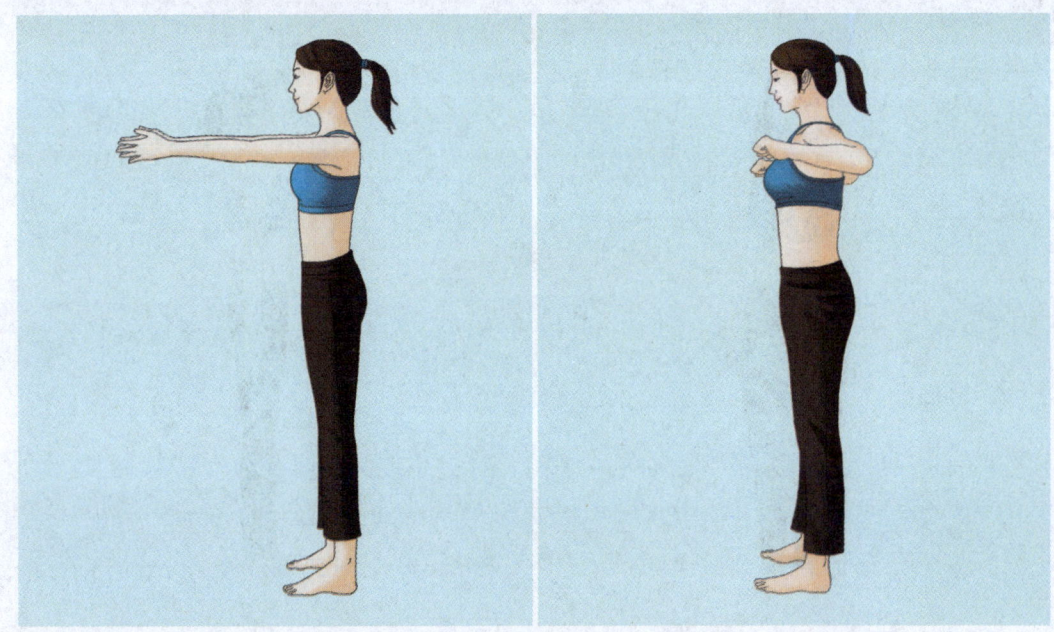

（4）自然站姿，双腿分立，双臂侧举与肩同高。

左腿向上用力抬起并保持绷直，直到最大限度，双手自然放于腿侧。保持 6 秒钟之后，回到自然站姿，以同样的动作换右腿练习。

（5）自然站姿，双腿并拢，绷直。

慢慢踮起脚尖，直到最大限度，保持姿势6秒之后，缓慢还原到自然站姿，重复练习。

（6）双腿自然分立，然后屈膝端坐于地上。双臂放于身后，用力支撑着地面。接着，将臀部缓缓向上抬起，直到身体平行于地面，保持姿势6秒钟，然后慢慢将臀部放下，重复练习几次后还原到自然坐姿。

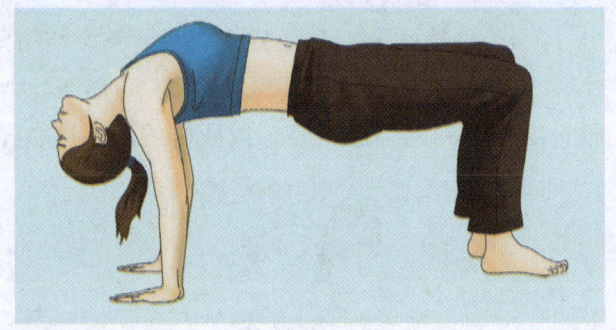

（7）首先平躺于地面，双腿自然屈膝，双臂于体前相互交叉握紧。

上半身用力向上抬起大约为45度，保持姿势6秒钟，还原到自然仰卧，重复练习。

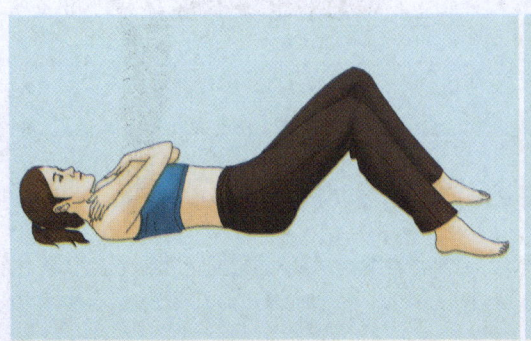

（8）首先平躺于地面，双肘自然弯曲置于脑后，头部顺势向上抬起。

左腿向上弯曲再伸直，如此左右交替，反复蹬踏。

（9）身体绷直，向左侧卧倒。左臂向上举起充分拉伸，左腿则向下拉伸保持绷直。

慢慢用力将左腿上抬，保持几秒钟后，放回左腿，重复练习后，以同样的动作要领，交换为右侧卧练习。

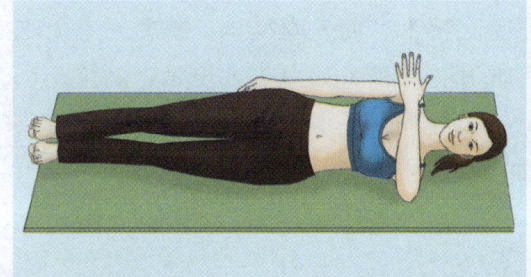 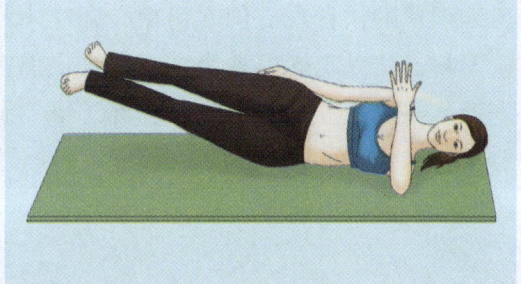

（10）跪在地面上，上半身向前弯曲，利用双臂的力量支撑身体。

然后左腿向身后抬起，保持绷直，停顿几秒钟之后，放下左腿。以同样的动作换右腿练习。

另外，增强身体活力，还可以通过日常饮食来调理：

1. 多吃含纤维丰富的食物

含植物纤维素的食物有水果、蔬菜、各种豆类、全麦面粉等；含半纤维素的食物有谷类、豆类、玉米和苹果等，其作用与植物纤维素基本相似；含果胶水溶性纤维的食物有橘子、橙子、胡萝卜、香蕉等；含胶质与植物黏液的食物有干豆类、燕麦片、燕麦糖、海带等，一切植物黏液都属于纤维素的一种；含木质素较多的食物有谷类、栗子、苦瓜、花生等。纤维素可以防治的疾病有便秘、结肠癌、高脂血症、糖尿病等。

食物纤维素的主要保健功能，一是天然抗癌剂和抗诱变剂，可防直肠癌；二是加强肠蠕动，防治便秘；三是能降低血清胆固醇，有助于预防动脉硬化和肥胖症；四是吸附肠道内物，清除肠道胆酸，防治人体胆结石的形成；五是促进肠道有益菌群繁殖，减少腐败菌的产生。

2. 吃粗、吃野与吃生

现代的饮食观提倡吃粗粮，即吃米不要吃精米，而是吃糙米，吃面粉不要吃精面粉，要以吃标准粉为主，而且提倡多吃五谷杂粮，如豆类、玉米、高粱、小麦等。在"饮食回归原味"和无污染的思想指导下，提倡吃野菜（如荠菜、苦菜等）、野果（如桑葚、酸枣等）、野味（如野鸡、野兔等）也不错，不但无污染，还保持了食物的鲜味，并且营养丰富。

放松拉伸

放松包括精神放松与身体放松两种，当精神疲乏之后就非常需要精神上的放松。此时，宜找一安静环境，一人独处，什么也不想，什么也不做，默念："放松、放松"。并伴以舒畅自然的深呼吸，以便吸入大量的新鲜、含氧量丰富的空气，而呼出体内代谢产生的二氧化碳。当劳累而体力不支时，也应及时放松机体，并以充分放松那些已经疲乏了的大肌群为主。例如，上肢活动过久引起肩、臂、腕、手肌劳累，就应将上肢搁置台面上充分放松；而当下肢因站、走路过久引起劳累酸软时，就应完全仰卧在床上，伸展双下肢，令所有肌群放松，或在膝弯处垫一小枕以使小腿肌得以自然放松。

除此之外，下面介绍几组拉伸放松法：

（1）自然站姿，双腿分立。

双手叉于腰际，然后头部先向左侧下压，保持6秒钟之后再向右下压6秒钟。

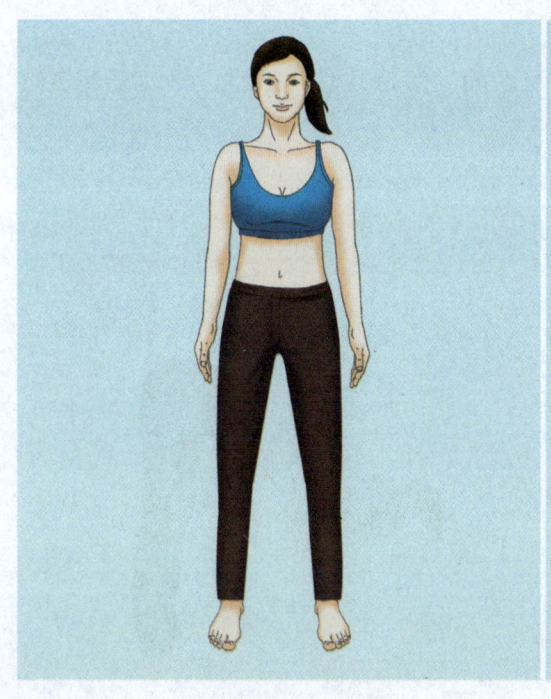

（2）自然站姿，双腿分立。

双手绕到身后抱住头部。然后上半身先向左侧旋转90度，保持6秒钟后，再向右侧旋转90度，同样保持6秒钟。

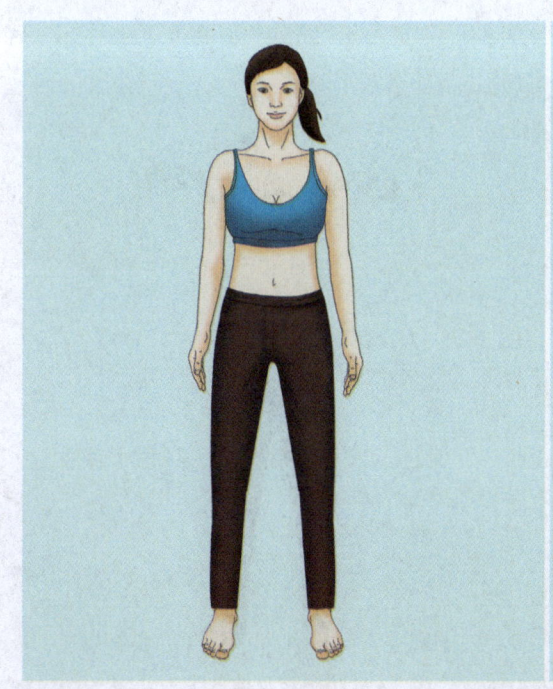

（3）自然站姿，双腿分立。

上半身向前弯曲，直到双手可以触及地面，保持几秒钟之后，再回复到自然站姿，重复练习 3~4 次。

（4）自然站姿，双腿分立。

双臂自然侧举，与肩部同高。然后，头部从右侧开始向左划弧，做圆周运动，重复练习 3~4 次，注意放松颈部。

（5）自然站姿，身体绷直。

上半身向前弯曲，双臂自然垂于两侧。

头向上抬起，用力向上提起臀部，然后，双臂从身后抬起，再放回。抬起再还原。重复练习这个动作12~16次，有利于臀部和背部肌肉的拉伸。

（6）自然站姿，身体直立。

上半身向前弯曲，双臂从两腿之间同时往身后拉伸到极限，保持姿势几秒钟之后，再还原为自然站姿，重复练习3~4次。

（7）自然站姿，身体直立，双腿分立。

上半身向左前方弯曲，右手慢慢靠近左膝盖直到扶住膝盖。然后左臂上举，保持姿势几秒钟之后，以同样的动作要领，换手重复练习3~4次。

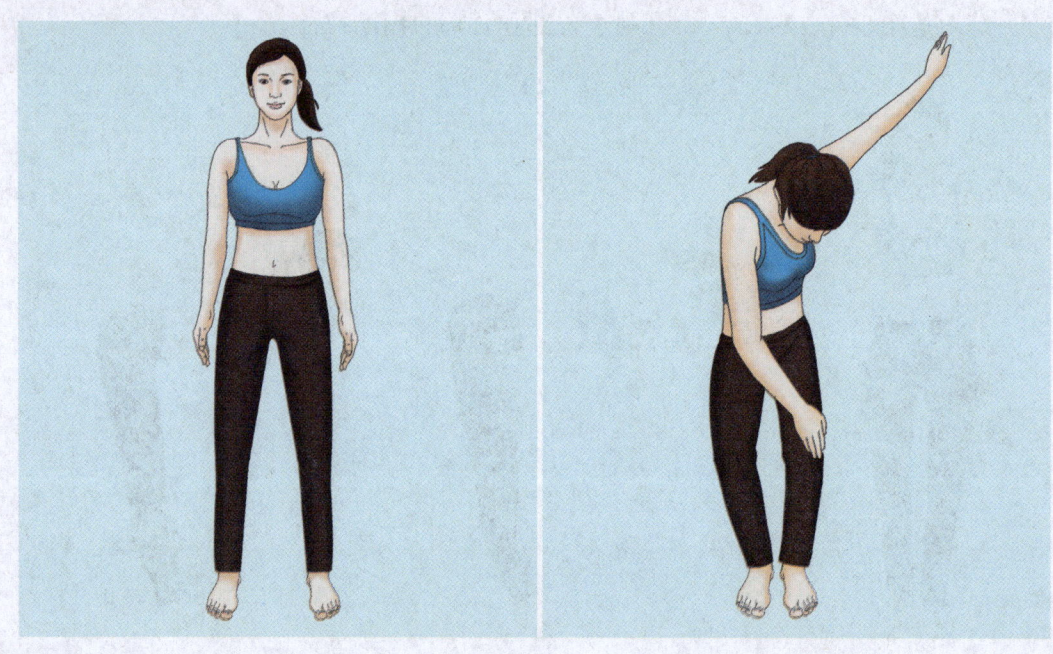

（8）接下来的动作将在床垫上进行。

▲ 第一步，盘坐在垫子上，双手自然放于膝盖处，同时发力将腿部向下挤压20次。

▲ 第二步，抬起右臂的同时，腰部向左侧下压。重复练习10次。

▲ 第三步，抬起左臂，腰部向右侧下压。重复练习10次。

（9）端坐于垫子上，双腿自然分开；随着上半身向前弯曲，充分利用腰背的弯曲下压大腿，注意膝部要一直绷直。

（10）平躺在垫子上，腿部并拢。

然后用力向上抬起双腿，并将并拢的双腿慢慢打开直到极限，此时可用双手拉住双腿，施加力量帮助双腿分开，保持姿势几秒钟之后，回到仰卧姿势，重复练习 3~4 次。

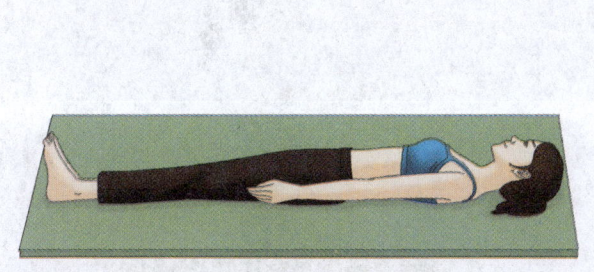

（11）平躺在垫子上。双腿尽量伸直并拢。

双手绕到身后抱住头部，以抱头的力量缓缓向上抬起上半身，大约与垫子成 45 度，保持姿势 6 秒钟之后，放下头部，回到自然仰卧姿势，重复练习。

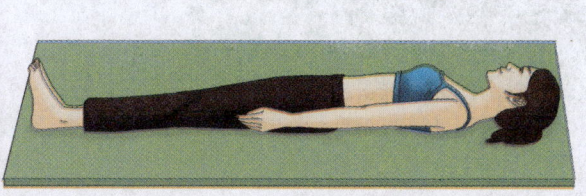
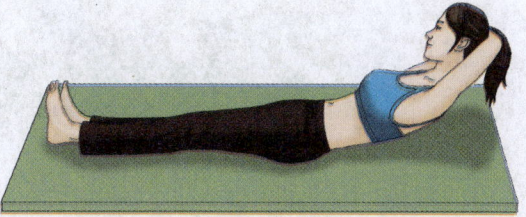

(12)自然仰卧于垫子上,双腿并拢保持绷直。

先将两腿向身体上方弯曲,尽量贴近胸部,并使双手能抱住膝盖,保持这样的姿势6秒钟之后,重复练习。

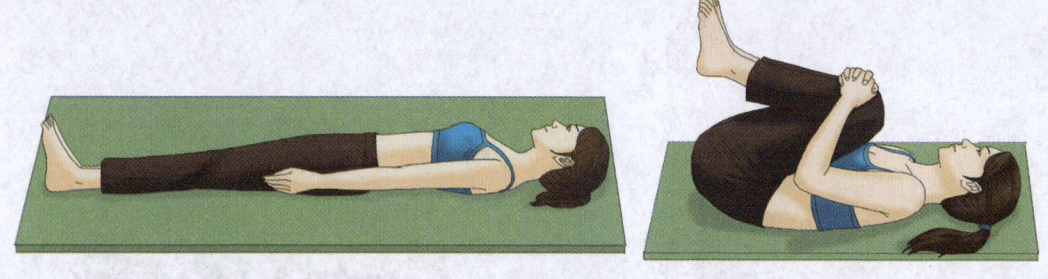

(13)先跪在垫子上,臀部坐在脚后跟上。

然后双臂向前伸展,臀部顺势向前伸展。

然后,身体缓缓向前移动,直到胸部与垫子紧贴,两腿可以伸直,保持这样的姿势6秒钟之后,身体向后移动回到开始时的跪姿,重复练习。

（14）盘腿坐于垫子上，两脚底相对，双手自然放于两膝处；左右两边大腿分别向外伸展，并慢慢发力下压膝部，以使大腿更进一步向外伸展，保持这样的姿势6秒钟。

减轻压力拉伸

在工作中，你是不是总感到压力重重？在"重压"下，你有多久没有听过最喜欢的唱片了？有多久没有逛街、买衣服了？有多久没有陪家人共度周末、吃顿家庭晚餐了？在"重压"下，你是否时常感到压抑、焦躁？其实，只要适时运用一些减压妙招，我们完全可以有条不紊地面对"压力大敌"。这时你就会发现，逐个攻克突如其来的压力变得易如反掌。

拉伸运动就是一个缓解压力的不错的方法：

（1）自然站姿；上半身向前弯曲，使双手触及地面。

（2）自然站姿；左右手掌放于身后，并合掌并拢，然后尽力向上拉伸，屈肘的同时向上提伸双臂。

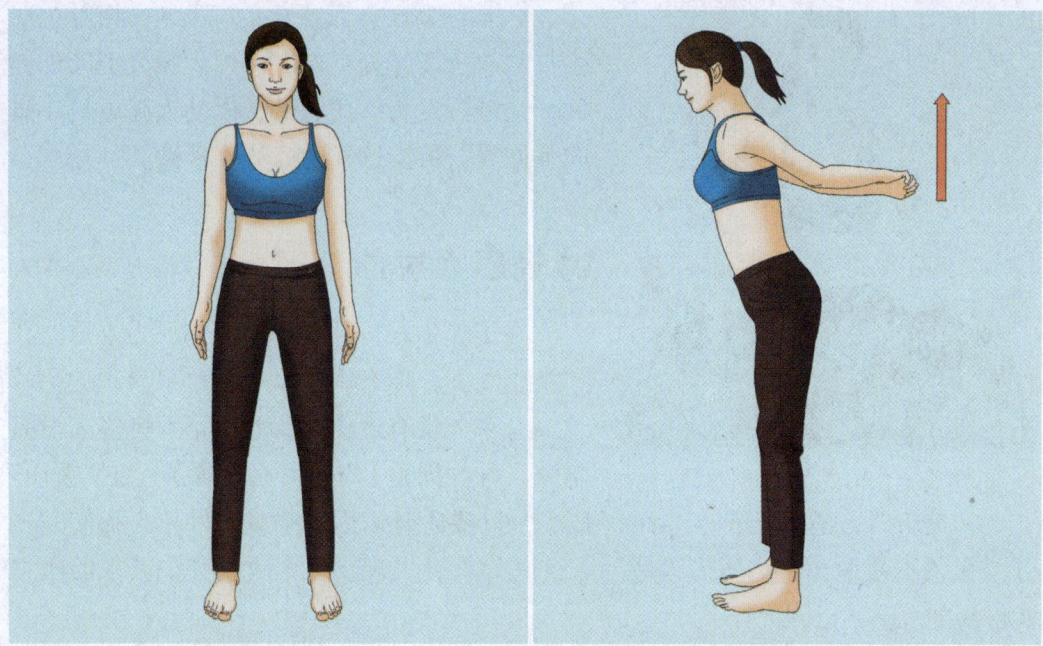

（3）自然站姿；侧举右臂，至胸前后伸直，左手小臂发力，尽量拉伸右臂，还原后，侧举左臂继续练习。

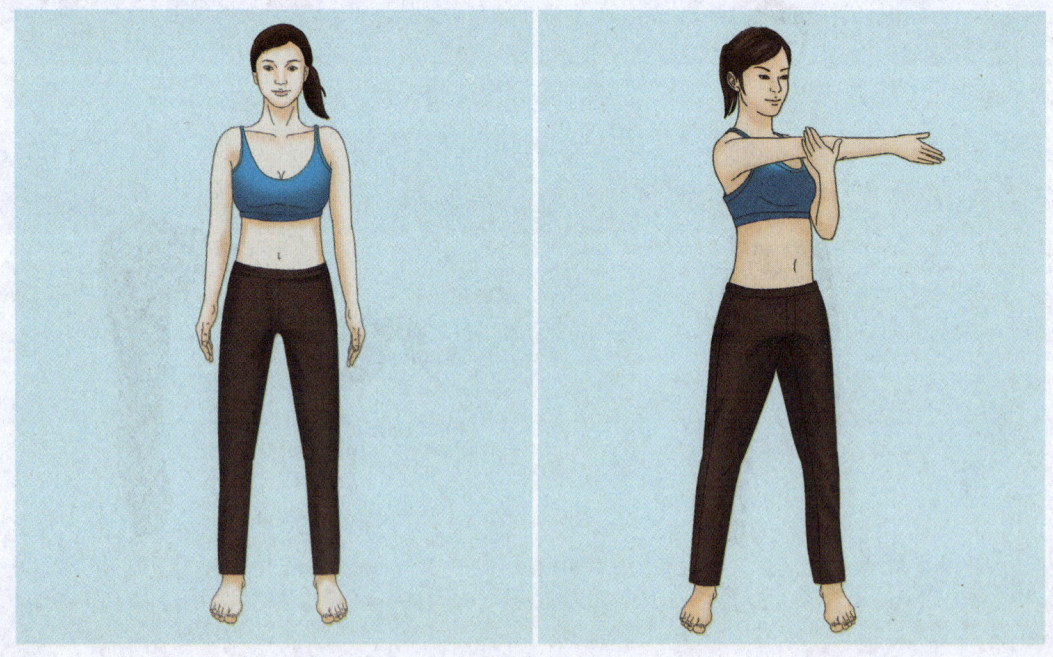

（4）自然站姿；向上抬起右臂，然后向身后屈肘，同时左手绕到身后，向右手肘部发力下压。以同样的动作要领抬起左臂进行练习。

（5）自然站姿，双腿伸直并拢或分开与肩同宽。

双臂向上抬起，过头顶后，与两耳相贴。双手于头顶上方合掌相对；然后上半身向前弯曲，双手分别抱住两只脚踝，尽量使腹部和脸部与双腿紧密接触，保持这个姿势几秒钟之后，稍微调整呼吸，回到自然站姿，重复练习。

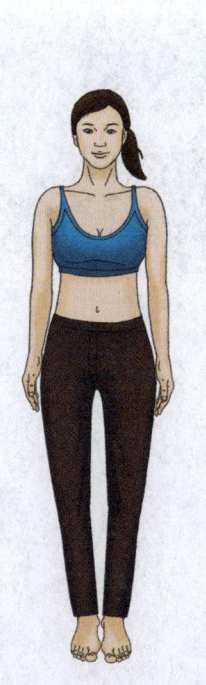  

（6）端坐于垫子上或地板上；双腿并拢向前伸直，脚面用力向上提起，上半身略微向前弯曲。

（7）端坐于垫子上或地板上，双腿分开，自然屈膝，脚掌相对。
左右两手分别用力下压膝盖，充分扩展两腿。

（8）端坐于垫子上或地板上；伸直左腿，右脚心与左大腿的内侧紧密接触。
双臂前举，握住左脚，然后，上半身向前弯曲直到能贴在腿上，保持这样的姿势数秒钟后，稍作调整，还原。
并以同样的动作要领换右腿练习。

（9）端坐于垫子上或地板上；双臂上举至头顶上方，与两耳紧密相贴。

上半身略微向前弯曲，尽量使手和额头贴近地面，注意臀部保持不变，充分拉伸背部肌肉，保持这样的姿势数秒钟之后，稍作调整，缓慢回到自然坐姿。重复练习几次。

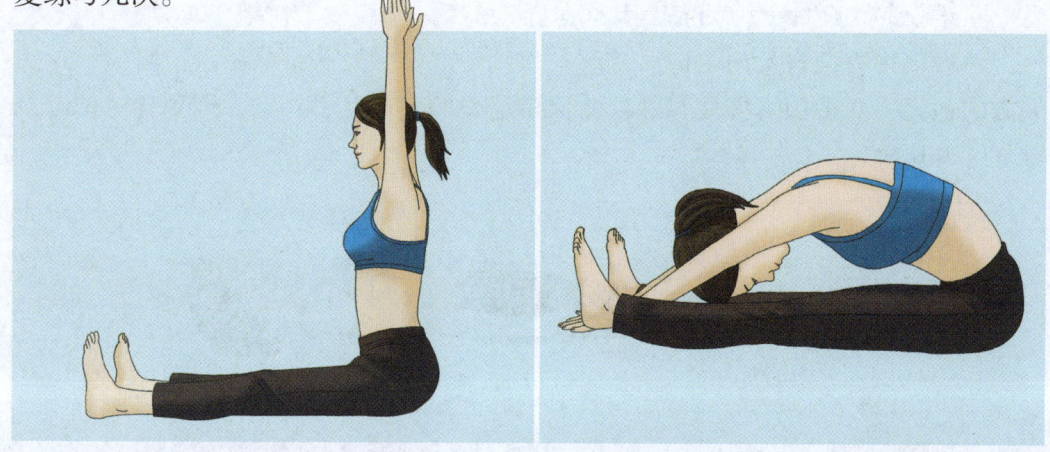

（10）端坐于垫子上或地板上，左右手分别拉住双足。上半身微微向后仰，双腿向上抬起，尽量绷直。保持臀部不动，维持身体的平衡；然后双手再次抱住双腿，尽力使脸与小腿接触，保持这样的姿势数秒钟之后，调整回到自然坐姿，重复练习几次。

（11）自然仰卧；双腿向上抬起并弯曲，直到双手能够抱住双腿，尽量用力使胸部和腹部与大腿紧密相贴。

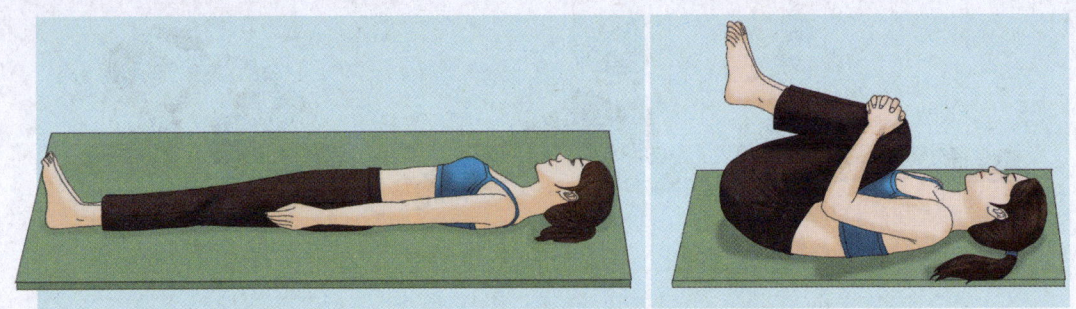

（12）自然仰卧，双腿绷直保持并拢，双臂自然平放于两侧。

收紧腹部，腿部上抬到与上半身垂直。

然后再用力使臀部向上向后抬起，直到腿部能触及头部，尽量使脚尖触及头上方的地面，双手用力握住脚踝处，保持这样的姿势几秒钟后，回到自然仰卧，重复练习几次。

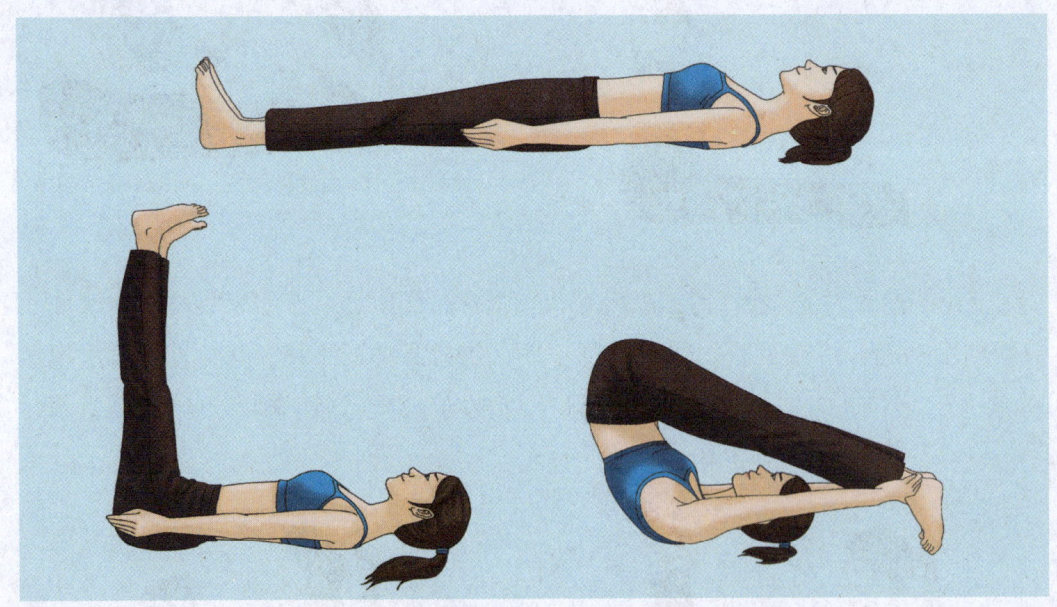

（13）自然仰卧，双腿绷直保持并拢，双臂自然平放于两侧。

慢慢将左腿上抬到与上半身成直角。

然后再将左腿向右侧伸展，头则向左边扭转，保持肩部不动，保持这样的姿势几秒钟后，稍作调整，还原到自然仰卧。以同样的动作要领，换右腿练习。

（14）自然仰卧；双手举至头后方，双腿自然弯曲。然后臀部上抬，腹部挺起，拉动身体向上伸展。

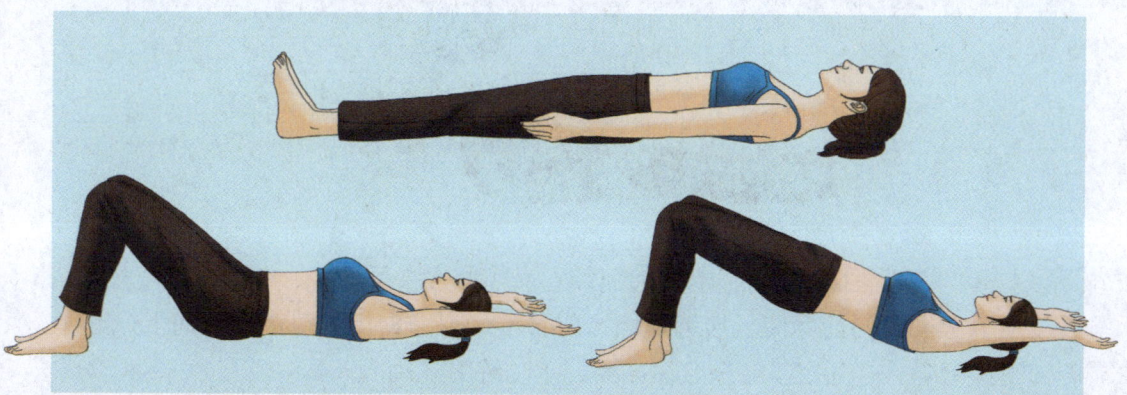

（15）接上一步的动作，臀部倾向身体左侧，然后开始用力向右侧旋转上半身，保持这样的姿势数秒钟之后，稍作调整，再从右向左扭动上身。

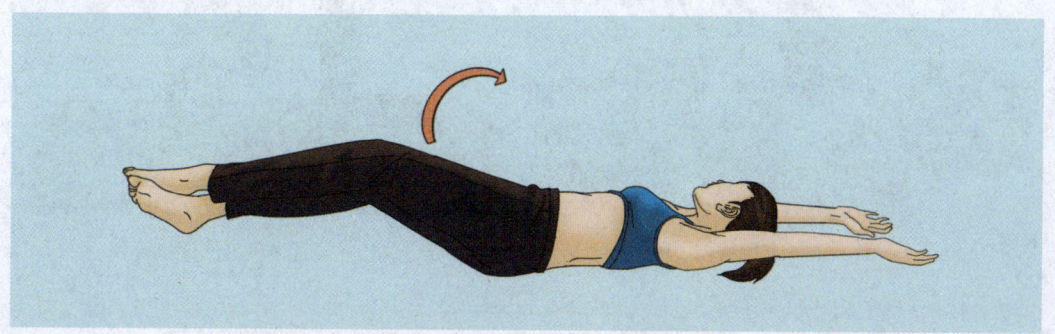

（16）自然仰卧；左腿向上抬起并自然弯曲，同时用双手用力拉住左边的脚踝，尽量使脚后跟与臀部有接触。然后换右腿继续练习。

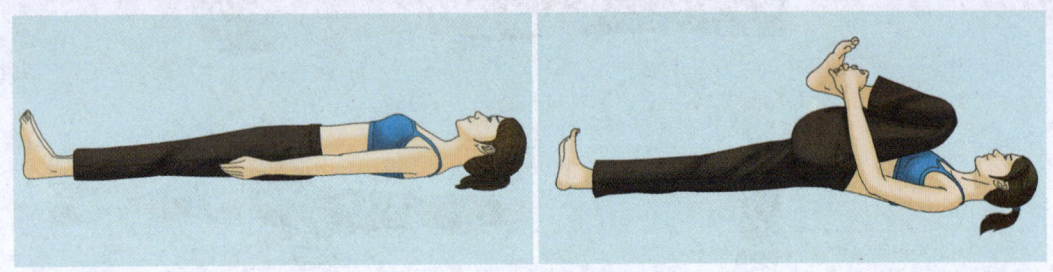

（17）自然仰卧；双臂置于体侧，间距略微大于肩宽，利用双臂的力量，支撑起上半身。

（18）首先跪坐在床上，双臂向前伸直支撑住上半身。

然后上半身向前弯曲，接近地面，双臂继续向前伸展，臀部自然向上撅起，腰部继续下陷，直到双手完全贴住床面。重复练习几次。

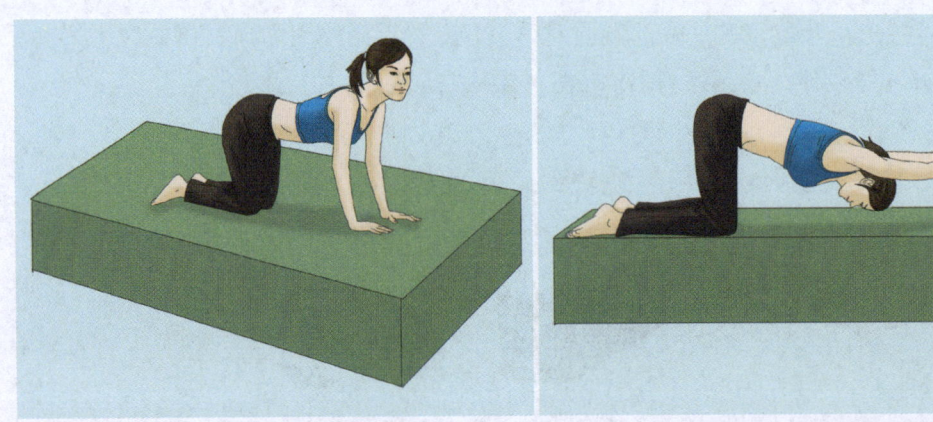

修养心灵拉伸

情志失调会对身体造成很大的伤害，怒伤肝、喜伤心、思伤脾、忧伤肺、恐伤肾，所以在日常生活中一定要控制自己的情绪，不能让它任意泛滥。

拉伸是调节性情不错的方法：

（1）盘腿坐于地上，脚底相对。

尽量使双脚向身体方向拉伸，双腿向外伸展，上半身向前伏倒，双臂用力前举，保持姿势20秒钟之后还原，重复运动2~3次。

（2）端坐于地上。

双手绕到身后，抱住颈部，此时，头部下垂，含胸。

然后上半身向后仰到最大限度，直到腹部感受到最大强度的颤抖，保持这样的姿势20秒钟之后还原，重复练习6~8次。

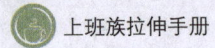

（3）端坐于地上。

双腿伸直，用力向外伸展，上半身向前伏倒，双臂用力前举，保持姿势 20 秒钟之后还原，重复运动 3~4 次。注意运动过程中双腿保持绷直。

 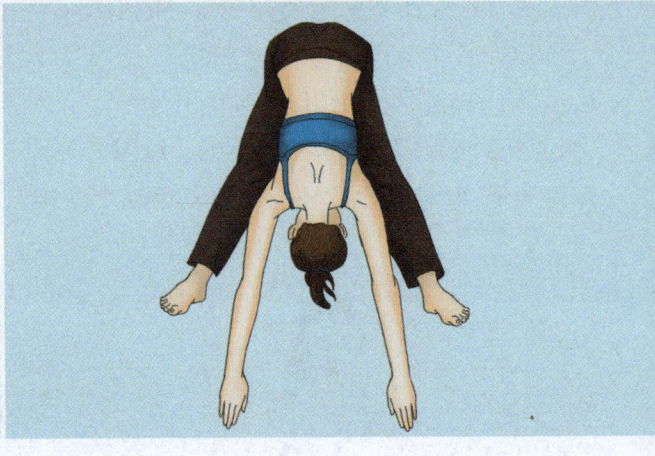

（4）端坐于地上。

双腿伸直；用力向外伸展，上半身先向左侧下压，此时右臂尽力触及左脚，保持姿势 20 秒钟之后还原，交换向右侧下压，重复练习 3~4 次。

（5）端坐于地上。

双手支撑于身后。双腿用力上抬直到最大限度，感受到腹部和腿部最大强度的抖动之后，保持姿势 20 秒钟，重复此动作 3~4 次。

（6）端坐于地上。

双腿并拢向前伸直；脚面用力向上抬起，上半身向前俯卧，双臂则尽量前举，保持这样的姿势20秒钟之后还原，重复运动3~4次，注意运动过程中，双腿伸直。

（7）平躺在垫子上。

双腿自然屈膝，双臂既可自然放于两侧，也可用力拉住脚踝处，此时向上慢慢抬起臀部，腹部自然上挺，腰部和背部也尽量同时上提，保持姿势20秒钟之后，重复运动3~4次。

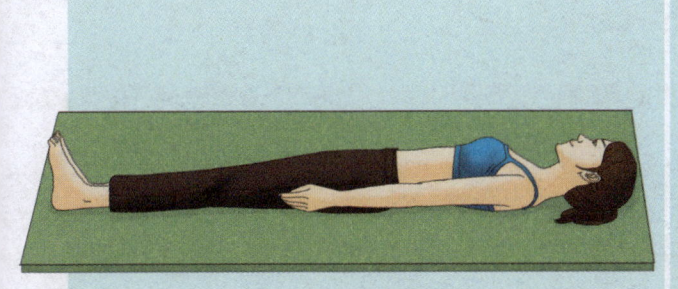 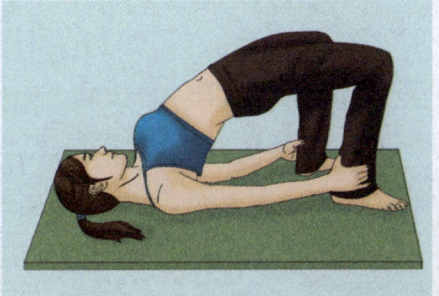

（8）自然俯卧，挺胸抬头。

双手向后用力触及脚踝处，然后将双腿慢慢向上抬起，保持姿势20秒钟之后，还原到自然俯卧，重复运动4~5次。

除了拉伸方法，在日常生活中我们还可以试试以下几种方法来调节情绪：

（1）树立正确的养生保健观点。古人说："养生莫若养性，养性莫若养德。"所谓养德就是注重道德修养。只有道德高尚的人，才能心胸开阔，开朗乐观，生命之树常青。

（2）培养宽宏大度、襟怀坦荡的品格。不要愤世嫉俗，对周围的一切都看不惯，整天牢骚满腹，怨天尤人，这些负面情绪对身体健康都非常有害。

（3）广交朋友，乐于互相交谈。当你遇到困难，受到挫折，甚至遇到不幸时，首先要冷静下来，控制一下自己的情绪，然后向亲朋、同事倾诉苦衷，从他们的劝告和开导中得到力量和帮助，这样，苦闷的情绪就会慢慢消失，心情也会变得豁达、轻松。

（4）培养广泛兴趣。琴棋书画，养育鱼鸟，种植花木都是有益身心健康的活动。在情绪不佳或紧张的工作之后，看一场相声或哑剧，欣赏一下优美动听的音乐，这都有利于缓解紧张的情绪、消除心理上的苦闷。尤其是老年人，更要用丰富多彩的爱好，调剂、点缀晚年生活。

美化体形拉伸

想要修炼魔鬼身材，拉伸是个很不错的方法，现在我们就来看看拉伸的方法。

（1）站立姿势，双腿并拢伸直。

双臂用力抬起，同时右腿脚后跟顺势向上提起，注意收紧腹部，保持姿势数秒之后，全身放松，放下两臂的同时脚后跟着地，还原到自然站姿。

（2）站立姿势，左右脚前后交叉，双手叉于腰际。

双脚向上踮起之后，轻轻向上一跳，两腿在空中尽力交换左右脚位置，注意向上跳的过程中，双肩用力向后拉伸，双膝放松。重复练习 20 次。

（3）端坐于椅子上，双臂侧举至与肩同高。

然后用力向后拉伸双臂，同时在空中划弧。

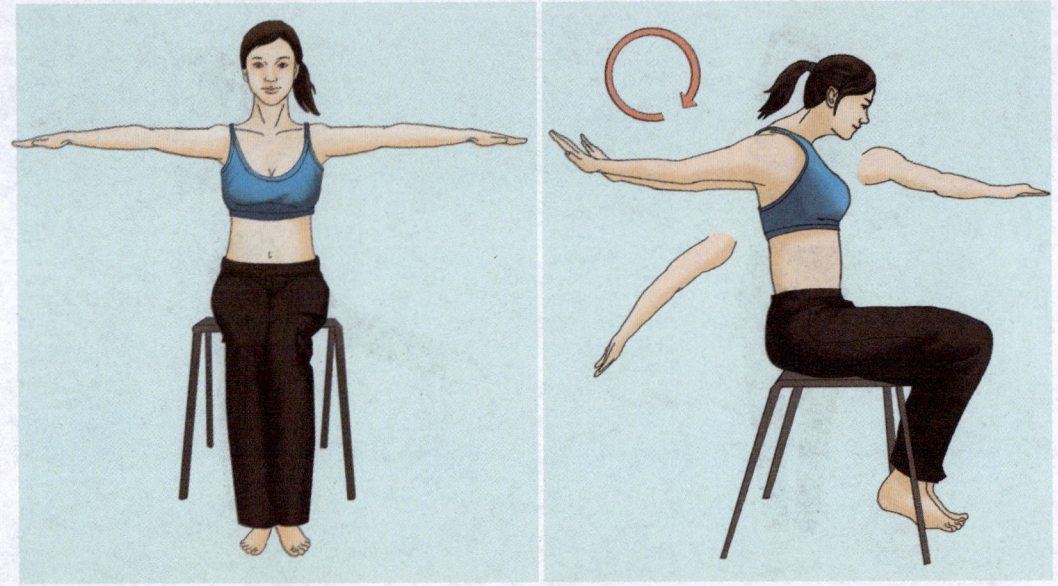

（4）继续端坐于椅子上，双臂伸直，压在前面的桌子上。

此时，将左右腿膝盖用力向上提起，脚尖指向地面，收紧腹部，重复练习。

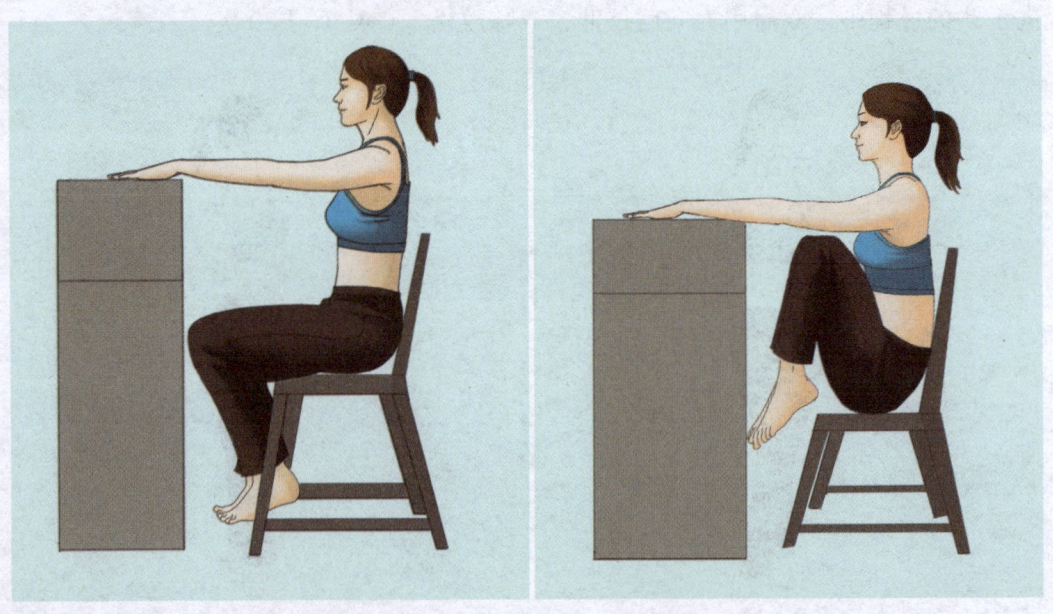

（5）站立姿势，双腿绷直，先将左腿抬在椅子上，上半身向前弯曲，直到双手抱住腿部，尽量使头部与膝盖紧贴，胸部则与大腿部紧贴，然后还原，换右腿重复练习。

（6）自然站立，双手向前扶住椅背。

先将左腿向左侧踢出，再踢右腿，重复练习。

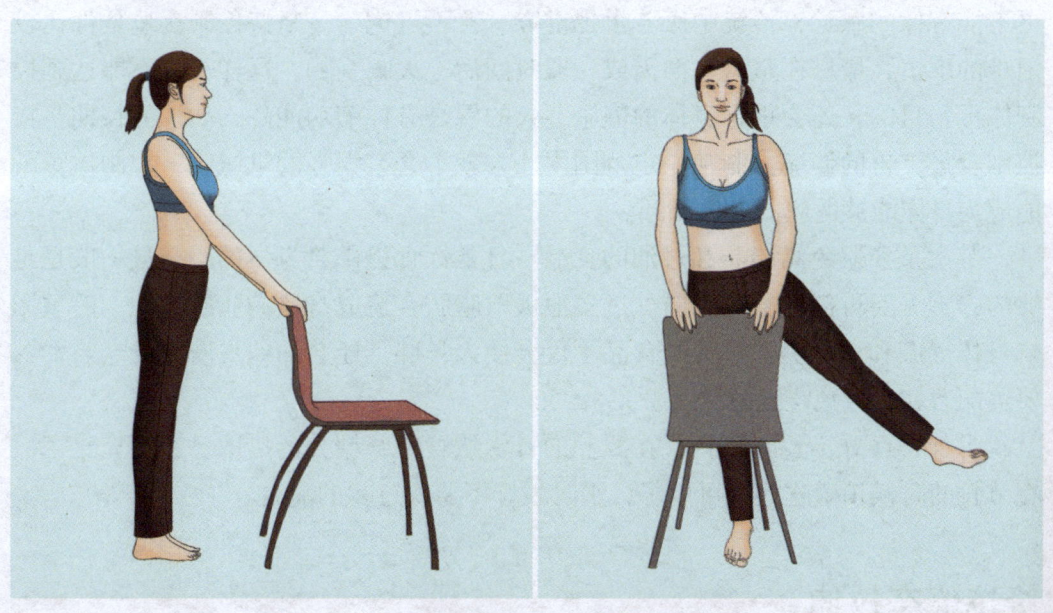

（7）先自然站立，双腿稍微分开，双臂自然垂于两侧。

然后身体向下深蹲，同时双臂上举至头顶上方，注意脚后跟保持不变，利用双臂的力量，向上拉伸身体。

然后双臂向后充分伸展，重复练习。

对于想要减肥的人来说，为了能够保持好身材，要做到以下几个方面：

首先要长期控制食量。一般来说你的食量应掌握在七八分饱，不能到十分饱，更不能有撑的感觉，传统中医养生也讲究"食不过饱"。坚持控制食量是件比较困难的事情，最忌在坚持一两天或一段时间后，大吃一顿，这样不仅不能达到控制体重的目的，还会损害身体的健康。人的胃是有伸缩功能的，如果能长期坚持控制食量，胃的伸缩控制在一定范围内，人就不会有太强的饥饿感，控制体重就能成为身体能够适应的良性循环。

其次是要避免高脂肪和过油的食品。日常饮食提供给身体的脂肪量一般是足够的，不需要再额外补充脂肪。过多地摄取脂肪会造成身体的脂肪堆积，严重影响身体健康和形体美。过油的食品不仅会使人长胖，还会加速皮肤的衰老。女人要美丽，就要避免吃这些食品。

另外，最好不要吃甜食。在我们的日常饮食中，糖分的摄取已经很充足了。在节日的时候稍微吃些就可以了，平时最好不要吃过多的甜食。

修炼仪态拉伸

当一个人见到另外一个人的时候，3秒钟内就会对这个人完成分析和判断并形成结果。综上所述，个人仪表是礼仪的基础，代表着个人的形象，所以修炼仪表仪态是很重要的。修炼仪表仪态可以用以下方法：

（1）站立姿势，双腿并拢伸直。

双臂向上抬起,同时脚后跟顺势向上提起,注意收紧腹部,保持姿势几秒钟之后,放松身体,慢慢收回双臂同时脚跟着地,重复练习15次。

(2)站立姿势,双腿并拢伸直。

收紧臀部,向前挺出骨盆,双手自然放在臀部。

然后,脚后跟慢慢向上提起,同时放松膝部,停顿片刻之后回到自然站姿,重复练习15次。

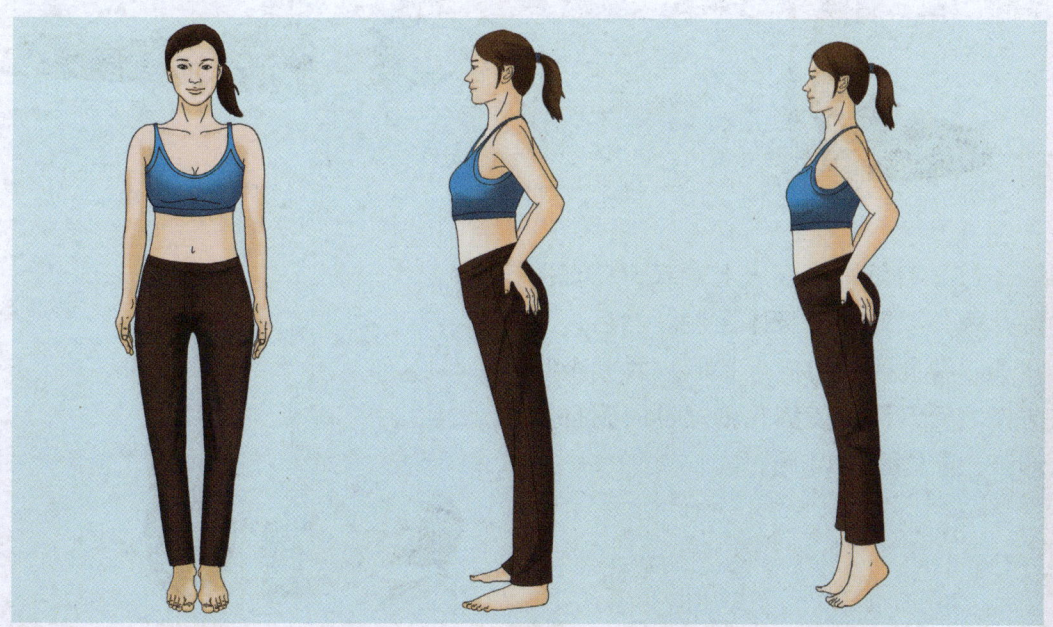

（3）做出起跑前的准备姿势，上半身向前弯曲，双臂向前伸展触及地面，低头，背部向上拱。

深吸一口气的同时收紧腹部，然后深呼一口气的同时抬头，并使腰部和背部下陷，重复练习20次。

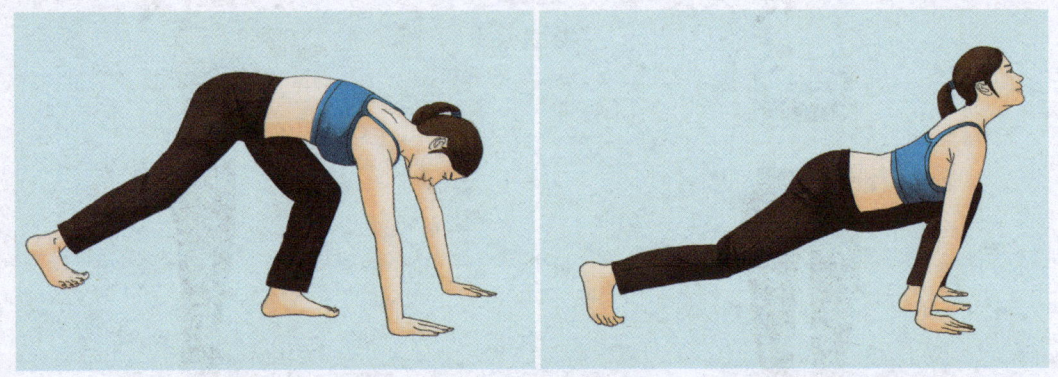

（4）跪在平整的地面上，双臂向前伸展触及地面，臀部慢慢向脚后跟处下压，然后调整身体的重心，慢慢向前移动直到肘部渐屈，转化为俯卧姿势。保持几秒钟之后，收回身体回到自然跪姿，重复练习10次。

（5）自然平躺在床上。双腿绷直保持并拢，双臂放于身体两侧。然后，双腿和双臂同时用力向上抬起，收紧全身肌肉之后，保持姿势几秒，再回到自然仰卧，重复练习15次。

（6）双手撑地，屈肘的同时撑起肩膀，双腿保持绷直。

先抬起左腿，同时头部向上抬起，收紧背部肌肉后，交替上抬右腿，重复练习20次。

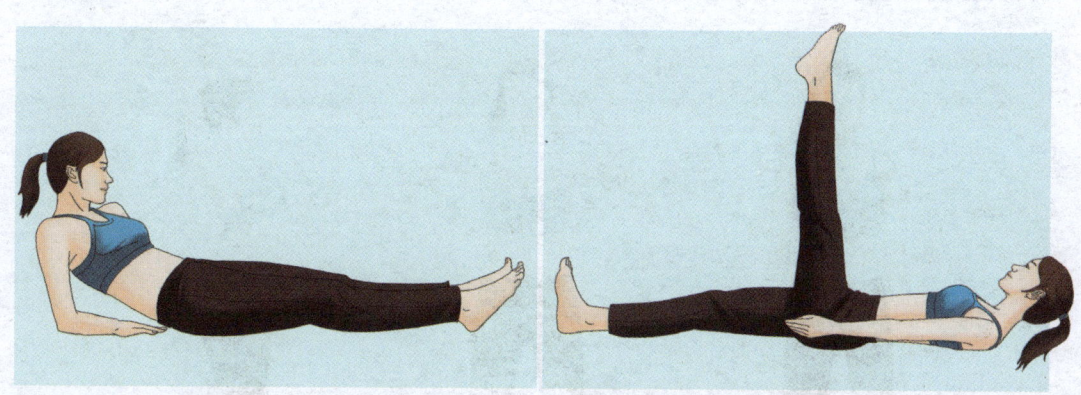

利用毛巾进行拉伸

大多数人每天至少都会用一次毛巾。一条毛巾、一条有弹性的绳子都可以成为辅助我们拉伸手臂、肩膀和胸部的工具。

以下是使用毛巾进行的系列拉伸动作：

（1）自然站姿。

双手分别在脖子后面拉住毛巾的两端。

进行腰部的转体运动，左右交替练习。

（2）自然站姿，双手分别在身前拉住毛巾的两端。

用力将毛巾向上抬起，接着再尽量把毛巾放到脖子后面。最后，再把毛巾向身前还原，重复练习。

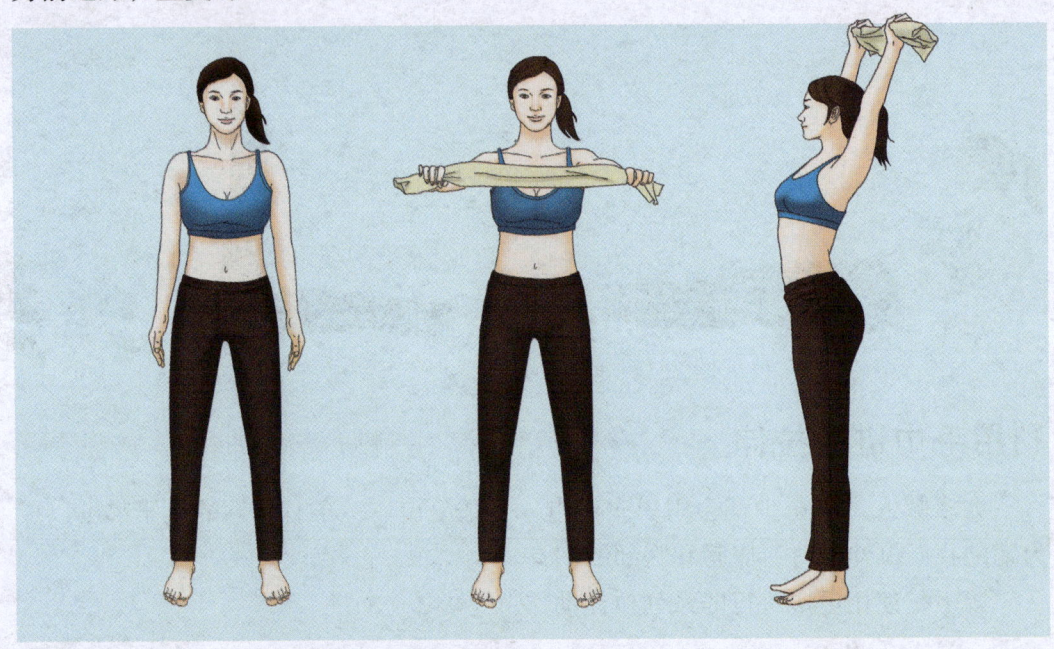

（3）自然站姿，双手拉住毛巾两端。

首先用力向上抬起两臂，然后腰部分别向左右两侧下压。

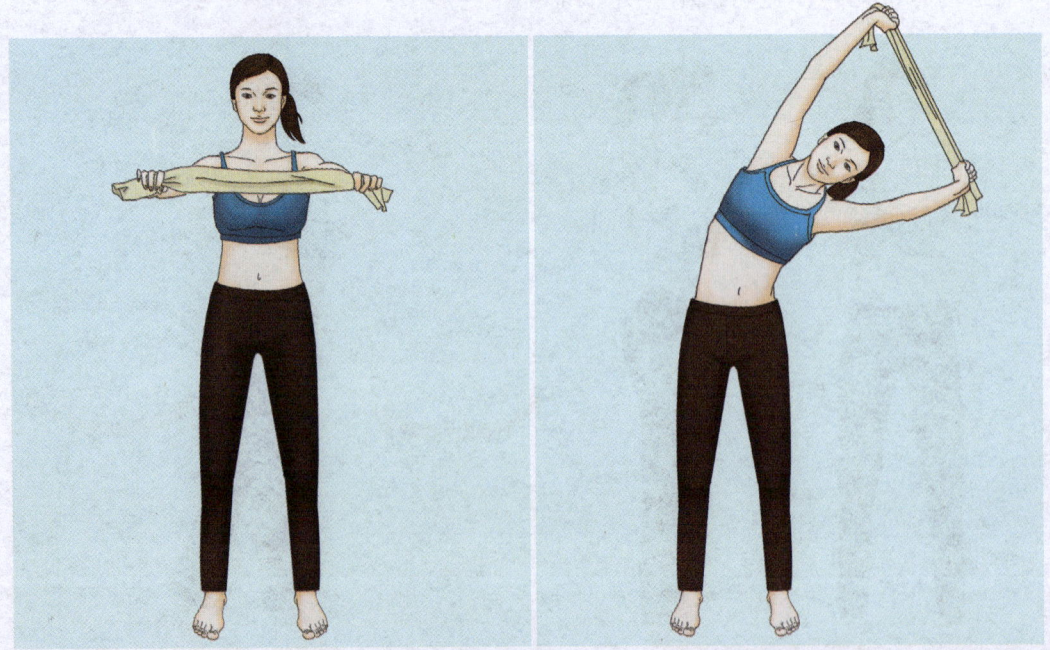

（4）站立，双手在脖颈处拉住毛巾两端。

头部向前伸展。在双手把毛巾用力往前拉的同时，脖颈要更加用力向后仰，保持姿势几秒钟。

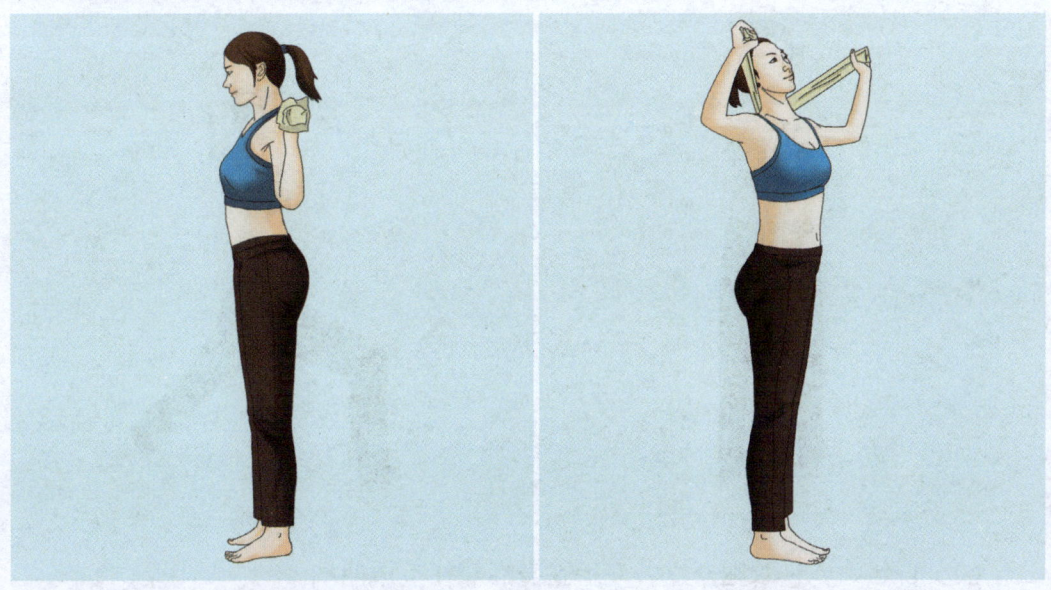

（5）先把毛巾套在脖颈处。

毛巾的两端朝向身体左侧，然后左手用力拉住毛巾的两端，向左侧充分拉伸，同时，颈部则向右侧尽力下压。以同样的动作要领，左右两侧交替练习。

（6）自然站姿，双腿开立，双手在体前拉住毛巾两端。

右腿向前伸展，屈膝成弓步，左腿则伸直。然后双臂用力上抬，注意挺胸拉伸腰部。回到站姿后，以同样的动作要领换左腿向前，重复练习。

（7）自然站姿，双腿开立，双手在身后拉住毛巾两端。

双臂用力上举，保持几秒钟之后，伸直手臂向后拉伸，再保持几秒之后还原到自然站姿，重复练习。

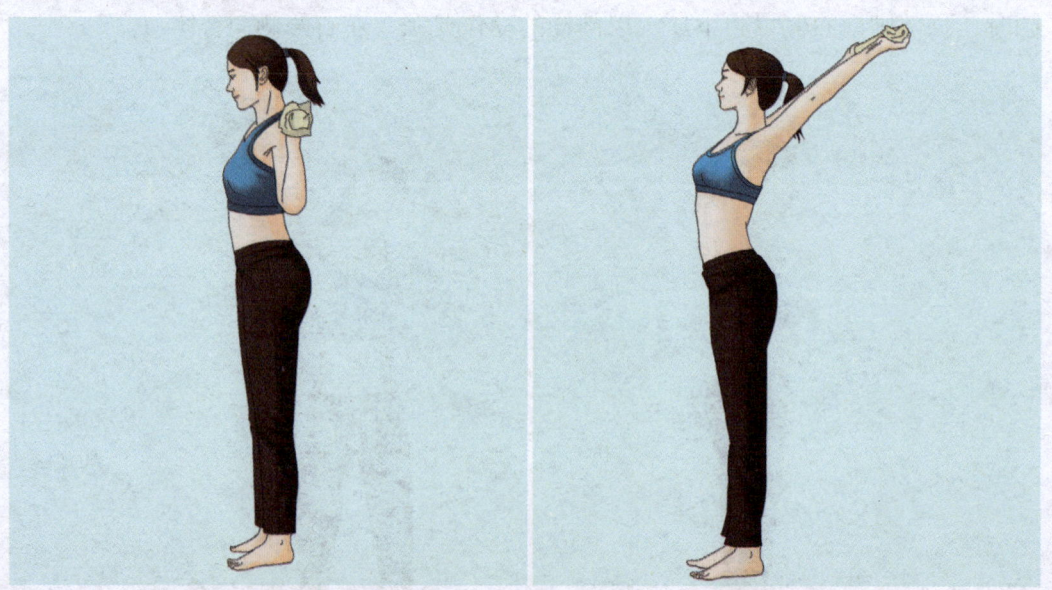

（8）自然站姿，双腿开立。

右手拉住毛巾一端放于右肩，左手拉住另一端放于身后左下侧。右手向右上方用力拉伸毛巾，左手则从左下方尽力抵抗，重复练习几次之后，交替方向继续练习。

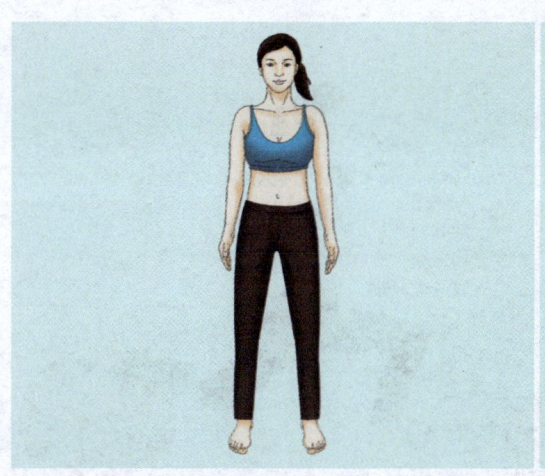
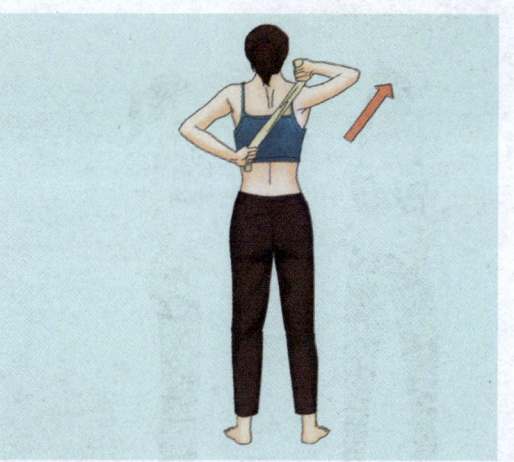

当身体变得更加柔韧的时候，你就可以缩短双手握毛巾的距离，但是仍然要注意不要过度拉伸。

利用健身球进行拉伸

健身球是新兴的体育健身运动器材，因为其趣味、舒缓、安全、效果明显等特点，而受到很多人的青睐。健身球可以锻炼胸、腹、背、臀、腿等处的肌肉群，而这些肌肉群在保持身体平衡、改善身体形态以及预防运动损伤等方面发挥着重要作用。

在利用健身球健身的时候，可以采用下面的方法：

1. 健身球侧蹲

▲ 站立姿势，双腿分立，双手叉于腰际。

▲ 身体右侧放置一个健身球。

▲ 首先右腿上抬，脚搭在健身球上，此时左腿向下蹲到极限，保持姿势5分钟后回到自然站姿。移动健身球到身体左侧的位置，以同样的动作要领，上抬左腿继续练习。交替重复练习10次。

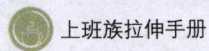

2. 健身球正蹲

▲ 自然站姿，双腿自然分立，双手叉于腰际。

▲ 将健身球放在身后。

▲ 首先右腿上抬，屈膝，将小腿搭在健身球上，同时左腿用力向下蹲至极限，保持姿势5分钟，换腿进行练习，分别练习10次。

3. 俯跪腿上举

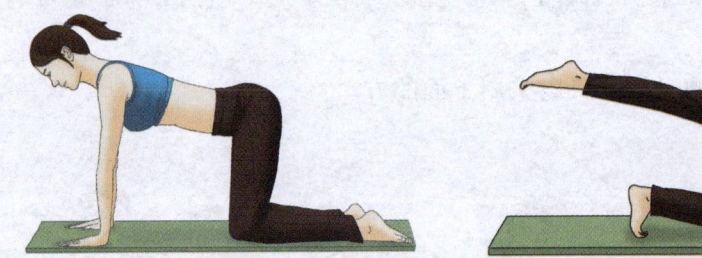

▲ 俯卧在地上，利用双手双膝以及双脚的力量支持身体的重量。

▲ 抬头的同时左腿用力抬起，直到大腿平行于地面，保持姿势5秒钟后，换腿做同样的动作，各练习10次。

在家里利用健身球拉伸完毕后，还可以做一些排毒运动：

1. 细嚼慢咽排毒

在吃饭的时候，多咀嚼几次，有排毒的作用。这是因为多咀嚼能分泌较多唾液，中和各种毒性物质，引起良性连锁反应，排出更多毒素。

2. 肠胃蠕动排毒

将手掌根部搓热，先将右手置于胃部正中，顺时针按摩胃腹处。这是由于腹部右侧是升结肠，左边是降结肠，顺时针是依照排泄的流向，帮助肠胃蠕动。然后，右手置于上腹部的右侧，手掌自右向左推，这样可以加快中间横结肠的运动。最后，将右手置于上腹部，轻轻下压，并由上至下从上腹部慢慢推至小腹部。这是顺着乙状结肠的走向，让排泄物轻松排出。

3. 舒畅通络排毒

身体站直，双手叉于腰间，虎口处用力，肌肉处于紧张状态，在腰间上上下下地按摩。这个动作可以按摩腰部穴位和神经，起到辅助作用；用大拇指指腹按住肋骨交会的心窝处，顺着人体中心线从下往上推，一直推到锁骨的中心交会处。这个动作有助于舒缓胸中、胃中聚集的郁结之气。

利用仰卧起坐板拉伸

腰围是身体健康的晴雨表，人们很关注体重，其实更应该关注腰围。一个人的腰围如果过大，不仅不美观，还暗藏健康隐患，此类人患心脏病、脑卒中（中风）、糖尿病、高血压和胆囊疾病的风险都较高。利用仰卧起坐板可以进行减脂运动，仰卧起坐板可以增强腰腹肌力量与弹性，对消除腹部多余脂肪与赘肉效果明显，是瘦身塑形健美形体的必备器材。

练习方法如下：

1. 抱头仰卧起坐

▲ 在起坐板上仰卧，双脚钩住圆管以便将下肢固定，将双手交叉抱于脑后。

▲ 用力收缩腹肌，使上半身抬起来，并向前弯曲，用手肘触碰膝盖。将此动作反复练习。

2. 抱头侧起

▲ 在起坐板上侧身躺下，双脚固定在圆管下面，双手交叉抱于脑后。

▲ 腰部肌肉用力，将身体侧向足部方向起落。左右方向反复交替练习。

3. 俯卧背起

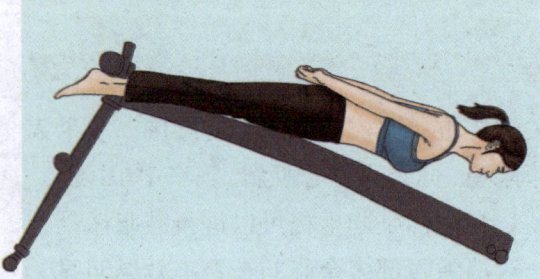
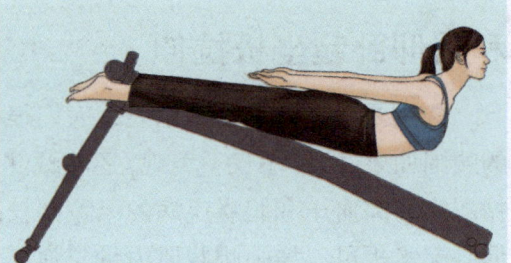

▲ 俯身卧在起坐板上，将踝关节固定在圆管下面，将双手交叉放在背后。

▲ 用背部肌肉群发力，抬头向后将身体向足部方向抬起，反复练习此动作。

4. 举腿收腹

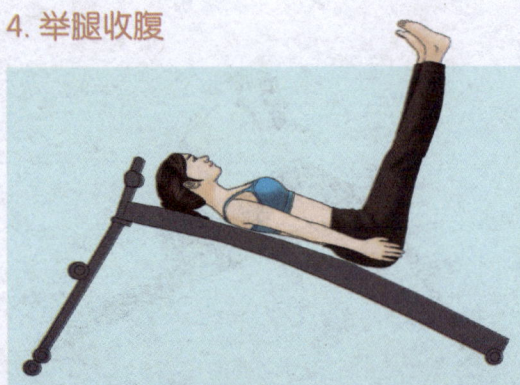

▲ 身体平躺在起坐板上，双腿尽量伸直并抬高，接着再缓缓放下。将此动作反复多次。

▲ 再将双膝弯曲，继续做同样的动作，以便达到更好的效果。

注意：在练习过程中，腿要伸直，膝盖不能弯曲，双脚要缓缓落地。在拉伸完毕后，体能好的人群，可以适当增加一些有氧运动，如游泳、慢跑等，切忌过度运动。

在锻炼感觉稍累的时候，就要停止休息一下，每周锻炼3~5次就可以，不可以过度锻炼。过度运动就像"暴饮暴食"一样对身体百害而无一益，尤其是对于高血压和心衰病人，医生是主张积极运动的，但要避免运动过度，因为过度运动超出了心脏的负荷范围，必将加重心脏的负担能力，致使血压升高和心衰。至于心衰病人，除非实在起不来床，否则力所能及的锻炼也都有益无害。

规律运动是不会使人生病的，不规律的生活才最危险。所以，我们一定要合理制订自己的运动计划，给身体充分恢复的时间。一般说来，肌肉稍有酸胀感，并能在两三天内恢复，是比较理想的。如果运动锻炼给你带来的是愉快和活力，那才是达到了最佳的状态。

伸背器的伸展训练

背部不仅是人体躯干的主要组成部分，而且还是经络和神经系统的密集地区。所以，保护背部健康是很重要的。对于缓解背部不适，有很多运动方法，社区的伸背器就是一个很不错的拉伸背部的器材，方便实用、效果显著，很受人们青睐。

利用伸背器拉伸练习的方法如下：

1. 伸展练习

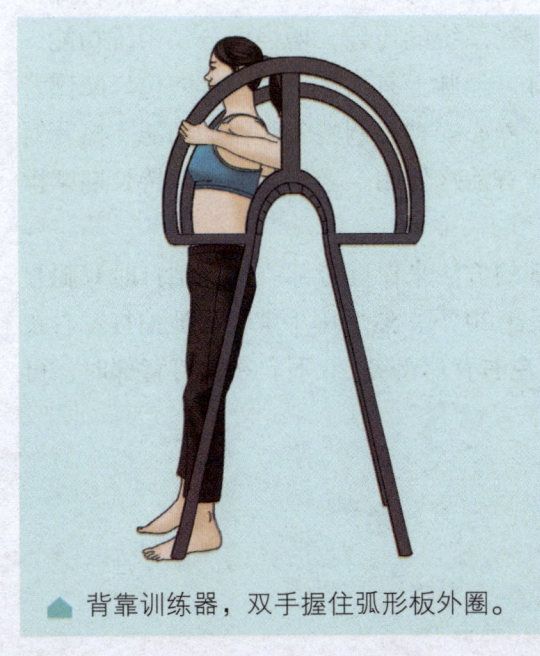

▲ 背靠训练器，双手握住弧形板外圈。

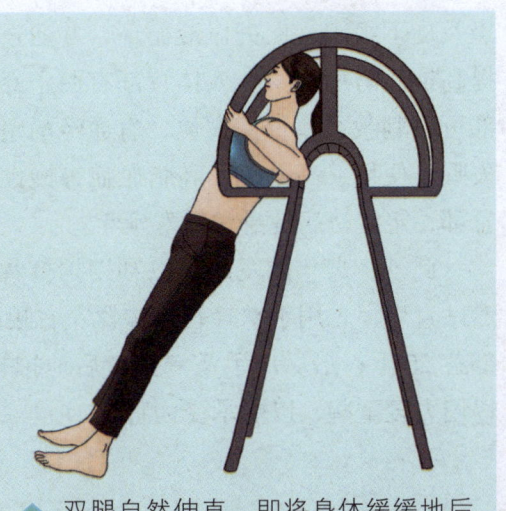

▲ 双腿自然伸直，即将身体缓缓地后仰，弯下腰，尽量后仰，最大限度地伸展，能够充分伸展腹部和腰部。

2. 举腿练习

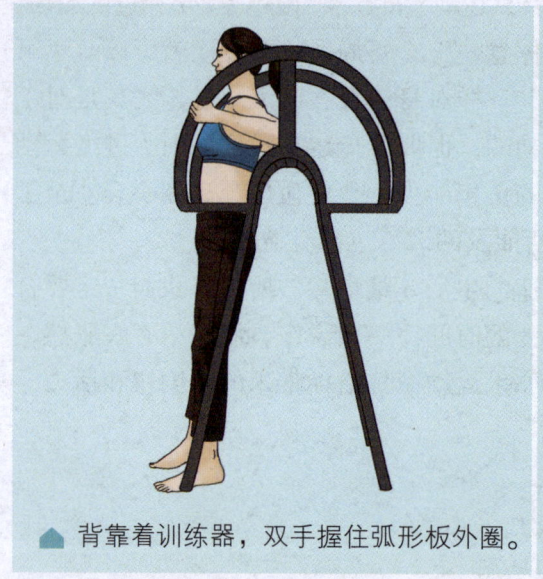
▲ 背靠着训练器，双手握住弧形板外圈。

▲ 缓缓地将双腿向上抬起，与上半身形成90度角。

　　伸背器拉伸练习能够缓解长期低头伏案工作者的腰肌劳损和腰背部肌肉疲劳，促进腰背部血液循环，改善和纠正含胸、驼背等不良姿势。在小区进行完伸背器拉伸，回家后还可以用擦背法来进一步缓解背部疲劳。具体做法是：用温热的湿毛巾自上而下，反复揉擦风府穴及颈椎、胸椎、腰椎、骶椎，以感觉舒服为佳。每天1~2次，每次3~5分钟。

　　擦背能祛病健身，因为人体背部有丰富的脊神经，摩擦背部可以刺激背部神经及皮下组织，促进血液循环，并通过神经系统的传导，增强内分泌系统功能，提高抗病防病能力。人体背部有两条经脉，经脉上有大椎、命门等穴位。摩擦背部可以刺激这些重要穴位，有通经活络、养心安神、调整各脏器的功能。擦背对失眠、便秘、高血压、高脂血症等慢性病有治疗作用。老年人如能坚持长期摩擦背部，定能祛病健身，益寿延年。

　　此外，老年朋友还可以利用拍打背部的方法来保健背部。进行拍打时双腿自然站直后，先用手掌轻轻地搓揉左右腰部各20下；然后用手掌轻轻地拍打左右腰部各20下；最后用手掌一先一后地拍打左右背肩部各20下。在拍打背部时，可以用力较重些，以能承受为宜。

第二节 头颈肩拉伸

缓解颈部疲劳拉伸

颈椎病症状错综复杂，具体表现因人而异，有的病人脖子发僵、发硬、疼痛、颈部活动受限；有的表现为肩背部沉重、肌肉变硬、上肢无力、手指麻木、肢体皮肤感觉减退、手里握物有时不自觉地掉落等；有些病人出现下肢僵凝，似乎不听指挥，或下肢绵软，有如在棉花上行走；另一些病人甚至有头痛、头晕、视力减退、耳鸣、恶心等异常感觉；更有少数病人出现大小便失控、性功能障碍，甚至四肢瘫痪。当然，不是每一个颈椎病病人都会在身上表现出所有的症状，往往是出现部分症状，而且大部分病人表现轻微，病程也比较长。

颈椎病的发生肯定是有原因的。找出原因并改正，可以预防颈椎病。

首先，慢性劳损是颈椎病的病根。所谓慢性劳损是指超过正常生理活动范围的最大限度的活动，包括：工作的姿势不当，长时间处于坐位，长期低头工作并且保持一种姿势，虽工作量不大，强度不高，但颈椎病、腰椎间盘突出发病率特别高，如现代白领、文秘、会计、公务员、电子行业员工、教师、大中专学生等都是颈椎病的高发人群。另外，生活中长时间打麻将、看电视亦可造成慢性劳损。

其次，睡眠的不良体位是助因。因其持续时间长，会造成椎旁肌肉、韧带及关节的失调，而波及椎管内组织，加速退变过程。特别是枕头过高，头部一直处于屈曲状态，更加容易诱发颈椎劳损。

最后，不适当的体育锻炼也会引发颈椎病。超过脊柱耐量的活动或运动，可加重脊椎负荷，造成脊椎的韧带、关节和椎间盘的微小损伤，长期积累下来就容易发生脊柱的退行性病变。如果体育锻炼是在缺乏正确指导下进行的，一旦遭受外伤，则后果更加严重。在日常生活中针对上述原因采取正确的生活和工作方式，可以减少颈椎病的出现，让颈椎病无机可乘。

1. 良好的工作姿势

坐姿要尽可能保持自然的端坐位，保持正常生理曲线。通过升高或降低桌面与椅子的高度比例，调整最适合自己的体位。如果有条件，不妨设一块与水平线呈10~30度的斜面工作板，如同画板一般，在这块斜板上进行写字工作，同样有利于保护颈部。日常生活中应注意保持头颈正确的姿势，不要偏头耸肩，看书、操作电脑时要正面注视，保持脊柱的正直。

长期低头伏案工作者，要注意动静结合，操作电脑时，应确保整只脚掌着地。在上班时间，要实行多次短时休息，每工作 1 小时左右就要站起来做做工间操，活动活动四肢、颈椎，消除颈部肌肉、韧带的疲劳，防止劳损。不要躺着看书、看电视。

2. 良好的睡姿

睡觉时要选择合适的枕头，不宜过高或过低，枕头高度以本人一拳高为宜，或与自己的肩部等高。枕芯内容要求细碎、柔软。枕头的形状以中间低，两端高的元宝形为佳。此种形态可利用中部凹陷部来维持颈椎的生理曲度，对头颈部可起到相对制动与固定作用。

3. 合理饮食，预防感染

首先要防止酗酒，因为酒精会影响钙质在骨骼上的沉积，使人易患骨质疏松症、骨质软化症，加速颈椎退变；减少脂肪摄入，适当补充氨基酸，饮食中应富含钙、蛋白质、B 族维生素和维生素 C、维生素 D 等营养物质，应多吃鱼类、豆类、新鲜蔬菜，多吃乳制品。

其次要预防咽喉部炎症及上呼吸道感染等常见的呼吸道疾病，因为这类炎症一旦经淋巴系统向颈部及关节囊扩散，往往成为颈椎病的直接原因或诱因。平时要注意保暖，预防各种上呼吸道炎症，预防感冒，保持口腔清洁。不要直接吹电风扇和空调。乘车或运动时注意颈部保护，避免急拐弯、急刹车或突然转颈。已有颈椎病者应避免猛然回头和头颈部负重，坐车不要打瞌睡，按摩时切忌猛烈的手法。

还有一个很好的方法就是拉伸运动疗法：

1. 前俯后仰拉伸颈部

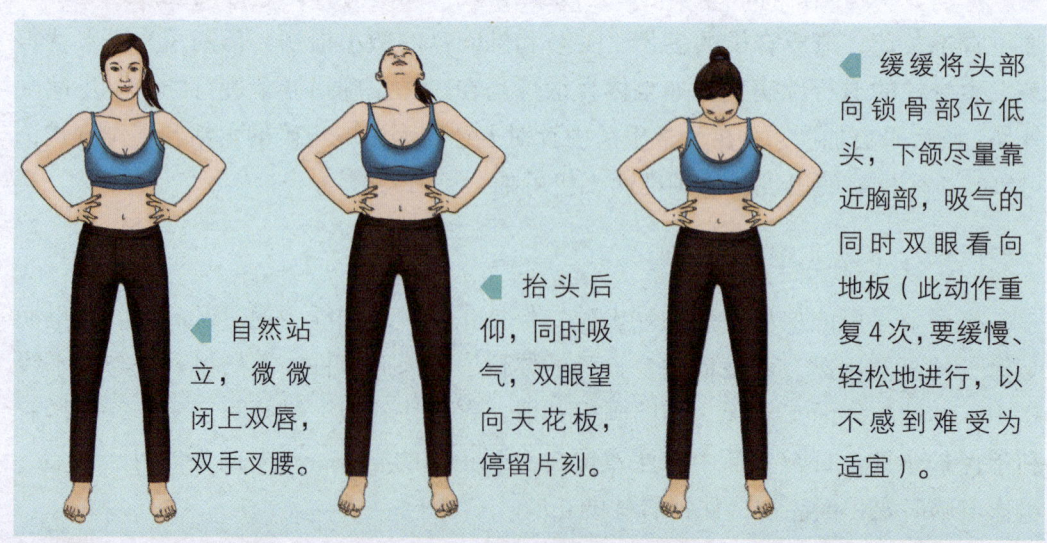

◀ 自然站立，微微闭上双唇，双手叉腰。

◀ 抬头后仰，同时吸气，双眼望向天花板，停留片刻。

◀ 缓缓将头部向锁骨部位低头，下颌尽量靠近胸部，吸气的同时双眼看向地板（此动作重复4次，要缓慢、轻松地进行，以不感到难受为适宜）。

2. 举臂转身

◀ 自然站立，双手叉腰。

◀ 举起右臂，手掌向内，抬头目视手心。

◀ 身体慢慢转向左侧，停留片刻。在转身时，要注意脚跟转动45度，身体重心向前倾。

▲ 身体再转向右后侧，旋转时要慢慢吸气，回转时慢慢呼气。整个动作要缓慢、协调，转动颈、腰部时，要尽量转到不能转为止，停留片刻。

▲ 回到自然状态后，换左臂。换左臂时，放下的右手要沿耳根慢慢压下，换手臂后做同样的动作。

3. 左右旋转

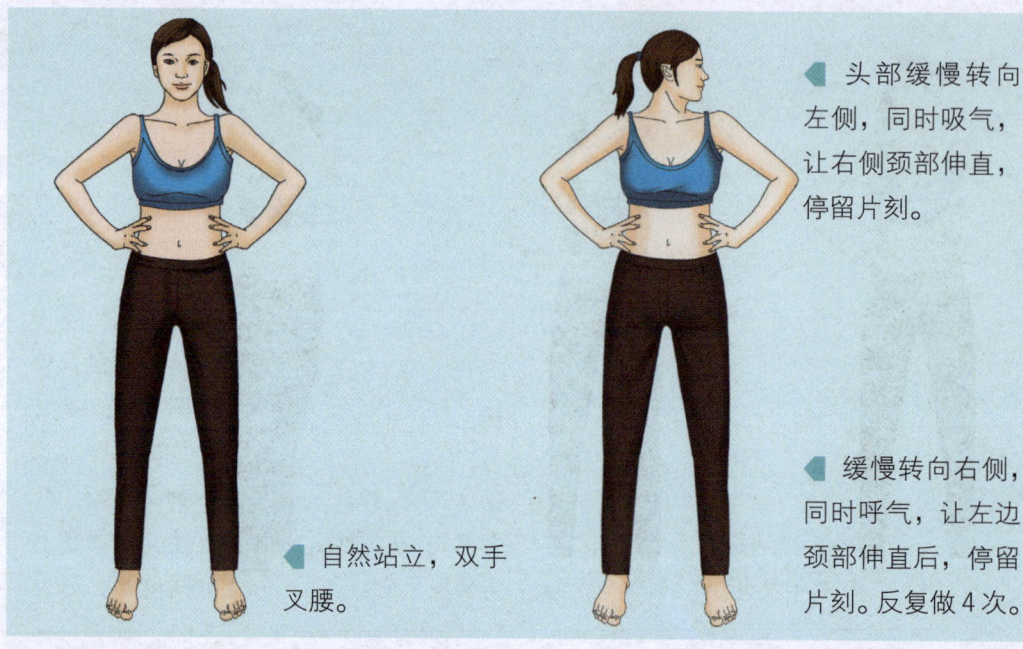

◀ 自然站立，双手叉腰。

◀ 头部缓慢转向左侧，同时吸气，让右侧颈部伸直，停留片刻。

◀ 缓慢转向右侧，同时呼气，让左边颈部伸直后，停留片刻。反复做4次。

4. 提肩缩颈

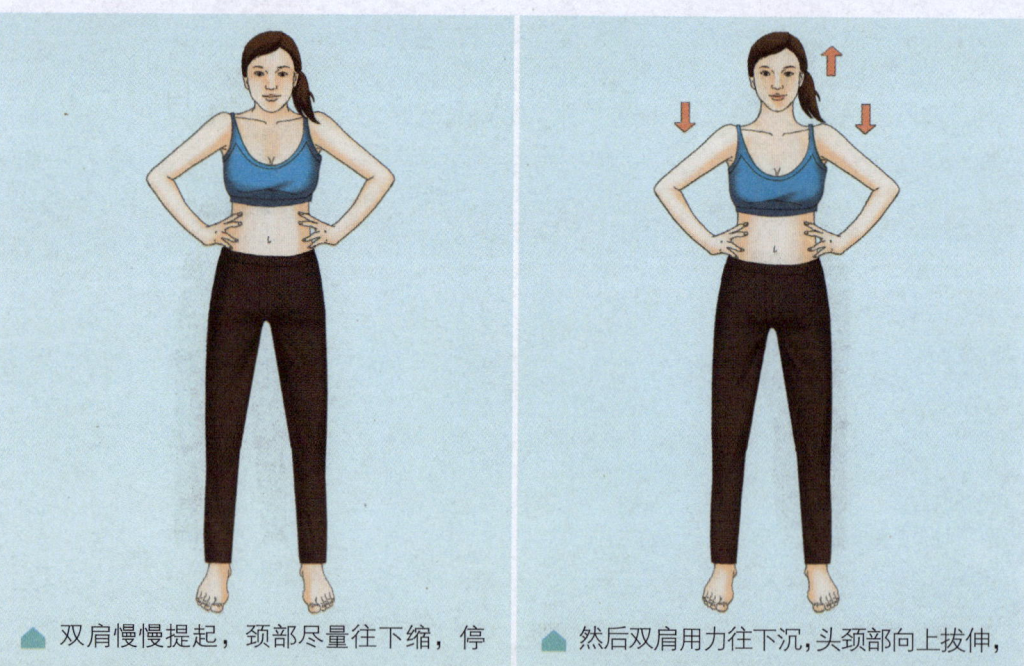

▲ 双肩慢慢提起，颈部尽量往下缩，停留片刻慢慢放下，头颈自然伸出，还原为自然姿势。

▲ 然后双肩用力往下沉，头颈部向上拔伸，停留片刻后，双肩放松，并自然呼气。伸、缩颈时要慢慢吸气，停留时要憋气，放松时要尽量使肩、颈部放松。反复做4次。

5. 左右摆动

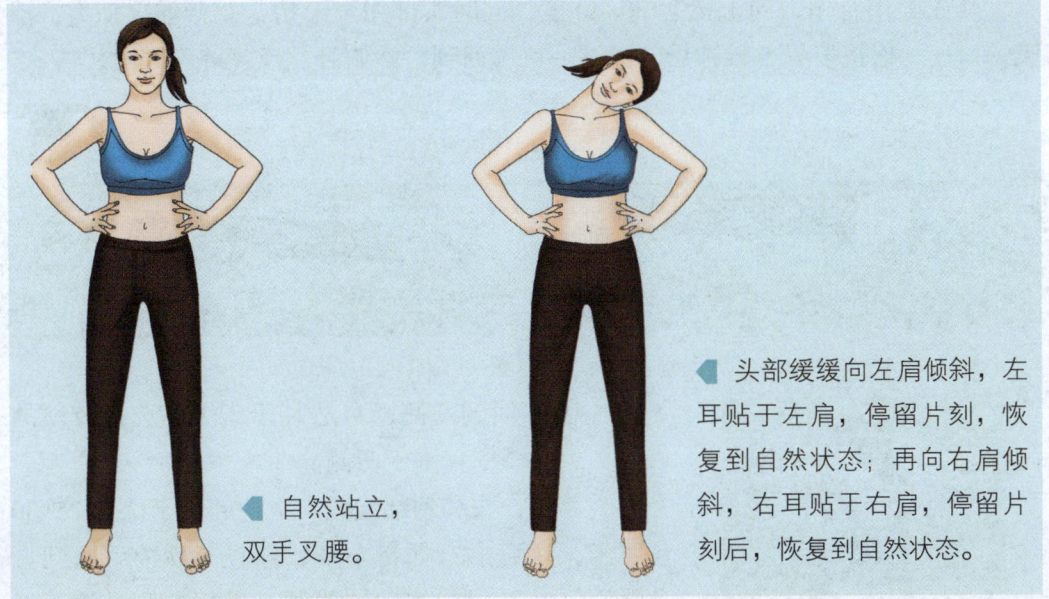

◀ 自然站立，双手叉腰。

◀ 头部缓缓向左肩倾斜，左耳贴于左肩，停留片刻，恢复到自然状态；再向右肩倾斜，右耳贴于右肩，停留片刻后，恢复到自然状态。

缓解颈部酸痛拉伸

颈部不适时，我们可以试试下面几种缓解颈部酸痛的拉伸方法：

（1）自然仰卧于床上。

选择软平的枕头，双臂自然放于两侧，首先，头和颈部用力向下压枕头，双臂保持不动，切勿撑在床上，收紧腹部肌肉，保持这样的姿势5秒钟后，还原放松，反复练习8次。

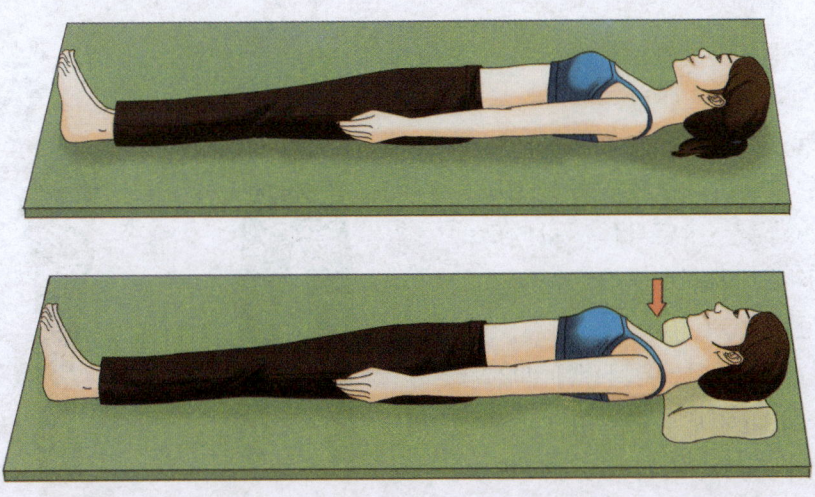

（2）俯卧于床上，双腿自然并拢，双手于头顶交叉抱住头。

首先上半身用力向上挺起30~40度，同时头部用力上抬，双臂辅以助力，深吸一口气，保持姿势5秒钟后，深呼一口气回到自然俯卧，反复练习8次。

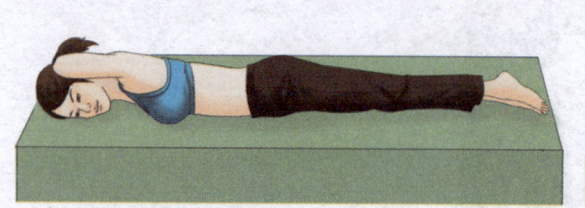

（3）面朝左侧，自然卧于床上，选择较硬的枕头。双臂绷直垂于两侧。

首先，头和颈部慢慢向上抬起高于枕头25~30厘米，注意上身保持不变，停顿5秒钟后回到自然侧卧，以同样的动作要领，进行右侧卧练习，两侧分别练习8次。

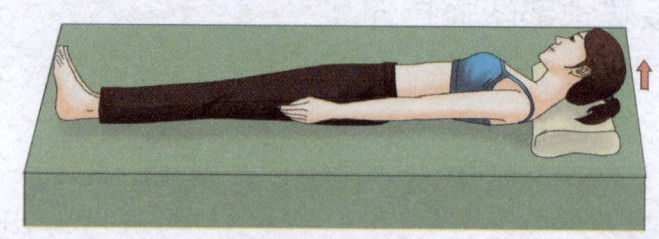

（4）自然站姿，双腿分立，与肩同宽，双手叉于腰际。

首先，头部向身前弯曲，尽量使下巴触及胸部，保持5秒钟之后，回到自然站姿。然后身体尽量向后仰到最大极限，同样保持5秒钟再还原，反复练习8次。

如果长期坚持练习以上四步保健操，效果将非常显著。首先，它能够缓减颈椎疲劳，改善其功能。其次，

它能促进血液循环，减轻背部肌肉痉挛的症状。最后，还能消肿止痛。

除了坚持上面的颈部保健拉伸，日常生活中还可以用药物疗法来治颈椎不适：

1. 熏洗法

【组成】独活9克，秦艽9克，防风9克，艾叶9克，透骨草9克，刘寄奴9克，苏木9克，赤芍9克，红花9克，穿山甲珠9克，威灵仙9克，乌梅9克，木瓜9克。

【用法】上述药水煎，趁热熏洗患处，每次30~40分钟，每天2~3次，10天为一个疗程。

【功效】适用于气滞血瘀型及痹证型颈椎病。

2. 薄贴法

【组成】三七10克，川芎15克，血竭15克，乳香15克，姜黄15克，没药15克，杜仲15克，天麻15克，白芷15克，川椒5克，麝香2克。

【用法】前10味药共研细粉，放入150毫升白酒微火煎成糊状，或用米醋拌成糊状，摊在纱布上，并将麝香搽在上面，敷于患处。药干后可重新调成糊状再用，每剂药可连用3~5次，15次为一个疗程。

【功效】适用于各类颈椎病。

3. 药枕法

【组成】当归300克，羌活300克，藁本300克，制川乌300克，黑附片300克，川芎300克，赤芍300克，红花30克，地龙300克，血竭300克，菖蒲300克，灯心草300克，细辛300克，桂枝300克，紫丹参300克，防风300克，莱菔子300克，威灵仙300克，乳香200克，没药200克，冰片20克。

【用法】将上述药除冰片外共研细末，和入冰片，装入枕芯，令患者枕垫于头项下，每日使用6小时以上，3个月为一个疗程。

【功效】适用于各类颈椎病。

4. 隔姜灸法

【组成】枣核大的艾炷18~36壮。

【用法】选用夹脊穴（第1胸椎至第5腰椎，棘突下旁开0.5寸，一侧17个穴，左右共34穴）及阿是穴为主，配合大椎、肩井、风池、肩贞、合谷、足三里等，按艾炷隔姜灸法，每次灸3~6个穴位，每穴3~6壮，每日1次，10次为一个疗程。

5. 药包热敷法

【组成】伸筋草、透骨草、荆芥、防风、防己、附子、千年健、威灵仙、桂枝、路路通、秦艽、羌活、独活、麻黄、红花各30克。

【用法】上述药物研成粗末，装入长15厘米、宽10厘米的布袋内，每袋150克。用时将药袋加水煎煮20~30分钟，稍凉后将药袋置于患处热敷，每次30分钟，1日1次，2个月为1疗程。热敷时以皮肤耐受为度，每袋药用2~3天。

【功效】适用于各类颈椎病。

6. 浴疗法

【组成】伸筋草、五加皮、乳香、没药各12克，秦艽、当归、红花、土鳖虫、路路通、桑叶、桂枝、骨碎补、炙川乌、炙草乌各9克。

【用法】上述药加水煎煮20分钟，过滤取药液温浴患部，每日1次，每次20分钟，7次为一个疗程。

【功效】适用于各类颈椎病。

7. 耳穴压豆法

【组成】王不留行子。

【用法】选择颈椎耳穴相应部前后对称贴压，3天换贴1次，治疗期间酌情进行耳穴局部按摩。双耳贴压10次为一疗程。

【功效】主治各类颈椎病。

颈椎瑜伽拉伸促健康

瑜伽对缓解颈椎不适有很好的疗效，在工作和家居的间隙就可以做一下拉伸运动，给颈椎松松"筋"。

1. 金刚鱼式

▲ 自然跪于地上，双手在胸前合掌，慢慢吸气。

▲ 然后身体缓缓向后仰，尽量使头与地面相接触，深呼一口气。此动作有利于拉伸脊椎以及颈部背部的肌肉。

2. 猫伸展式

 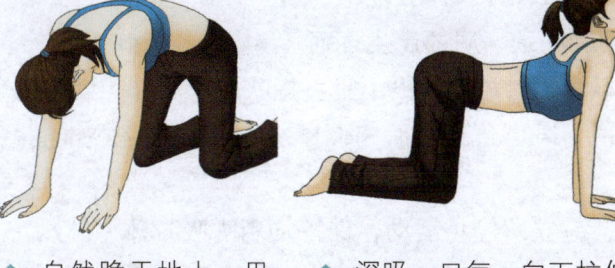 

▲ 自然跪于地上，用双臂的力量支撑身体。

▲ 深吸一口气，向下拉伸脊柱，头向上抬起，带动颈部向上拉伸，同时向上微微翘起臀部。

▲ 深呼一口气，含胸，背向上拱，低头带动颈部向下伸展，收紧腹部，然后尽量将整个背部向上拱起。

此动作可以彻底放松肩部和颈部的肌肉，协调背部肌肉的同时，还可增加背部肌肉的弹性。

3. 牛面式

 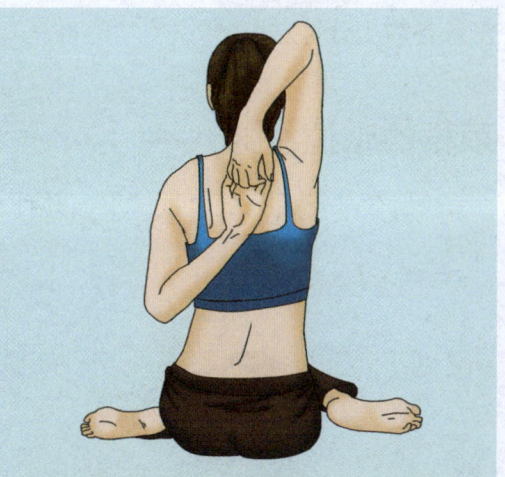

▲ 自然坐于地上，双腿左右交叉，使脚面位于臀部左右两侧。

▲ 左手从左下方伸向背后，右手从右上方伸出，并于背后相扣。此动作有利于脊背的拉伸，若有难度，可增加一条毛巾，也能起到同样的作用。

这个动作的效果主要体现在背部和肩部，它能矫正脊柱，拉伸背部肌肉，减轻颈部酸痛。此外，还可以充分放松肩关节，改善肩部的血液循环。每天重复练习5遍，每遍10次。

预防颈椎病，可用以下几种对策：

（1）驾车时尽量使颈、肩部肌肉放松，避免过度紧张，否则，会使肌肉内产生大量代谢产物——乳酸，乳酸会刺激颈、肩部产生疼痛。

（2）夏季使用空调时，温度不宜调得过低，更不宜直接吹颈、肩部。因为颈、肩部容易出汗，对风寒较为敏感，受风可致颈部肌肉僵硬、疼痛，也是颈椎病的重要成因。

（3）感到颈部疼痛或头晕时，应立即停止运动，保持均匀呼吸，休息片刻。

（4）在运动间歇时，可做扩胸、摇肩运动。也可采用"米"字功进行锻炼，方法是取端坐位，全身放松，以头做"笔头"，反复写"米"字5~10遍，每日坚持做2~3次。

（5）自我按摩法。

1）用示指、中指、无名指在对侧颈部按揉，自上而下，共20次，对痛点多加按摩。

2）用示指、中指按住同侧颈后肌肉，同时做仰头动作，共20次。

3）用拇指和其余四指拿捏对侧肩部肌肉，各20次。

4）用双手拇指按揉枕后部的风池穴和肘部外侧的曲池穴，以出现酸胀感为度，每穴各约1分钟。

颈椎的牵拉拉伸

缓解颈部不适，可以试试下面几种牵拉操：

1. 灵活颈椎操

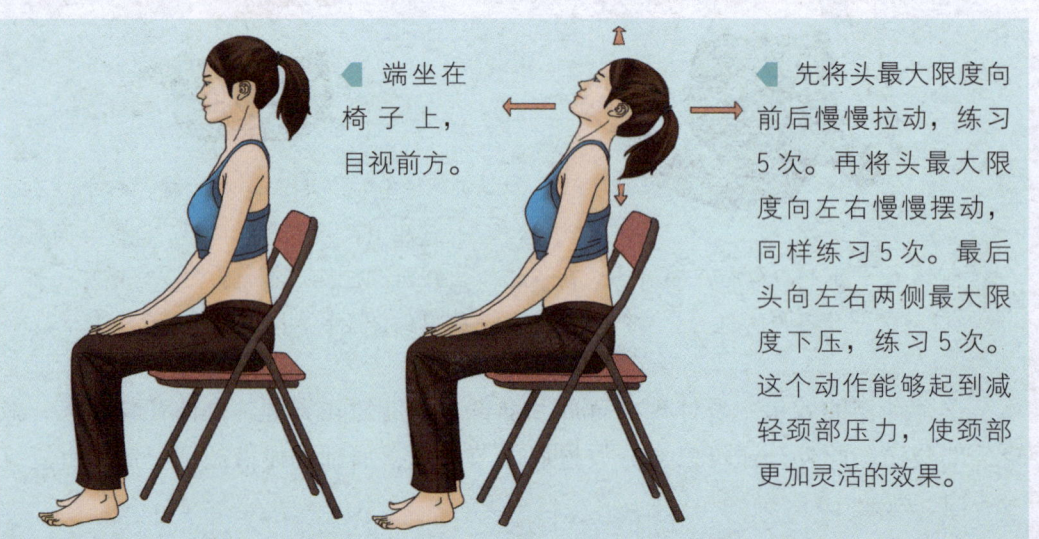

◀ 端坐在椅子上，目视前方。

◀ 先将头最大限度向前后慢慢拉动，练习5次。再将头最大限度向左右慢慢摆动，同样练习5次。最后头向左右两侧最大限度下压，练习5次。这个动作能够起到减轻颈部压力，使颈部更加灵活的效果。

2. 后颈牵拉操

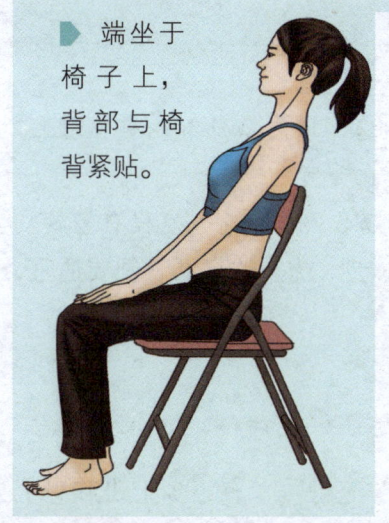

▶ 端坐于椅子上，背部与椅背紧贴。

◀ 双手绕到脑后，收缩下巴，放松颈部。然后，利用双手的力量使头部充分向下拉伸，直到下巴能够触及胸部，感受到后颈和肩胛部位的紧张拉扯之后，停顿10秒钟，放松后继续练习5次。这个动作有利于减缓后颈肌肉的疲劳。

3. 肩胛牵拉操

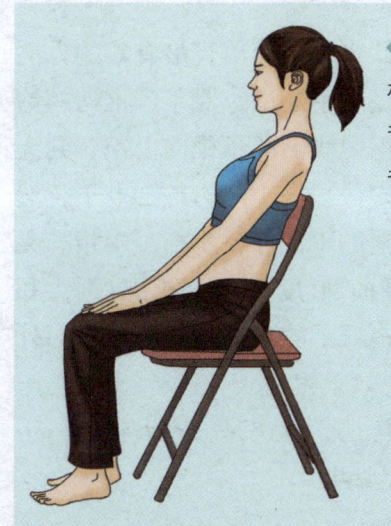

◀ 端坐于椅子上，背部与椅背紧贴。

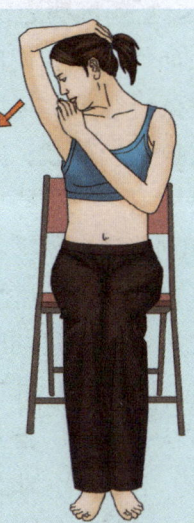

◀ 左手置于右肩，右手则放在头顶，收缩下巴，充分放松颈部。然后利用右手的拉力，使头部尽量向右下伸展，感到左后颈部和左肩胛的紧张拉扯之后，停顿15秒钟，放松后继续练习5次。这个动作是为减缓肩胛附近的肌肉疲劳所设计的。

除此之外，拔罐也是治疗颈椎病不错的方法：

1. 针刺拔罐

【取穴】 大椎、颈夹脊。

【治疗方法】 在病变夹脊处和大椎穴，用皮肤针叩刺，并在原处连续扣拔罐2~3下后静置留罐5分钟左右。

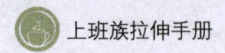

【疗程】每周治疗2次，7次为一疗程。

2. 梅花叩刺拔罐

【取穴】大椎、大杼、肩井、肩中俞、肩外俞。

【治疗方法】先用梅花针在上述各穴叩刺3~5遍，以皮肤发红、有少量血点为度。叩刺后拔罐，留罐15~20分钟。以拔出瘀血为宜。

【疗程】隔日1次，7次为1疗程，2个疗程间隔5天，3~4个疗程有显效。

除此之外，颈椎病患者还应注意劳逸结合，按时睡觉，枕头的高低软硬要适宜，并注意肩颈部的保暖。

养护颈椎的运动疗法

随着现代化办公时代的到来，颈椎病也越来越"流行"，有不少上班族患上了颈椎病。其实，在平常很少有人意识到连接大脑和身体的那几块骨头的重要性，只有当它们出现问题之后，才后悔不迭。试想，如果我们在平时就注意养护颈椎的这几块骨头，自然就不会受颈椎病之苦了。

那么，我们究竟应该如何关爱我们的颈椎呢？其实，最简单且最有效的方法就是按摩。一般来说，按揉督脉上的风府和手大肠经的手三里，对于颈椎病的治疗很有帮助。风府这个穴位很容易找，顺着脖子后正中线上的颈椎向上摸，到头骨时有一个凹陷，这就是风府。用拇指的指腹顶住穴位，向上用力按200下，然后开始转头，正反方向分别旋转5圈。手三里在曲池的下2寸，示指、中指、无名指并起来的宽度。曲池的位置也很好找：把胳膊屈曲90度，掌心向下，肘尖和肘关节内侧横纹的中点。按揉手三里的时候要用另一只手的大拇指指腹从里向外拨，有酸胀或胀疼感为度。这对颈椎病造成的手指麻效果很好。

还有一个更简单的方法，俯卧，然后让家人来帮忙。方法是：家人在后，一手掌全部贴放在颈椎患部，用另一手拇指点按患者尾骨尖。

另外，我们再为大家介绍两种颈椎病的运动疗法：

1. 练鸟功

所谓鸟功，就是模拟鸟展翅飞翔的动作而来的，每次反复做10遍，每天1~2次，对治疗颈椎病很有好处。

（1）起式：身心放松，双臂自然放于身体两侧，双脚并拢，呈立正姿势。按个人习惯向前迈出左（右）脚，前脚跟距离后脚尖大约半脚远，两脚间距离一个半脚掌宽，以保持身体稳定。

（2）展翅：双臂缓慢前举上举至与肩同高同宽时向后向外展开，同时头向前缓慢伸至可承受的最大限度，略停留2~3秒。可以想象自己像一只悠然的海鸥飞翔于蓝天碧海间，呼吸着清新的空气，感受着温暖的阳光。

（3）收式：双臂按原路返回，头缓慢恢复至原位。

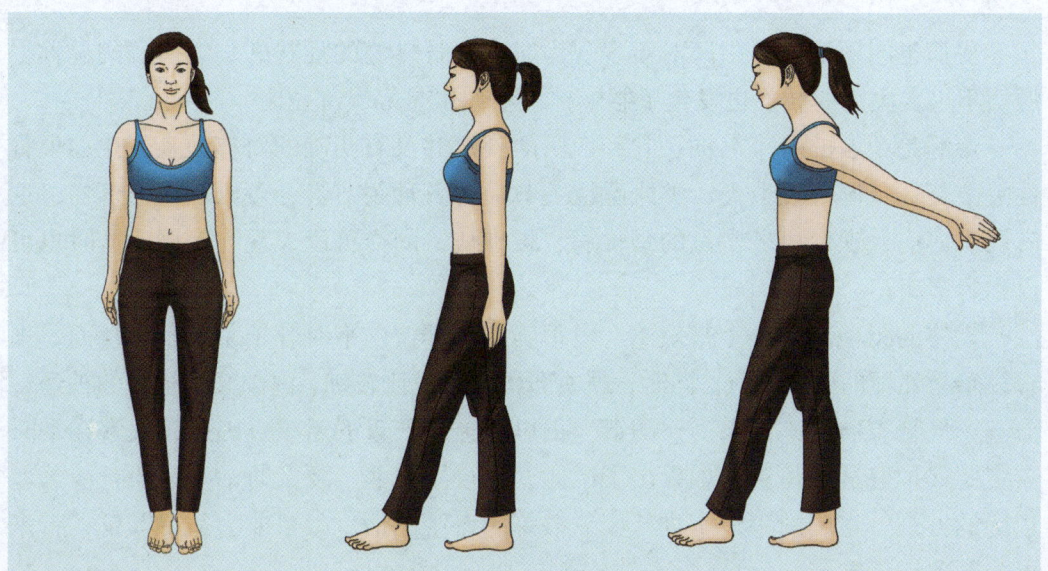

2. 学蛙泳

蛙泳在换气时颈部从平行于水面向后、向上仰起，头部露出水面呼吸。这样每换一次气颈部都需向后向上仰起，起到了反向治疗的作用。建议每周游1~2次，每次30分钟。

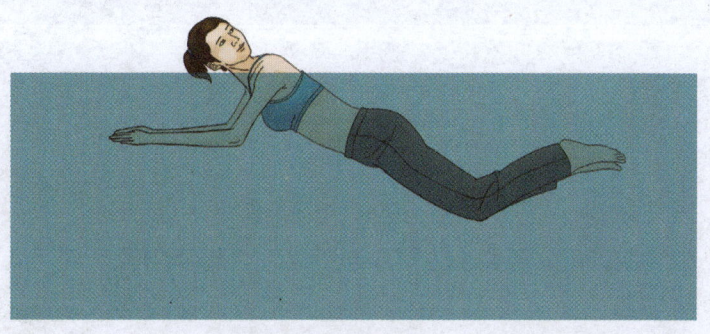

当然，除了按摩与运动之外，生活习惯对于颈椎病的防治也起着不容忽视的作用。不管有没有颈椎病，我们在平时都要注意以下两点：

（1）睡觉时枕头要高低适当。枕枕头的目的是睡觉时让脖子上的肌肉放松，所以正确的枕法是垫在脖子下面，而不是把脖子空出来。枕头的高度一般10厘米即可，比较胖的人可适当高一些。

（2）颈部不能受凉。这里的凉包括食物的寒凉和外来的风寒，因为一受凉肌肉就会发紧，而且风邪会向里传，颈部的平衡就会变得很脆弱，稍不注意就会得病，一定要注意。最后要强调的是，有些人觉得自己的脖子可以扳响，所以没事的时候就喜欢来回扳几下，听着响声好像很舒服似的。其实这是不对的，经常这样做会造成颈椎关节松弛，颈椎边上的韧带也会变松弛。

颈项部经筋痹病拉伸

痹病也叫痹证，是中医对于表现为肌肉筋骨疼痛的症状的一类疾病的总称。痹病不仅发生于四肢，也发生于躯干，颈项部也是好发部位之一。

痹病是中医的一个名词，它和西医的疾病并没有明确的对应关系。比如说骨性关节炎、风湿性关节炎、类风湿性关节炎等各种关节炎，可以表现为疼痛，这就属于痹病；现代比较常见的颈椎病、腰椎病，同样可以表现为疼痛，这时也可以称为痹病。

人体的颈项部是一个很敏感、也很脆弱的部位。平时脖子总是露在外面，很容易感受外界的风寒邪气。同时，颈项部相对来说比较细，内部又有重要的神经、血管、气管等通过，如果受伤的话，很可能造成严重的后果。因此，大家在平时一定要保护好这个位置，如果出了问题，出现了疼痛，要及时治疗，而且要采取正确的方式、正确的手法来进行康复锻炼。否则的话，很可能会适得其反，带来更为严重的后果。

下面为大家介绍几种简单易行的颈肩部的康复锻炼方法，帮助您远离疼痛的困扰。

1. 支撑头部

经常伏案工作的人，颈部的肌肉长期处于紧张状态，这会导致颈部疼痛和僵硬。遇到这种情况的时候可以在桌子前坐好，身体前倾，将肘部放在桌子上，用手掌托住额头，保持3~5分钟。这样做有助于缓解肌肉的紧张状态，从而缓解颈肩部的疼痛和僵硬感。

2. 抬升运动

坐在椅子上；将双手放到椅子边缘，支撑身体，使腿部和臀部向上抬高，保持这个动作5秒钟，重复几次。

这个方法适合整天坐在办公室里的上班族，可以起到锻炼肩部肌肉、放松颈部的作用。

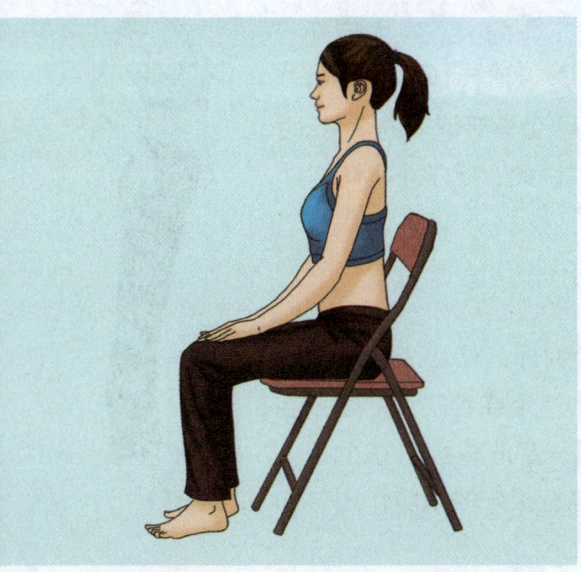

3. 收缩肩部

坐直，伸直脊椎，就好像你要长高一样。然后将双手放到腿上，此时让双肩向后靠拢。保持这个姿势 15 秒钟后放松，然后再重复几次。

这个动作相对来说伸展幅度较大，适合晚上在家看电视的时候进行。

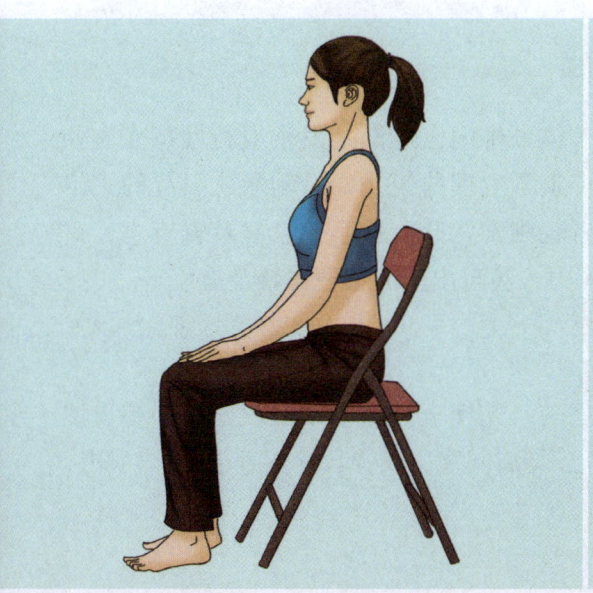
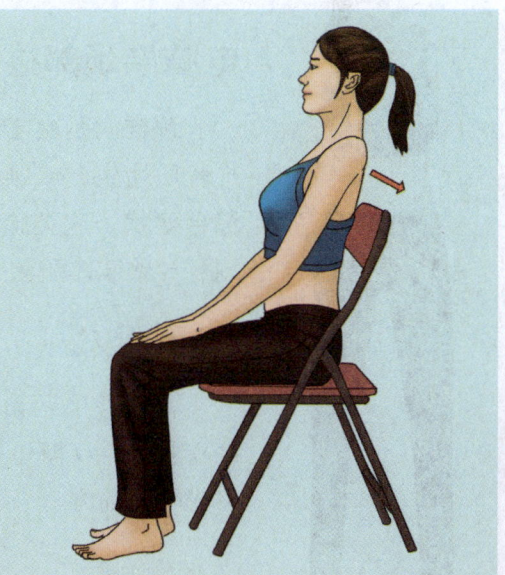

4. "乌龟探头"

模仿乌龟向前探头,并保持下巴水平,重复做十几次。这个方法适合司机和长时间坐在电脑前工作的人。在人们开车或者长时间盯着电脑屏幕的时候,总是习惯性地将头向前伸,因为头部很重,这样颈部必须长时间承受头部带来的重量,这不仅会造成颈部酸痛,还会带来头痛。因此,学学小乌龟,多做做探头的动作,可以缓解颈部劳累。

5. 转动颈部

每隔1小时,低头让下巴尽量靠近胸部,然后360度旋转颈部,重复几次。也可以用头来写"米"字或者"大"字,这样可以使得颈椎及颈肩部肌肉都得到一定的锻炼。这个动作不但能帮助赶走疼痛,而且对颈椎病也有很好的预防作用。

6. 热熨疗法

如果颈部酸痛,可以准备一只小的布口袋,里边放点大米、桂皮和几勺香油,用橡皮筋系紧袋口,然后放在微波炉里加热2分钟,之后把它放在酸痛部位。这样可以在热的作用下,促进局部气血运行,同时也可使药效更容易深入肌肤,从而起到很好的治疗作用。

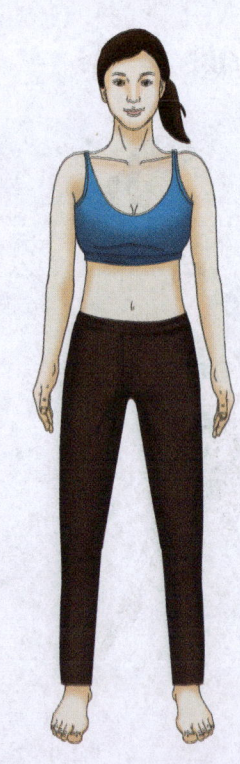

电脑族颈部拉伸

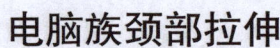

颈椎病是由于人体颈椎间盘逐渐地发生退行性病变、颈椎骨质增生,或颈椎正常生理曲线改变后刺激或引起的一组综合症状。这类患者轻则常常感到头、颈、肩及臂麻木,重则可导致肢体酸软无力,甚至出现大小便失禁及瘫痪等。

1. 基本姿势

在做各项运动之前,先使全身上下彻底放松:保持自然站立姿势,双脚开立,与肩同宽,双臂自然下垂于身体两侧,目光平视前方。

2. 前俯后仰

第一步,两臂叉于腰间,深吸一口气,头部上仰至后方,目光自然望着天花板,保持这个姿势几秒。

第二步,深吸一口气,头部缓缓向下弯曲至胸前,目光自然望着地面,注意紧闭双唇,尽量拉伸下颌至胸前,保持姿势几秒之后,还原。在运动过程中,注意掌握动作幅度,以轻柔、舒缓为宜,然后上下交替重复练习4次。

3. 左右旋转

自然站立,双臂叉于腰间。

深吸一口气,然后将头部慢慢向左侧转动,直至感受到右侧颈部的肌肉被拉伸后,保持姿势几秒,深呼一口气,再慢慢将头部转回右侧,以拉伸左侧颈部肌肉,继续保持姿势几秒后,还原。左右交替重复练习4次。

4. 举臂转身

第一步，右臂上举，掌心朝下并抬头使目光望向掌心位置。然后身体向左侧缓慢旋转，转身的过程中，注意脚跟同时也要转动，但只转约45度，同时身体重心稍微向前倾。

第二步，保持刚才的姿势几秒之后，深吸一口气，并向身体的右后侧转动，转动颈部、腰部等部位时要用力拉伸到最大限度，保持姿势几秒之后伴随着缓慢地呼气还原，还原时注意上举的手臂要沿着耳根慢慢往下压。以同样的动作要领，交替练习2次。

5. 双手合掌，掌心相互摩擦，直至慢慢变热

这个动作的目的在于促进手掌的血液循环。

6. 颈部用力向右拉伸

自然站立，深吸一口气，头颈部慢慢向右肩部靠拢，同时右手从胸前斜着向左手小臂方向拉伸。保持这样的姿势30~45秒之后还原，交换另一只手臂，并将头往左肩靠拢拉伸，重复练习。

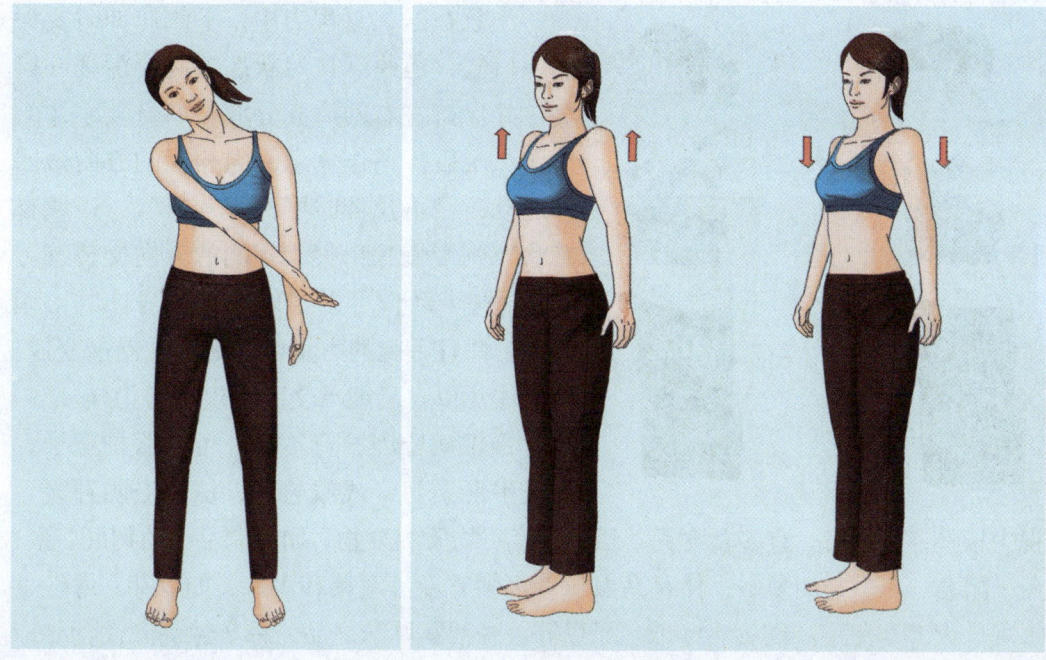

7. 肩缩颈

第一步，左右两边肩部同时往上耸，颈部用力向相反的方向压，保持几秒之后，双肩和颈部缓缓还原，尽量放松。在这个运动过程中要注意：颈部伸缩的时候要深吸一口气，但保持姿势的时候则要憋一会儿气。

然后，左右两边肩膀同时向下压，颈部则向相反的方向提伸，保持几秒之后，再缓慢还原放松，正常呼气。

8. 左右摆动

首先，头部向身体左侧弯曲，直至左耳能接触到左肩，保持这样的姿势几秒后，头部还原到自然状态。然后以同样的动作要领，头部向右侧弯曲，右耳与右肩接触，保持几秒后，再还原到自然状态。注意摆动过程中，动作要慢以保持稳定，且肩部和颈部要充分放松，而头部向两侧弯曲时要慢慢吸气，还原时则是深呼一口气。左右两侧交替练习4次。

9. 波浪屈伸

首先，挺起胸部，左右两边肩部向上拉伸，双肩则往后部上下画圆，与此同时，下颌最大限度贴近胸前，并向胸前方向做波浪式屈伸运动。

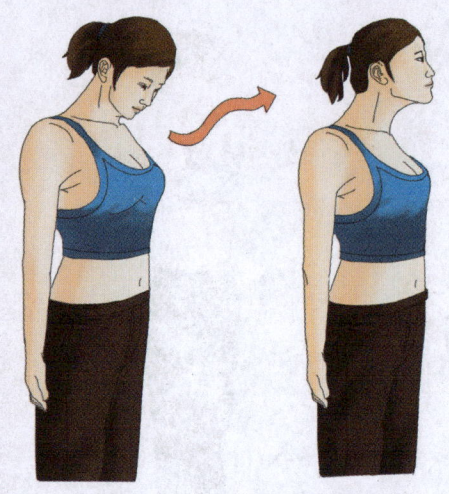

注意在这一过程当中,下颌屈伸时要深吸一口气,还原到自然状态时则要深呼一口气,并保持左右两肩充分放松。重复刚才的动作2次后,稍作休息,向相反的方向做屈伸运动;往下拉伸时则深吸一口气,还原自然状态则慢慢呼出气,不同的方向交替练习2次。这个动作可以很好地锻炼身体的协调能力,并且手腕的力量也在无形中慢慢变强,但要注意以自己能承受的程度练习为佳。

颈椎病皆因肝肾不足,可常服枸杞子、菊花平肝明目,或服芝麻、桂圆滋阴补肾。视力模糊、流泪者,宜多食含钙、硒、锌等矿物质的食物,如豆制品、动物肝、蛋、鱼、蘑菇、芦笋、胡萝卜;伴有高血压者可多吃新鲜蔬菜和水果,如豆芽、海带、木耳、大蒜、芹菜、红薯、冬瓜、绿豆等。忌油腻厚味之品,忌辛辣刺激性食品,少吃冷饮,少饮酒。

这里再推荐几道营养食补方,可以辅助治疗颈椎病。

1. 桂圆猪骨汤

【材料】猪骨(最好是猪尾骨)200~300克,杜仲、枸杞子各12克,桂圆15克,牛膝10克,山药块30克,香油、盐、葱段、姜片各适量。

【制法】猪骨洗净,斩碎,与杜仲、枸杞子、桂圆、牛膝、洗净的山药块共入锅内,加清水,以大火煮沸,改小火煮约50分钟至熟,加香油、盐、葱段、姜片稍煮片刻即成,取汤服用。

【功效】补肝肾,强筋骨。

2. 五子羊肉汤

【材料】羊肉250克,枸杞子、菟丝子、女贞子、五味子、桑葚子、当归、生姜各10克,米酒、盐、蜂蜜各适量。

【制法】枸杞子、菟丝子、女贞子、五味子、桑葚子洗净,用纱布袋装好,羊肉洗净切片,与当归、生姜、米酒入热油锅爆炒至变色,然后与纱布药包一起放入砂锅,小火煎约30分钟,取出纱布袋,加入盐、蜂蜜搅匀即成。

【功效】补肝肾,益血气。

肩部放松拉伸

生活中,很多人都会有这样的感觉:脖子和肩膀出现疼痛,但程度多不剧烈,以酸胀不适或轻度的几个点痛为主,常反复发作;到了活动的时候,能听到关节"咔嗒、咔嗒"地响。其实,这就是我们所谓的颈肩痛,这种疼痛常在疲劳时加重,休息后减轻。颈肩痛的治疗非常简单,你可以先用轻柔的手法自我按摩颈部,放松局部肌肉。然后,可以自己用手指点按颈背部的风池、风府、天柱、颈百劳、肩井和阿是穴六个穴位,也可以请家人帮忙,每穴点按 3 分钟左右即可。治疗颈肩痛,除了按摩外,还可以配合一些拉伸动作:

1. 负重交替侧平举

练习时两脚自然站立,两腿自然伸直,双手正握重物置于体前,距离约同肩宽或略宽于肩,手臂也自然伸直,目视前方,挺胸收腹。

两手持重物置于体侧,随后先将右臂向上拉至与肩平;将右手臂落下后,再将左臂向上拉起至肩部高度,循环不断地进行训练。

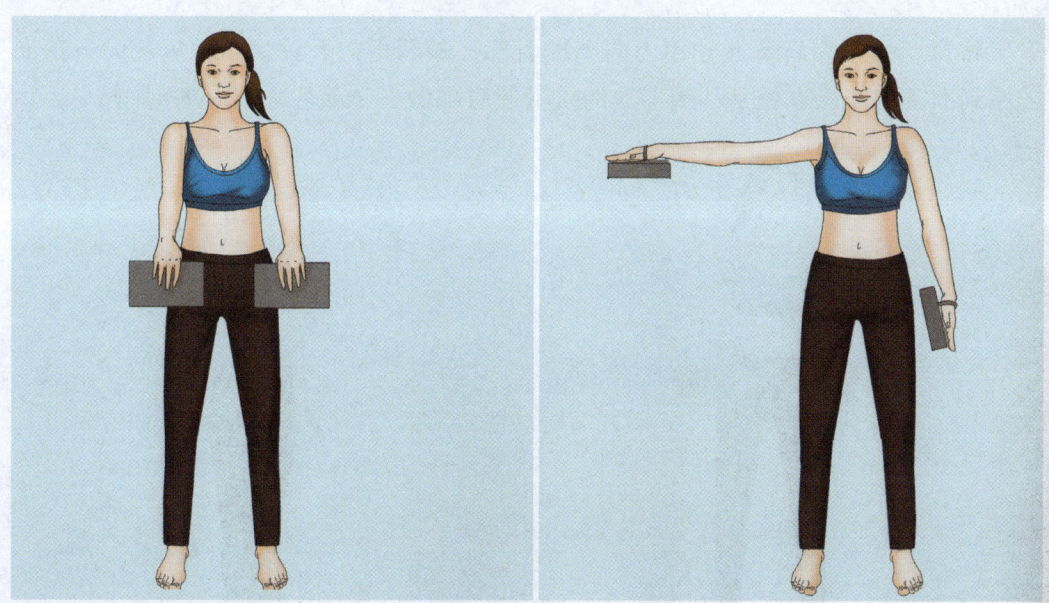

2. 负重侧平举

练习时两脚自然站立,两腿自然伸直,两手手心相对持重物置于体侧,手自然伸直,目视前方,挺胸收腹。

将意念集中在三角肌中,以该处的力量将重物由体侧向两侧平举拉起,待两臂向上举起至肩部高度时,可停顿 1~2 秒钟,再将手臂慢慢放下还原。

3. 提铃耸肩

练习时两手可握两本书于体前，两腿开立约同肩宽，目视前方，双臂和两腿均自然伸直。

将意念集中在肩部并先用力向上提肩部，随后再向后耸肩；将肩部向下落回还原到准备动作，也就是利用书本的重量使肩部做一个前后大回旋的动作。

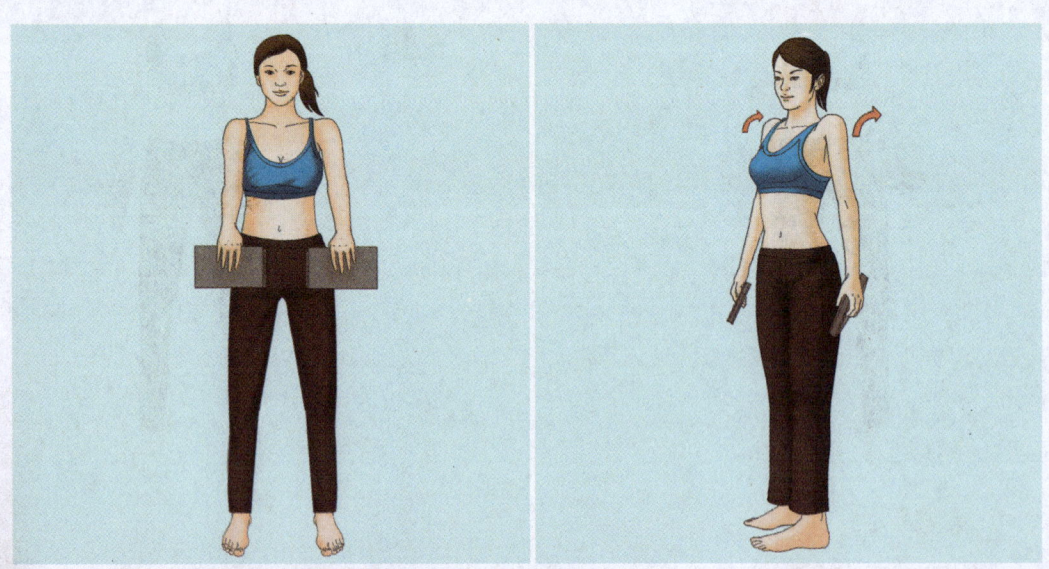

养护双肩，日常生活中还要注意下面几点：

1. 按摩缺盆穴

把手心贴在缺盆处，慢慢地提捏，提捏的劲道采取"落雁劲"，就好像是大雁

身体各部位拉伸

落沙滩那样，看似轻柔，但内带劲力。没事的时候多做这个动作，就可缓解肩膀疼痛。

2. 点按肩井穴 3~5 分钟

肩井（肩井穴的位置在大椎与肩峰连线中点，肩部筋肉处，肩的最高处，前直乳中）在人体胆经上，是非常重要的强身穴。点按它对人体非常有益。如果感冒背痛，就抓揉提拿肩井穴 3 次，然后拍拍全身，会很有效。

3. 睡觉时护住肩膀

晚上睡觉的时候，一定要盖住肩膀。很多年轻的妈妈为了照顾孩子，跟孩子一起睡，盖一床被子，这样容易导致孩子的缺盆处受风，引起肩背痛。所以家长要注意这个问题。在家休息的时候，随时按摩一下肩部可以舒缓肩部的紧张。平时要加强肩部的锻炼，避免剧烈运动，避免高强度、长时间的肩部肌肉紧张。

4. 深呼吸

当人深吸气的时候，就会引起缺盆处的蠕动，所以缓慢地深呼吸也是一种很简单的肩部保健法。

5. 滋润肩部皮肤

选择滋润型的沐浴用品，如含有棕榈油、橄榄油等天然滋养成分的沐浴液。这样在洗澡的同时就能滋润肌肤。洗澡后最好在皮肤水分挥发之前，立即涂上润肤的护肤品，让皮肤表层多一层保护膜。锁住皮肤水分，皮肤就不再感觉干燥紧绷。洗澡会令肌肤及身体内的水分流失，洗澡后应慢慢喝 1~2 杯温水，及时补充体内水分。

打造"V"字肩拉伸

由颈至肩这段缓和的线条，是表现女性美的地方。若这段线条出现和缓与柔美的特征，则全身也会显得和谐、动人。长时间伏案学习和工作的人，由于缺乏锻炼，以至肩部变得肥厚不适，使人没有优美的肩部线条，影响体态美。经络按摩是解决肩部美观最有效的方法，如果你想获得曲线柔美的肩部，现在就请你按照不同的穴位施行不同的指压法。

1. 三角肌前中央点

将拇指充分弯曲，以第二指关节置于穴位上，用中等力量朝水平方向按压 10 秒钟。

2. 三角肌后中央点

将拇指充分弯曲，按在三角肌后中央点上，示指和中指按在后中央点上，同时朝水平方向按压 10 秒钟。

3. 肩中间的点

双手伸到脑后，抱住脖子，以示指、中指按住左右肩中间的穴位，用中等力量垂直下压 10 秒钟，反复做 3 次。

4. 肩根点

将双手拇指充分弯曲，将第二指关节置于左、右肩根点穴位上，用中等力量垂直下压 10 秒钟，反复做 3 次。

只要你能坚持做上面的按摩，你就会拥有宽阔、对称、均匀、丰满、柔滑、光洁的双肩，你的魅力也会因此而增加。

除了按压穴位，拉伸也是一个美化肩部的好方法：

1. 揉肩

自然站立，放松身体。先把左手放于左肩，轻轻按揉 30 次，交换方向，右手放于右肩，按摩 30 次。如果肩部越来越热，那么就达到了促进肩部血液循环、疏通肩部经络的锻炼效果。

2. 画圈

自然站立，放松肩部，双手肘部自然弯曲。

然后将左手置于左肩，右手置于右肩。接着以两边肩胛为起点在空中划弧，做圆周运动。先从前往后画 10 个圆周，再从后往前画 10 个圆周，运动幅度应当不断增大，每天反复练习 4 次。

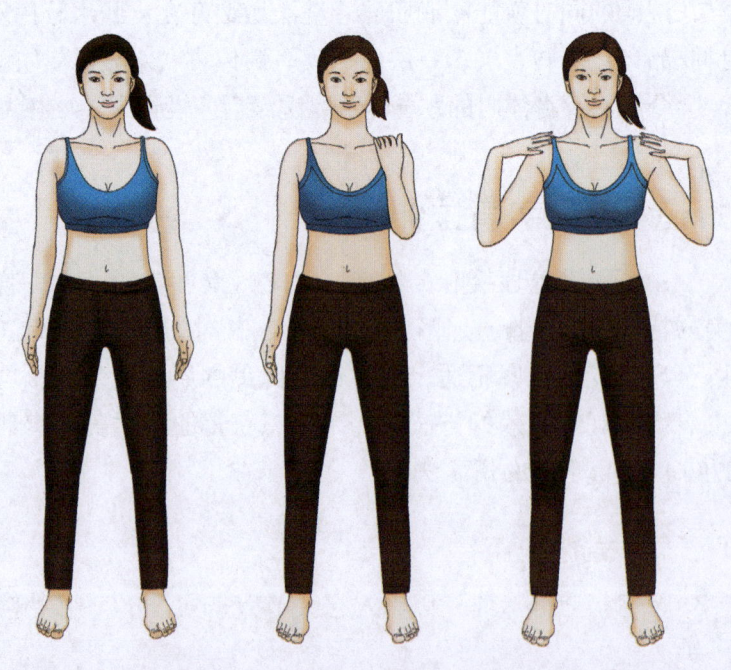

3. 前后摆臂

自然站立，双臂自然垂于两侧，调整呼吸到正常状态。

首先深吸一口气，并使双臂分别前举和上举到最大极限。再深呼一口气，双臂还原到两侧，并开始向后拉伸到最大限度，连续拉伸15次后回到自然站姿。稍作休息，可继续练习3次。

4. 逐步后伸臂

自然站立于桌子侧面，左手握拳与桌面接触，手臂伸直，保持不动。

然后右腿向前跨一步，伴随下身的移动，体会肩部关节向后被迫拉扯的紧张感。

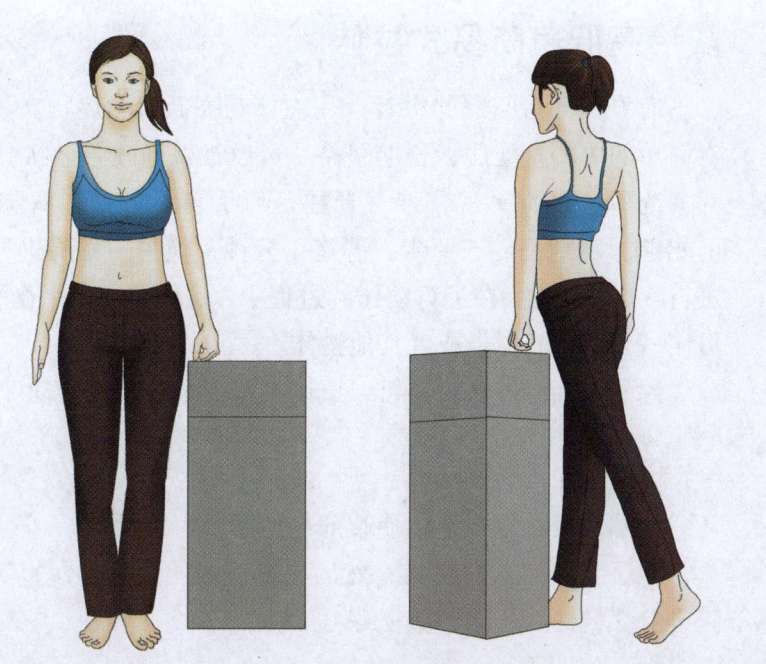

5. 下蹲后压臂

自然站立于桌子侧面。

右转身背对桌子，左右手同时握拳与桌面接触，同时两膝弯曲，双肘自然弯曲，身体向下蹲，并保持双手和上半身的姿势不变。体会肩关节向后上方拉扯的紧张感。

防治高低肩简易式拉伸

有脊柱侧弯问题的患者，往往伴有高低肩的症状。为此，向大家推荐一套非常简单的单脚直立法，长期坚持，可以很好地改善症状。具体操作方法是：

光脚，挺胸平视，伸直脊柱，双手自然下垂，双脚对齐直立；单只脚略向前抬起，离地面约5厘米，静待1分钟；换另一只脚进行同样动作1分钟。每天进行3次。注意，在进行动作的过程中，身体要保持平衡，假如单脚直立有困难，可用一只手扶着椅子或者其他物体。

除了上面的方法，还可以试试一些简单的拉伸活动：

1. 俯卧抬头

自然俯卧在地板上，使腹部与地面紧密接触。

双手在脑后左右交叉，然后头部缓缓向上抬起，直到胸部不再贴于地面，保持姿势3秒钟后还原，重复练习15次。

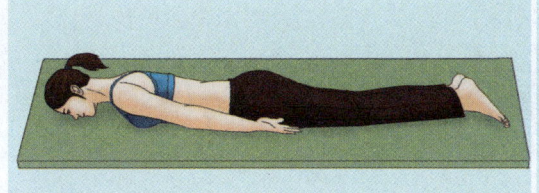
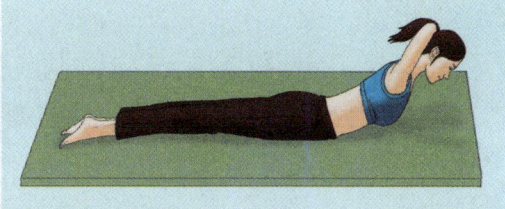

2. 仰卧抬腿

自然平躺在地板上，双腿自然分开，屈膝。

双臂和双脚共同发力撑起身体，直到背部、臀部和大腿不再贴于地面，并保持在一个水平面上。

然后用力向上拉伸右腿，停顿3秒钟之后再收回。交换左腿练习，各5次。练习过程中，量力而行，以免造成伤害。

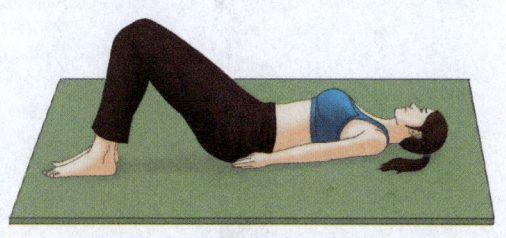

3. 背肌提哑铃

自然站立，双腿开立，左右手分别抓住哑铃。

然后屈膝，胸部略微向前移动，但背部仍要绷直，双臂同时将哑铃侧举，直到充分拉伸背部肌肉，反复练习20次。

4. 前倾挺背

自然站立，两腿并拢，双手在脑后左右交叉。

然后将胸部略微向前移动，同时绷直背部，保持3秒之后回到自然站立，反复练习20次。

5. 哑铃拉伸

自然站立，双腿分立与肩同宽，屈膝。右手抓住哑铃，左手放于右膝，然后胸部略向前倾，同时，右手将哑铃向脚尖方向尽量拉伸，最后背部肌肉发力，使哑铃向上拉伸到臀部侧面。以同样的动作要领交换左手练习，各做15次。

增强背部肌肉的力量，锻炼肩部肌肉的拉伸，拥有一身强健的筋骨是拥有健康身体的基础。保护好肩部肌肉，摆脱肩部不适，便成为养生保健必不可少的重要任务。

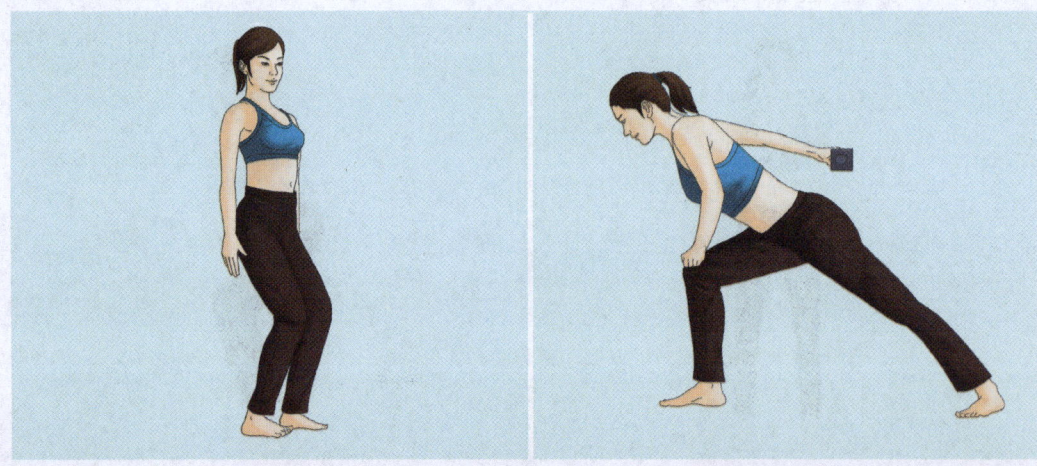

锻炼肩部肌肉，利用哑铃或者一些有强度的运动项目是很有效的，下面给大家推荐几组利用哑铃锻炼肩部肌肉的拉伸方法：

1. 坐姿颈后推举

端坐于椅子上，左右手握住杠铃，双臂间距略微大于肩宽。

然后用力向上举起杠铃，直至头顶上方，慢慢收回到颈部后面。

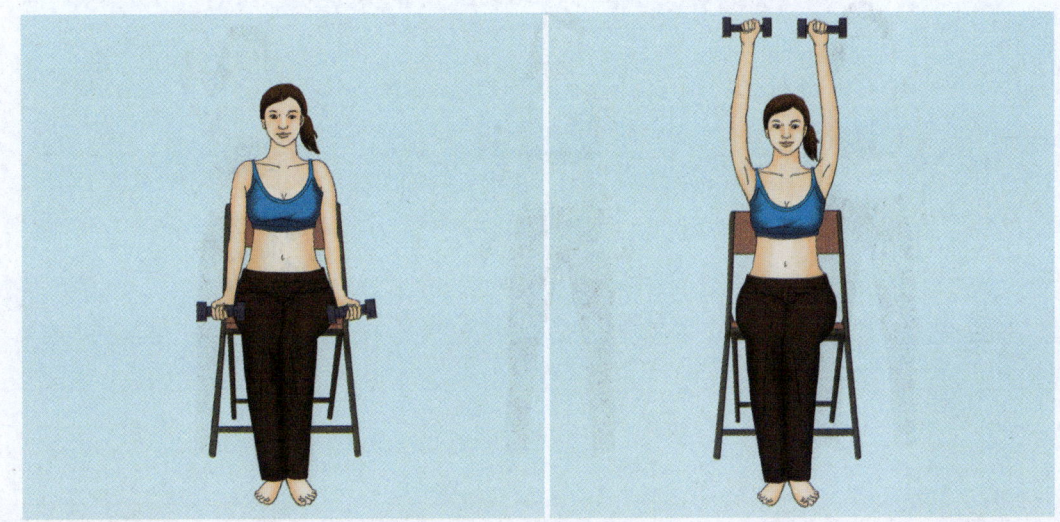

2. 直立推举

站立姿势，双腿开立，与肩同宽。双手拇指相对，抓住杠铃，手臂间距等于肩宽。

先用力向上提起杠铃，到胸前后利用锁骨和两肩的力量支撑杠铃。

然后收紧腰部挺起胸部，先抬起双肘，再利用肩部肌肉的力量，双臂用力将杠铃举到头顶上方，保持姿势5秒钟后，放回杠铃至锁骨处再练习一次。

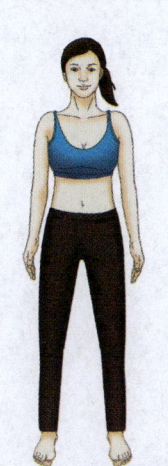   

3. 哑铃前平举

站立姿势，双腿分立。

双手拇指相对，分别抓住一个哑铃，放在腿部前面。

然后收紧腹部，胸部上挺，将左臂向前举起再向头顶上方移动，还原之后，交换右臂练习。

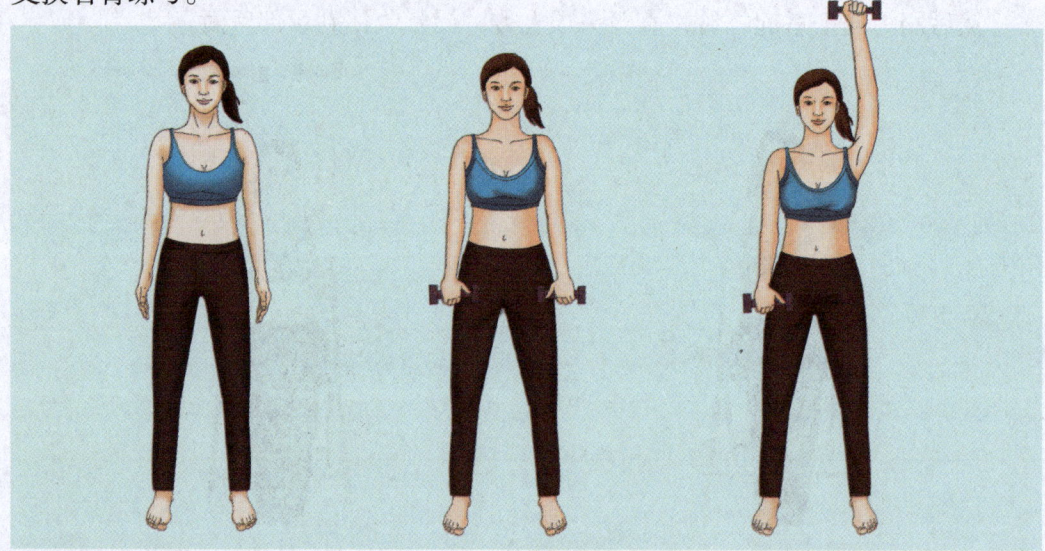

4. 哑铃侧平举

站立姿势，双腿自然分立。

双手握住哑铃后，使拳眼向前，自然放于身体两侧。

然后收紧腹部，胸部上挺，左右两臂侧举哑铃至肩膀的高度，保持姿势5秒钟后，还原到身体两侧。

5. 提铃耸肩

站立姿势，双腿自然分立。

双手拇指相对，握住杠铃并放在腿的前面。

两肩用力向上耸起，保持 5 秒钟后还原放松。

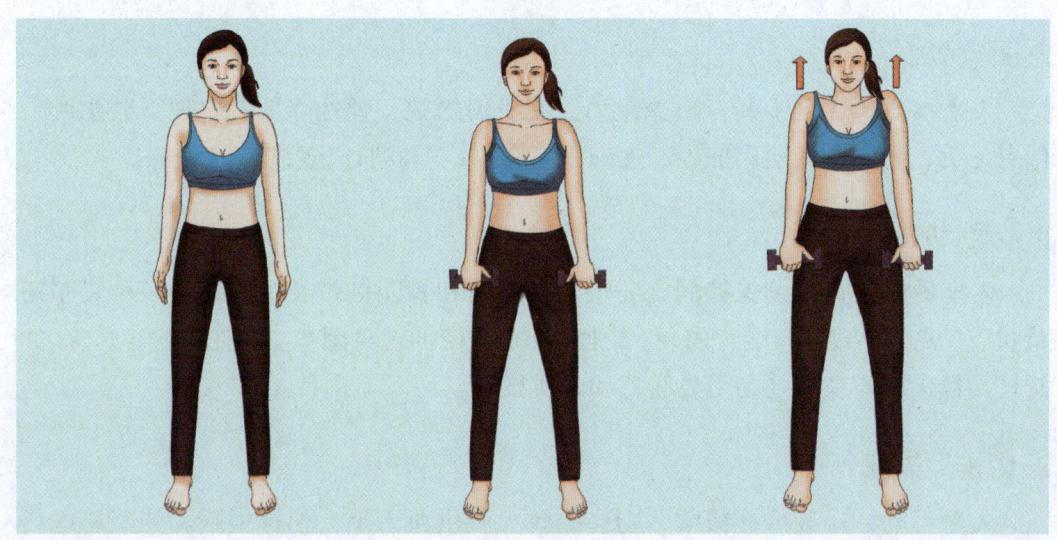

人到中年气血渐衰、筋骨失养，以致气血不和、经脉阻滞，要养护好双肩，在饮食上要多吃具有理气、活血、通络作用和能强壮筋骨的食物，饮食宜温，不宜生冷；可选择玉米、粳米等作为主食，选山楂、丝瓜、油菜、西瓜子、芝麻、羊肉、猪腰、韭菜、虾、核桃、黑芝麻、木瓜、当归等可调理气血、舒筋活络的食物作为副食。生冷寒凉食物包括梨、柿子、西瓜、黄瓜及冰镇饮品等应少食。

下面还有一款白芍桃仁粥，可作为食疗辅助。

【材料】白芍 20 克，桃仁 15 克，粳米 60 克。

【制法】先将白芍水煎取液，约 500 毫升；再把桃仁去皮尖，捣烂如泥，加水研汁，去渣；用二味汁液同粳米煮为稀粥，即可食用。

【功效】具有养血化瘀、通络止痛之效。适用于肩周炎晚期瘀血阻络者。

工作间隙的肩部拉伸

人们的生活方式发生了改变，脑力劳动者越来越多，坐着工作的人也越来越多。生命在于运动，坐着工作虽然感觉舒服了，但是对健康却未必是好事。人若长时间坐着不动，无异于"坐以待毙"。久坐对身体的损害有以下几种：

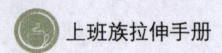

1. 心肺功能降低

久坐不动血液循环减缓，日久则会使心脏功能衰退，引起心肌萎缩，尤其是不经常运动的人和心血管疾病患者，发生心肌梗死的危险性会更大。另外，久坐者心肺的储备能力低代偿功能差，所能承受的最大负荷也小，由此减弱了抗病防病的能力。

2. 肌肉萎缩

久坐不动，气血不畅，缺少运动会使肌肉松弛，弹性降低，出现下肢水肿，倦怠乏力，重则会使肌肉僵硬，感到疼痛麻木，引发肌肉萎缩。

3. 伤筋动骨

久坐颈肩腰背持续保持固定姿势，椎间盘和棘间韧带长时间处于一种紧张僵持状态，就会导致颈肩腰背僵硬、酸胀疼痛，或俯仰转身困难。特别是坐姿不当（如脊柱持续向前弯曲）还易引发驼背和骨质增生。

4. 伤神又损脑

久坐不动，血液循环减缓，则会导致大脑供血不足，伤神损脑。久坐思虑耗血伤阴，则会导致记忆力下降、注意力不集中。若阴虚心火内生，还会引发五心烦热，以及牙痛、咽干耳鸣、便秘等症。

5. 对生殖系统的健康造成不良影响

女性由于久坐，加上缺乏正常运动，以致气血循环障碍，月经前及月经期会出现痛经；久坐亦会使循环不良，慢性盆腔充血，抵抗力变差，而导致盆腔炎、附件炎等妇科疾病。此外，气滞血瘀也易导致淋巴或血液栓塞，使输卵管不通。这些都是比较明显的引起不孕的原因。对于男性来说，久坐不动、工作紧张、疲惫过劳等可以造成对前列腺的直接压迫而使得前列腺充血、瘀血，导致慢性前列腺炎的发生，而且往往发病隐匿、临床症状不明显，易导致误诊、漏诊。

久坐对人体就像是慢性毒药，一点点吞噬人们的健康，所以，利用工作的间隙要适当走动，适当地活动活动肩部。下面介绍几种简易的锻炼方法。

（1）向前举起双臂；以肩关节为轴，在空中做圆周运动，动作幅度不断增大，速度也越来越快。

（2）双手自然置于身后，先用左手拉住右手手腕，然后左手用力向上拉伸，以同样的动作要领换右手拉伸。

（3）双手在颈部左右交叉，带动肩关节向内收紧，再向外扩展，重复练习几次。

（4）站立姿势，背紧贴于墙面。

双手握拳，双臂自然弯曲，向外扩展，直到拳背面能与墙面接触，重复练习几次。

（5）站立姿势，背对椅子或桌子。

双手用力向后拉伸，直到接触到身后的椅子或桌子，收紧腹部，上挺胸部，用力向后体会肩部拉伸的紧张感。然后继续自然站立，背对椅子或桌子，双手抓住椅背或桌面，身体向下蹲，以体重的力量尽力拉伸肩部。

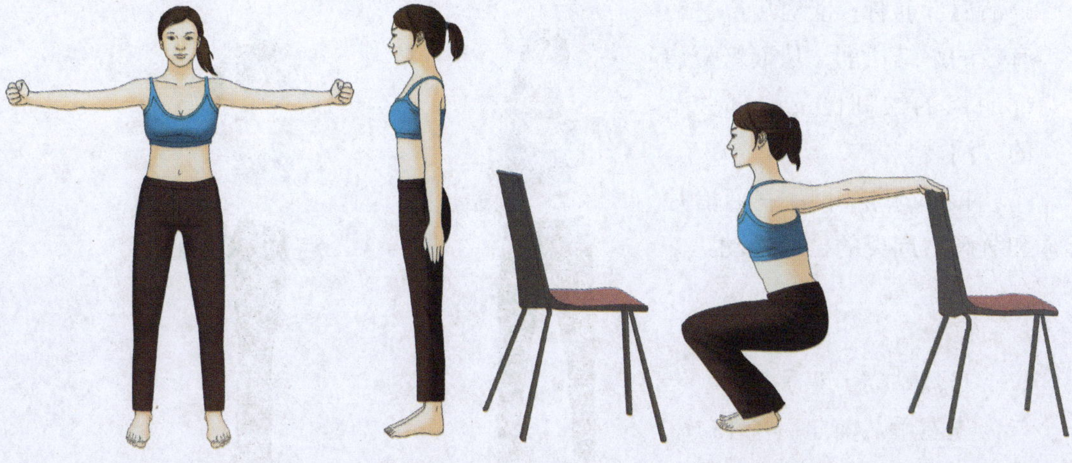

肩周炎康复拉伸

肩周炎虽然只是肩部问题,但对此病的防护,我们在生活中要时时注意。平时保护肩关节,要注意防寒保暖。尤其是肩部,即使在炎热的夏季也不要过多地接触冷气,如空调。

合理运动,非肩周炎患者可做柔软体操、太极拳、八段锦等舒缓运动,肩周炎患者可做一些前面提到的功能锻炼或类似运动。但是,为防止肩关节肌肉、组织损伤,在运动前,应充分活动上肢,做做甩手等动作。

对于经常伏案、双肩经常处于外展工作的人,要注意纠正不良姿势,避免造成慢性劳损和积累性损伤。如果你患有肩周炎或是常常感觉肩部疼痛,不妨试试手部拉伸,方法很简单:先以右手的手掌背贴住背脊,掌心向外,手指朝上。然后再以左手手指从左肩向下伸,与右手手指互勾。至少要使两手的示指、中指、无名指互勾。起先勾不到,可以用绳子做成绳环帮忙。以左手握着绳环向背后垂下,让右手的手指勾住,再以左手用力向上拉高,若手部肌肉酸痛要忍耐,拉数分钟再放开休息。每天拉几次,每次拉数分钟,当手部肌肉渐渐变软变长,便可以不用绳环帮忙,直接以两手的手指互勾,练习至少半分钟或一分钟。初练时,经常觉得肩部有如混凝土般僵硬紧绷,非常不舒服,此时需要忍耐。

需要注意的是,一般来说,人们左手在下,右手在上互勾较为容易。因此,如果在使用右手在下、左手在上的方法时总是勾不住手指,则可以先选用左手在下、右手在上的方式,练习一段时间后再使用右手在下、左手在上的方式来拉手筋。只要你坚持练习手部拉伸一段时间,就会发现肩部疼痛的症状得到了明显的缓解。这是因为手部拉伸可以舒活肩部筋骨,能对肩部进行有效的解结松筋,从而恢复肩部肌肉的柔韧性及肩部关节的灵活性。

接下来再介绍一套治疗和缓解肩周炎的拉伸运动:

1. 抡拳绕肩

自然站立,双手握拳。

先右手从前向后抡15圈,再换左手同样抡15圈。

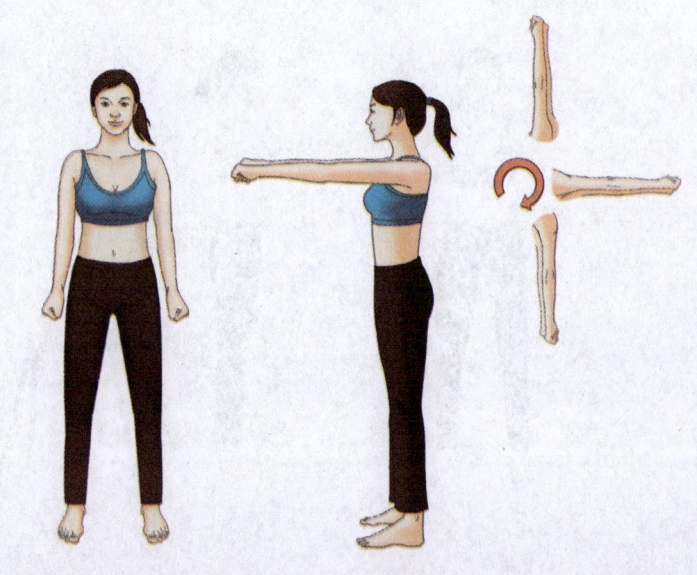

2. 耸肩运动

自然站立,双手叉腰。

做上下、前后耸肩运动,连续30下。

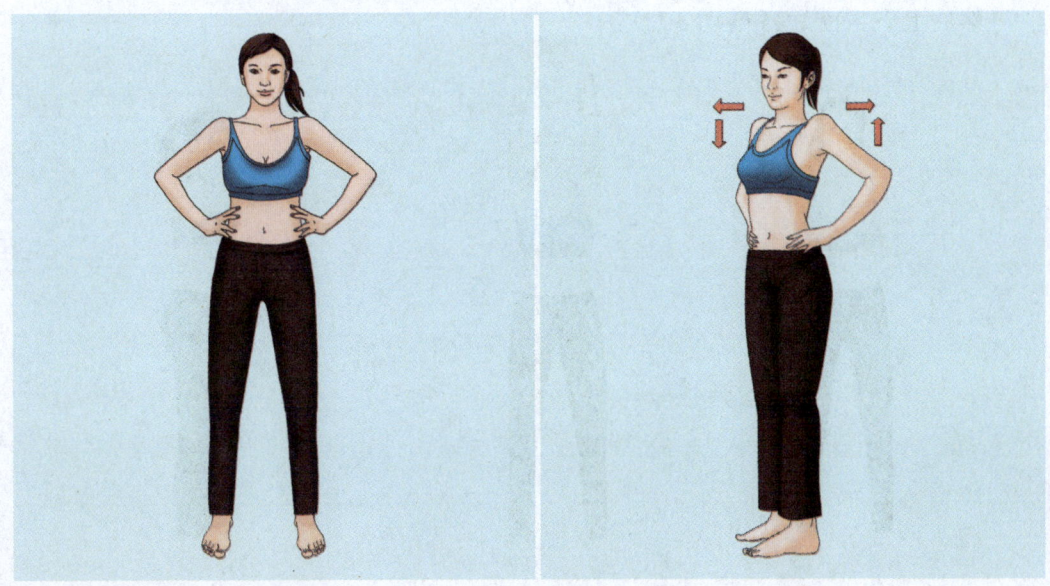

3. 揪耳运动

自然站立,双脚分开与肩同宽。

右手从脑后绕过,揪住左耳的耳郭,连揪15下,然后换左手揪右耳郭,重复相同的次数。

4. 举手仰头

自然站立，双脚分开与肩同宽。

双手十指交叉，手心向上，举过头顶，仰头看手指。

然后上下、前后各摇动 30 次。

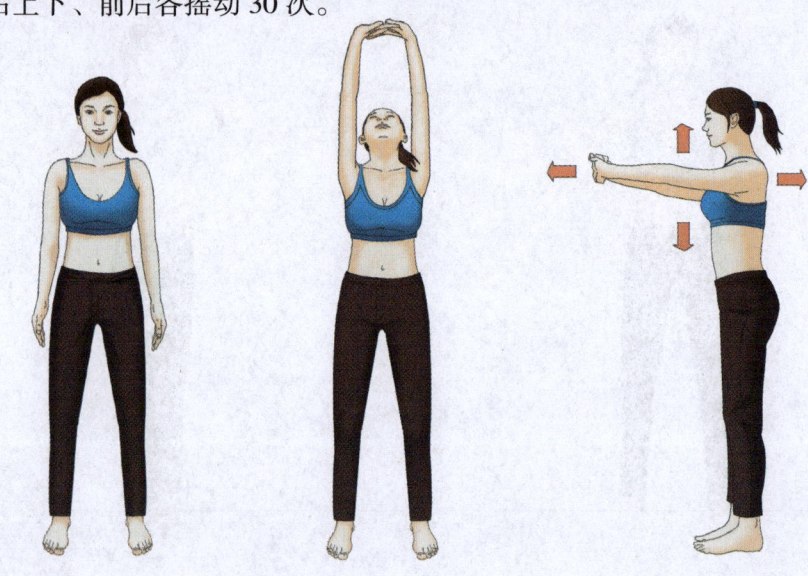

5. 展臂运动

自然站立，双脚分开与肩同宽。

双臂分别向左右两侧平举至肩高，手心向下。

以肩为轴心，同时做向上、向下飞翔扇动各 30 下，做的过程中始终保持手臂伸直。

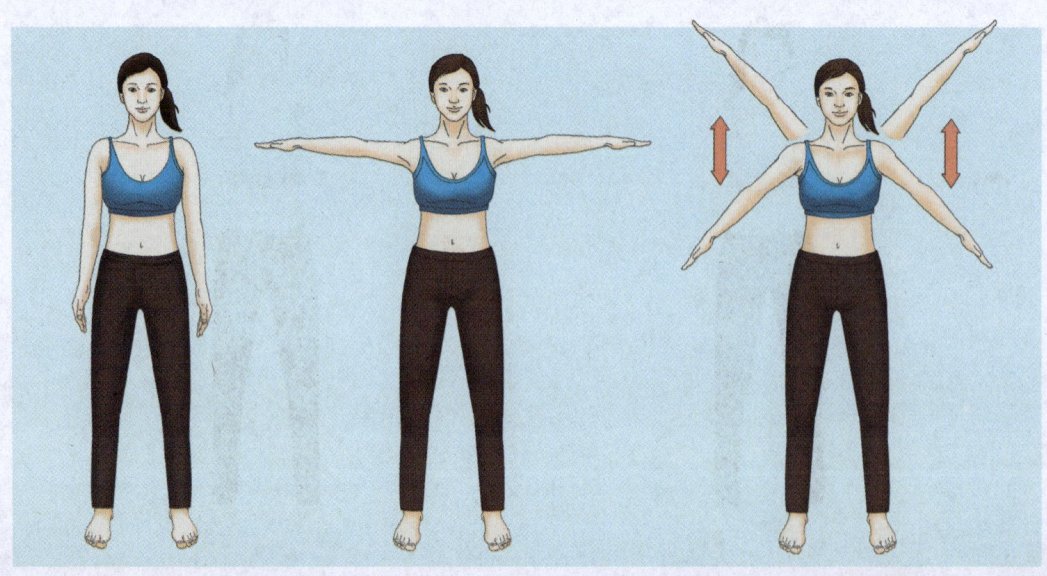

6. 托头运动

取仰卧姿势，双手手心向上、十指交叉，枕于脑后，以肩为轴用力向上托头20下。

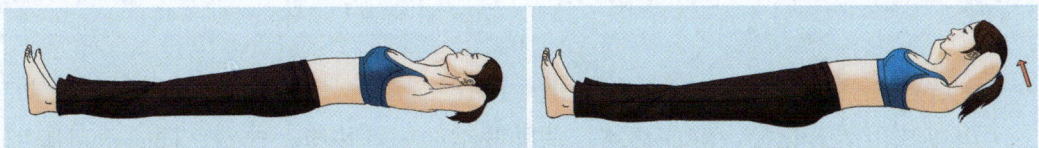

7. 晃肘运动

自然站立，两臂交叉抱肘。

然后以肩为轴，先上下晃动30下，再左右晃动30下。

以上七式，每天进行2次，可有效缓解肩周炎症状，疗效显著。

除了上面的方法，也可以利用公园里的单杠来进行拉伸。具体操作是：双手牢牢抓住单杠，身体自然垂下，不要摇晃。注意，严重肩周炎患者或老人、小孩在进行此类拉伸时脚不能离地，而且最好有人保护。

此外，对于肩周炎患者，可以用以下几种传统疗法。

1. 拔罐疗法

常用的拔罐穴位有肩井、肩前、肩贞、天宗等穴位。每次选两个穴位，交替使用。

2. 刮痧疗法

刮痧疗法采用的工具——刮痧板，有许多种，传统的方法是使用牛角板，因其消毒时，易断裂，多不使用。现主要使用玉制板，易于消毒，可反复使用。刮痧时，应在施术部位涂抹刮痧油，以减少刮痧时对皮肤的损伤，并加强活血化瘀、疏通经络的作用。常选用的经络有手臂外侧的肺经、大肠经，每周可刮1~2次。

3. 中药热熨、热敷

可以选用活血化瘀、舒筋活络、消肿散结的中药热熨、热敷，同时也可服用养血荣筋丸、活血止痛散等中成药。

肩部经筋痹病拉伸

肩背部的疼痛，一般也是由于气血痰凝，阻滞经络，不通则痛，引起局部的疼痛。平时采取一些锻炼的手法，可以帮助气血运行，经络通畅，促使身体康复。下面介绍一些简便易行的康复锻炼方法，供大家参考。

1. 举重法

患者直立，双脚分开与肩同宽。

两手握虚拳并屈肘使双拳在胸前与肩平，然后双虚拳放开呈掌心向上，两臂向上直举如托重物，努力高抬上举，最大限度地抬头挺胸，停顿后两手缓慢下降还原。

2. 错身法

患者直立，双脚分开与肩同宽，两手自然下垂。

然后右臂屈肘，右手前摆到右肩，同时左臂屈肘，左手摆到右肩胛角处，尽量幅度加大，稍做停顿，还原姿势后左右交替进行。

3. 推伸法

患者直立，双脚分开与肩同宽，两手叉腰。

然后身体向左侧屈，左手沿体侧向下缓慢伸直，右手沿体侧上至腋下胸肋部，停顿，还原后左右交替进行。

4. 提物法

患者直立，双脚分开与肩同宽，两臂下垂。

健侧臂屈肘向上提起，掌心向前，直至超过头顶向患侧搭住颈项部，然后停顿还原；再由患侧臂屈肘向上提起掌心向前，最大限度地提向健侧以搭住颈项部，健侧臂屈肘在体后上提以手背贴于腰背部，让患侧手掌经过头顶由体前下垂然后还原。

5. 单举法

患者直立，双脚分开与肩同宽。

右臂屈肘向上提起，掌心向上，提过头顶，右掌横在头顶上，掌心保持向上，左臂同时屈肘，掌心向后，自背后向上提拉，手背贴于后腰，尽量使右掌上托，抬头挺胸。左右交替进行。

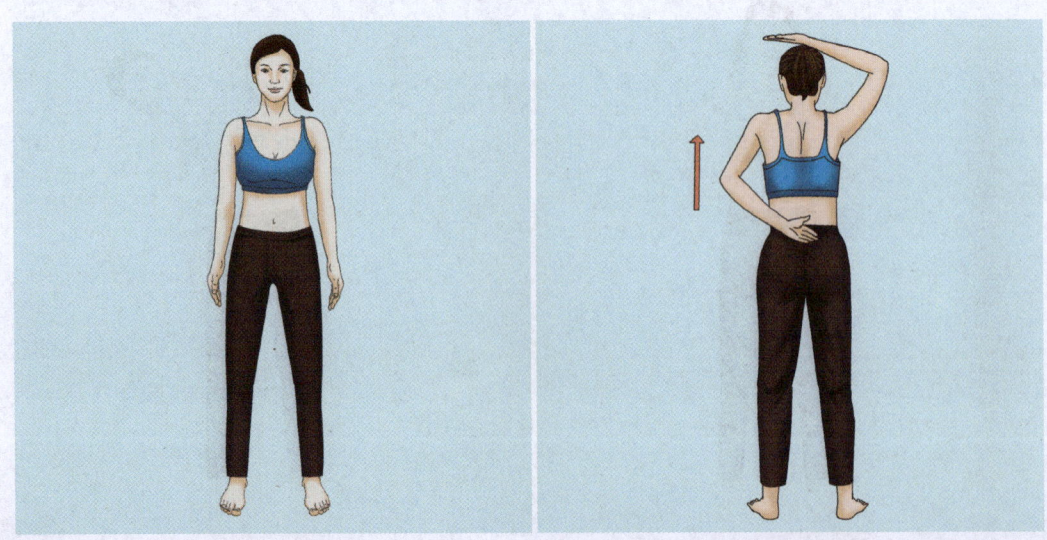

6. 旋转法

患者直立，双脚分开与肩同宽。

两臂屈肘夹于腰际，两手握拳，拳眼向内相对。

然后两臂外旋使拳眼朝外，停顿后还原。

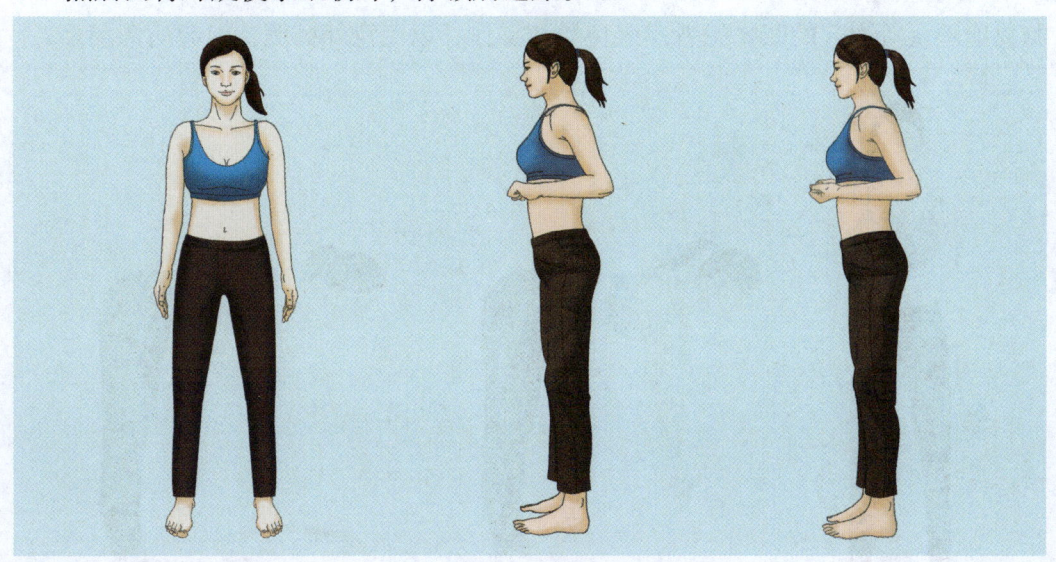

7. 摸耳法

患者直立，双脚分开与肩同宽，两臂自然下垂。

然后患侧手沿体侧提起置于头部耳垂处。

再继续向上移到头顶，并要经过头顶向对侧耳部移动，最大限度触及健侧耳尖部。

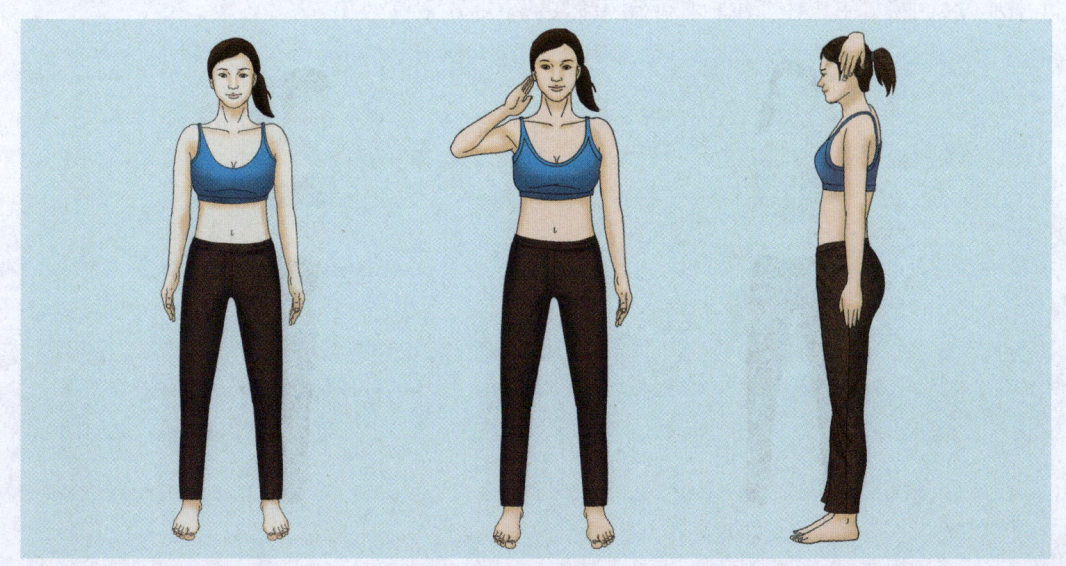

8. 弯腰法

患者直立，双脚分开与肩同宽。

上身前屈，健侧手撑腰，患臂自然下垂。

然后以患肩为轴心，使患臂对着地面画圆圈，幅度缓慢由小到大。有高血压、脑供血不足等引起的眩晕患者应避免快速操作，以免意外摔倒，引起病情加重。

9. 拉手法

患者直立，双脚分开与肩同宽。

两手置于身体背后，以健侧手握住患侧手，由健侧手牵拉患侧手臂，达到最大限度后回推，拉推的动作须带动患侧的肩关节才有效果。

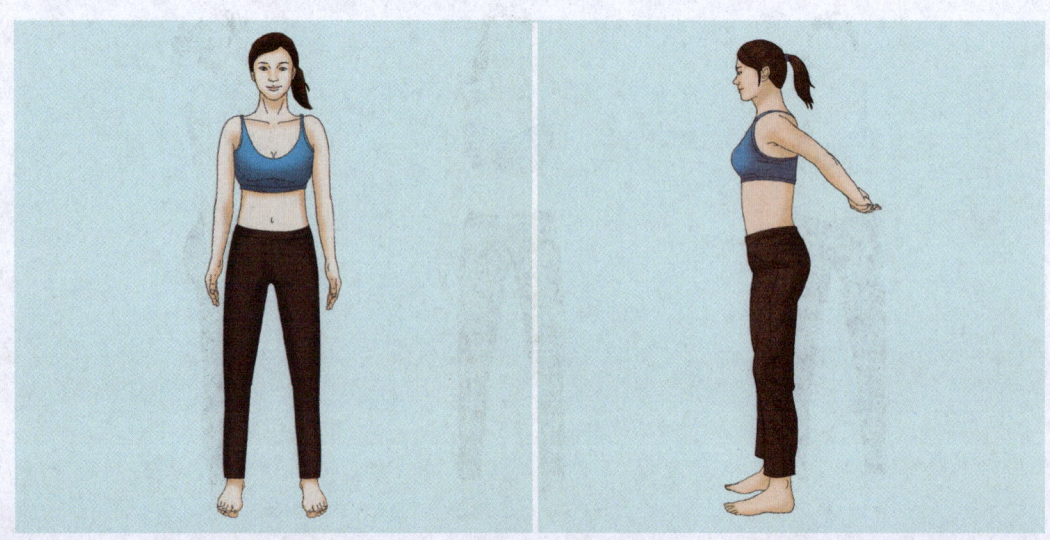

10. 挎臂法

患者直立，双脚分开与肩同宽。

健侧手叉腰，患侧肘屈曲90度，以肘部紧贴腰部，上臂紧靠胸廓，患侧握空拳，拳心向上；然后使患侧前臂向外摆出，停顿后还原。

肩部经筋痹病患者在饮食上，要多吃具有理气、活血、通络作用的食品和强壮筋骨的食物。食物宜温，不宜生冷。可少量饮低度酒或黄酒。比如选择玉米、粳米等为主食，副食则可选择山楂、丝瓜、油菜、西瓜子、芝麻、羊肉、猪腰、韭菜、虾、核桃、黑芝麻、木瓜、当归等可调理气血、舒筋活络的食物。少吃或不吃生冷、寒凉食物。

下面还有一款川乌粥，对缓解肩部经筋痹病症状十分有效。

【材料】生川乌头约5克，粳米50克，姜汁约10滴，蜂蜜适量。

【制法】把川乌头捣碎，研为极细粉末。先煮粳米，粥快成时加入川乌末，改用小火慢煎，待熟后加入姜汁及蜂蜜，搅匀，稍煮即可。

【功效】此粥具有祛散寒湿、通利关节、温经止痛之效。适用于肩周炎风湿寒气侵袭所致者。

电脑族肩部拉伸

长期坐在办公桌或电脑前的上班族们肯定都有过这样的体会：只要坐的时间一长，颈肩部就会发紧、发酸、疼痛，后背肌肉僵硬、酸痛，站起来活动活动，敲敲疼痛的地方就会好一些。但这只是暂时的，过一会儿疼痛照旧。

这就是患上了所谓的"颈肩综合征"，它主要是由于长期伏案工作，肌肉关节软组织得不到锻炼，而且经常一个姿势保持很久，造成部分肌肉长期紧张，得不到应有的休息，而另外一些肌肉又长期休息，得不到锻炼，本来的相互协调变得不协调而造成的。长此下去，不但会耽误工作，还会使身体素质直线下降，所以每个奋战在电脑前的上班族们一定要予以重视，不能无视这些小毛病，否则这些小毛病会酿成"大祸"。

那么怎么治愈颈肩综合征呢？在这里，告诉你一个安全、有效、省时、省钱的妙招，那就是拉伸。

1. 坐立式扩胸运动一

首先端坐于椅子上，双腿自然分开，向前伸时不用绷直，保持自然的弧度即可。然后侧平举双臂，并用力向身体后方拉伸，这样能有效伸展胸部。

注意在练习的过程当中，头微微向身体后方仰，五指自然分开，指尖朝外，并保持深度的呼吸运动，尤其应在呼气的同时增大拉伸的幅度。但切记不要在椅子上大幅度摆动。

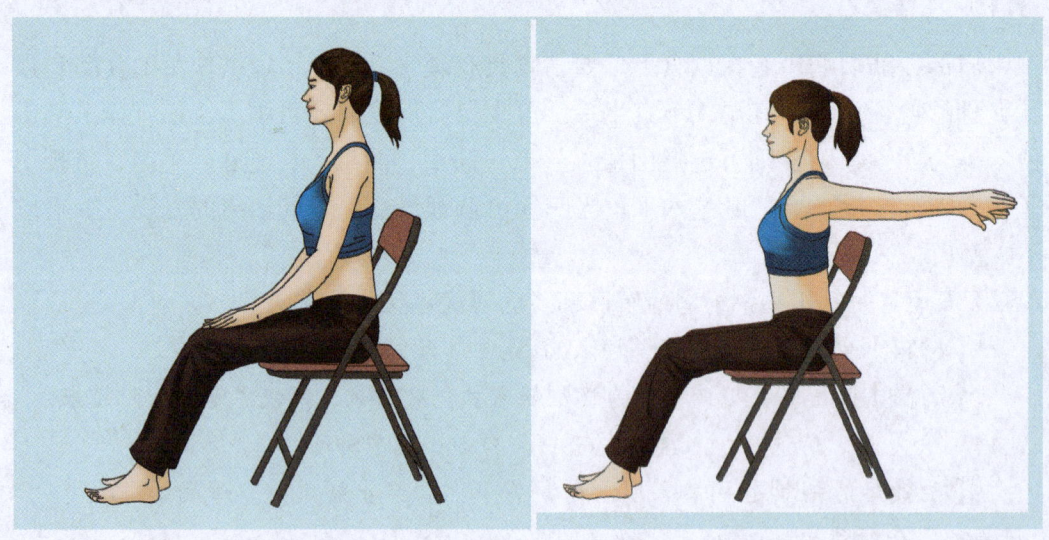

2. 坐立式扩胸运动二

自然坐在椅子上；上举双臂至头顶上方，并左右手握拳后交叉；双臂举至身体两侧。

深吸一口气，然后以肩关节为支点，双臂开始在空中画出圆形。注意伸展的过程中，要把脊背的肌肉夹紧，像仰泳一样尽力拉伸前胸，完成之后，再深呼一口气，还原为双臂头顶交叉时的姿势，以同样的动作要领练习 10 次。

3. 仰卧挺身练习

坐于桌前，左右两臂在胸前交叉，互相垂直。

身体放松的同时，轻轻趴在桌子上，同时腹部最好一直保持与桌面边缘紧贴在一起，可以用毛巾或衣物垫在腹部的位置上，然后以腹部作为身体的重心，在保持双腿不动的情况下，上半身慢慢向上挺身。

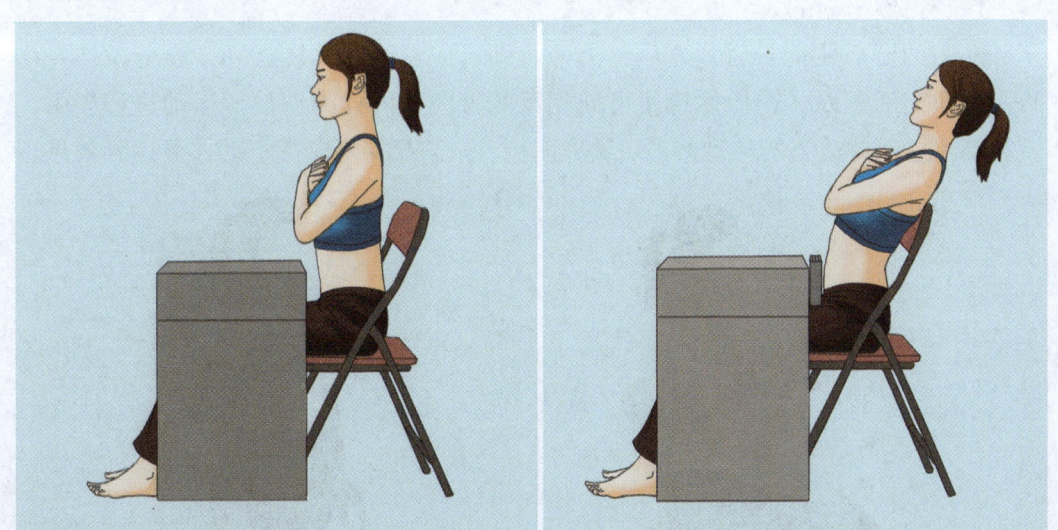

注意：幅度不宜太大，而且肘关节最好能与桌面保持 10 厘米的距离。

4. 腿部拉伸运动

身体放松，自然坐在椅子上，左腿向前尽力伸直，脚尖用力上提，分别用左右手扶住两边膝盖，同时上半身缓缓向地面弯曲，若能使头部接近甚至触及伸直的腿，则腿部后侧韧带伸展的效果最佳，稍作休息后，以同样的动作要领，换右腿再练习。

注意：运动的过程中，动作幅度应与自己能承受的程度相协调，切记要放慢动作，轻柔缓慢，而不宜过猛过快。

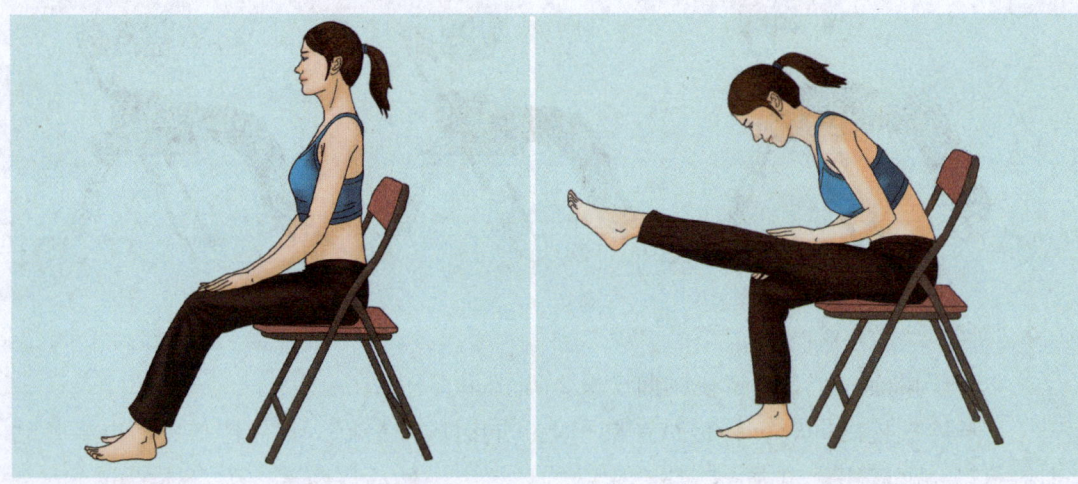

5. 体转运动

保持自然坐立的姿势。

左右两臂抓住椅子后背之后，上半身即可向右侧做体转运动，充分拉伸左侧的腰部肌肉后还原，稍作休息便可向相反的方向做同样的动作。运动过程当中，仍然要注意保持适当的转动幅度，量力而行，并且双脚要保持不动才可达到效果。

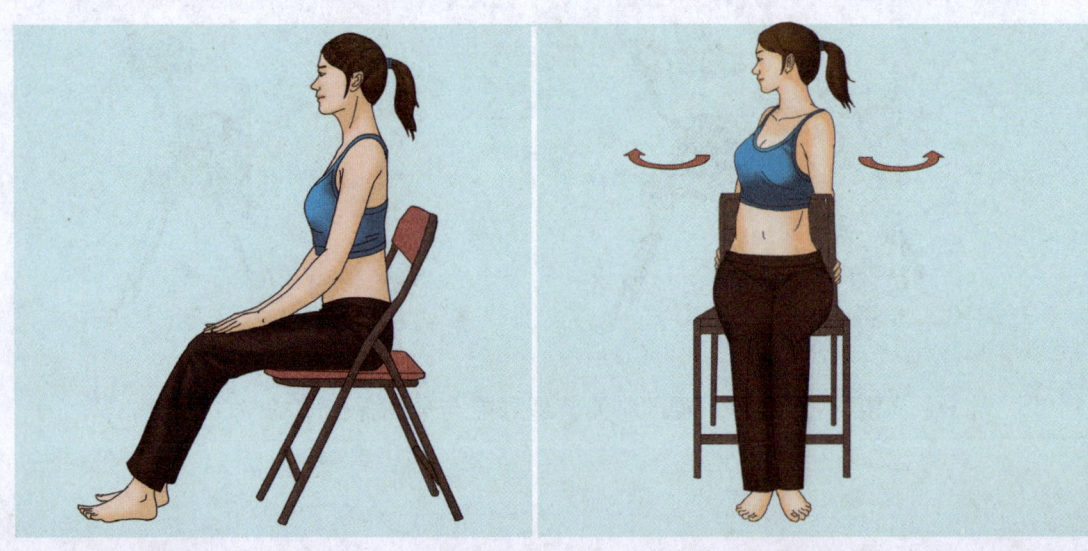

6. 肩部运动

自然坐立姿势，身体放松，正常呼吸。保持上身直立，挺胸抬头。

先把右手放于左肩，左手肘关节稍微弯曲至能握住右手的肘部；上半身向左侧伸展的同时，用力将双手向身体上方拉伸，保持这样的姿势10秒之后，还原为开始姿势。以同样的动作要领，左右交替分别练习10次。

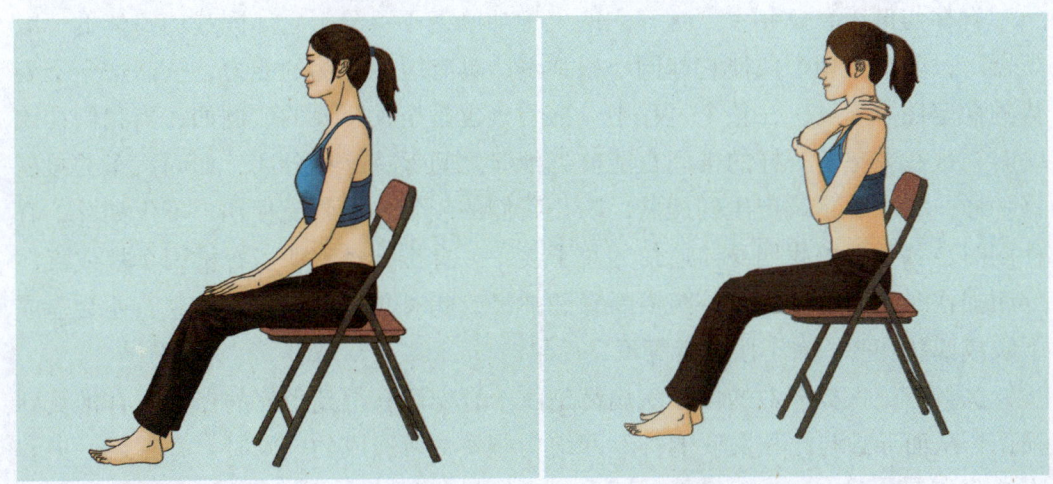

此外，敲小肠经（又称肩经）也是缓解肩部不适的妙招，它在手臂阳面靠近小指的那条线。可沿着小肠经按揉、推捋和拿捏。因为小肠经的走向是从手到头，循行的路线经过颈肩部，所以循经按揉拿捏可以很好地疏通小肠经的经气，放松沿行的肌肉等软组织，消除肌肉的僵硬感。

点揉穴位也可以缓解肩部的酸痛症状：曲池有通经活络的作用；按压肩井可以很好地缓解颈肩部的肌肉紧张；点揉天宗穴能够放松整个肩胛部的紧张感和疲劳感。

如果方便的话，最好两个人再相互推一下背部，基本上是沿着足太阳膀胱经的循行路线由一侧从上往下推，然后从对侧从下向上按摩，力量可以由轻到重。注意从上往下推时力量可以加重，从下往上按摩时力量一般不需太大。这样反复推捋5分钟左右，就能感觉到整个背部有一种温热感直透到皮下，肌肉紧张造成的酸痛感觉很快就会消失。还有一点我们要牢记，就是在进行了经络按摩后，一定要努力使自己一天中都能保持挺胸的姿势，以保持肩部的通畅感。在工作的间隙要站起来活动活动，这样既可以缓解颈肩的压力，又可使腹部的气流通畅，对预防胃肠疾病是很有好处的。

第三节 背部拉伸

背部拉伸保健好轻松

脊柱与健康息息相关，这与它的生理功能密不可分。它如同我们身体的"减震器"，四个生理弯曲使它如同一根弹簧，具有缓冲震荡的能力，从而加强了姿势的稳定性。不过，在整个过程中，椎间盘也是至关重要的。例如，当我们在跑跳时，这些像垫子一样的椎间盘能使各椎体之间保持互相分离，如同汽车的减震器一样，缓冲了跑跳产生的震荡，防止我们的颅骨和大脑受损伤。不仅如此，脊柱同时也负责保护我们身体通信的总干线——脊椎神经，如当脊椎因车祸或疾病等而损伤时，通常会压迫甚至横断脊髓神经，此时我们不仅无法站立，还会造成下肢或四肢麻痹、大小便失禁等不良后果。

据调查，人类多数的慢性疾病都是由于脊椎没有得到很好的保健或脊椎受到损伤，从而导致与之相关联的神经网络功能失常所造成的。同时，脊柱还保护着人体内的各个器官，它就像控制所有器官的服务器，按照大脑的指令调配整个身体的资源，让五脏六腑有条不紊地相互配合。

从中医角度来看，奇经八脉的主脉之一——督脉，正好行经脊椎部位，它是诸阳经脉的总纲，统率全身的阳气，人体任何部位阳气的变化和病邪的产生均与督脉阳气的强弱变化有关。《灵枢·经脉》有云，经脉有长短，是营养、支配五脏六腑的。《素问·骨空论》也有："督脉者，起于少腹以下骨中央。"此后，在医家之宗《黄帝内经》的基础上，许多传统中医著作都对督脉所引起的各种病变有更详细的记载，认识到很多疾病就是源自督脉及脊椎旁的足太阳膀胱经穴位的病变。

鉴于脊柱的重要性下面介绍几种保护背部的拉伸方法：

1. 冰山式

（1）上身挺直，盘腿坐下。

（2）吸气3秒钟，同时向左右伸直双臂，掌心向上，从侧边上抬，直达头顶。

（3）呼气3秒钟，上半身向右旋转90度，屏住呼吸6秒钟。然后吸气3秒钟，上身转回原位。呼气2秒钟，掌心向下，手臂从头顶放至身体两侧。

注意：本动作不适合有严重心脏疾病的人。

2. 手部抬升式

（1）双脚合并站立，或分开半脚宽，双手于身体前方交叉，放松全身。

（2）吸气3秒钟，向上抬臂过头，保持双手交叉。头稍微后仰，眼望双手，停6秒钟（不要求一定要屏气）。

（3）展开双臂与肩同高，停6秒钟。

（4）吸气3秒钟，恢复双手交叉过头的姿势，停3秒钟。

（5）呼气3秒钟，放下手臂还原至起始位置，重复5次。

3. 野兔式

（1）首先跪坐在自己的小腿上，然后上身保持挺直。在吸气的同时向上高抬双臂，然后向前弯腰，提臀，手臂、头与躯干保持在一条直线上，直至手能平放在地面上，前额触地。几秒钟后前额微抬，并保持几秒钟。

（2）然后再慢慢呼气，挺直上身，还原至起始位置。

4. 猫伸展式

（1）跪坐在自己的小腿上，上身挺直。上身前弓与地面平行，双手垂直放在地面上。然后一只手抬起伸直，与肩同高。

（2）吸气，尽量向上抬头，挺直脊椎。

（3）尽量完全扩张腹部，最大限度地往肺里吸入足量的空气，屏住呼吸6秒钟。

（4）呼气，低头（不要太低），向上弓起身体，伸展脊椎，保持6秒钟。

此外，要特别注意冬季的背部保健，冬季气候寒冷，机体新陈代谢相对缓慢，体温调节能力与耐寒能力下降，人体易受寒发病，尤其是老年人与体质虚弱者。因此，要想平安地度过寒冬，必须重视背部的保暖。

中医称后背为诸阳之会，要想提升身体的阳气，就要打通阳之地，让阳气散发到全身。冬季里如背部保暖不好，则风寒极易从背部经络上的诸穴位侵入人体，损伤阳气，使阴阳平衡受到破坏，人体免疫能力下降，抗病能力减弱，诱发多种疾病或使原有病情加重及旧病复发。

拿一根桃木棒，早晨起床的时候，敲击自己的督脉以及全身各处20分钟，感觉到全身温暖发热、舒服即可。可能刚开始敲的时候，阳虚重一点的人会感觉到疼，但是不知不觉就会感觉不那么冷了，这是一个温补阳气的好方法。

背部放松拉伸

日常生活中要多注意背部的保养，如果感觉身体劳累过度，可以用下面的拉伸方法来缓解背部的疲劳感。

（1）双脚开立与肩同宽，双手自然下垂、收腹，头肩向后略有上升。

将双手向两侧抬起，与肩同高，绷紧肌肉，屏住呼吸，接着放松地垂下双手。

将双手举过头顶，屏住呼吸，脚后跟与地面保持贴合状态，接着尽量朝上方伸展。最后放松，回到起始状态。

（2）坐在地上，双脚向两侧分开，双手支撑在身后。

将右腿弯曲后跨过左腿，右膝盖触碰地面，手掌放在地面不离开。放松后回到起始状态。换左腿再重复做同样的动作。

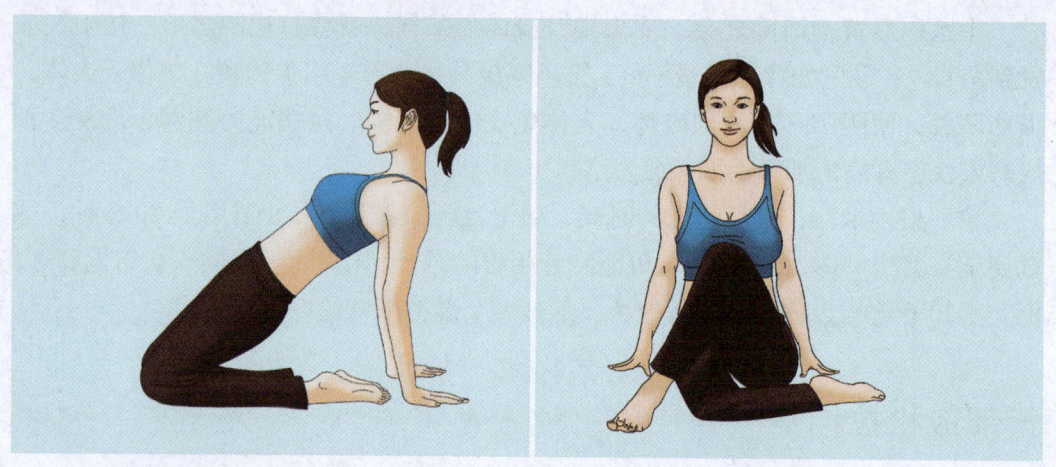

（3）俯卧，双臂弯曲，手掌放在头上，双腿伸直并分开，与肩同宽。

将头向右转并向后看，同时抬起左脚，屏住呼吸，继续保持不动。放松后回到起始状态。头向左转，换右脚重复做同样的动作。

（4）俯卧。利用脚尖、肘部及前臂支撑身体，双手手掌相对。

以前臂和脚尖为支点抬起身体。保持几秒钟回到起始状态。

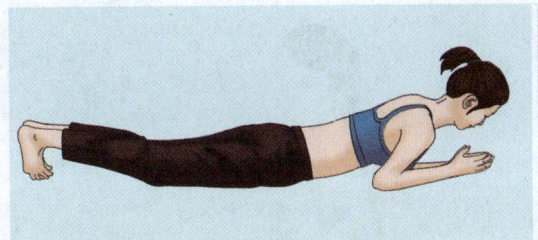 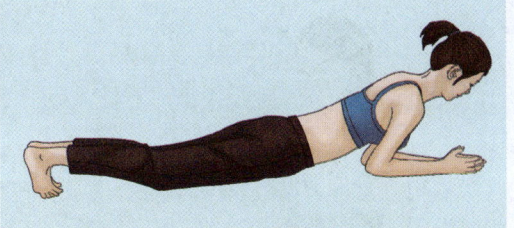

（5）向右侧卧，利用右前臂和右手掌支撑身体。左手伸直贴紧身体，双腿也尽量伸直。

抬起身体，让大腿离开地面，身体伸直，并保持不动。放松后回到起始状态。换左侧重复做同样的动作。

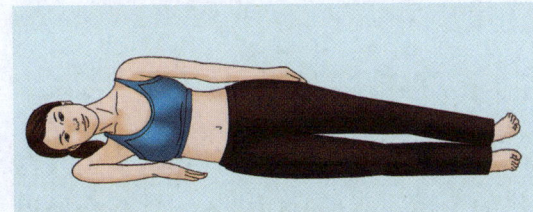 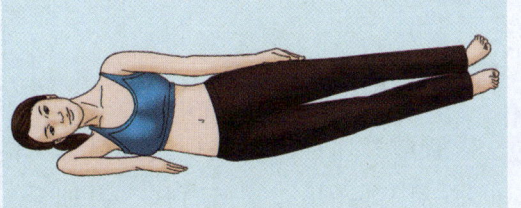

（6）坐在地面上，背部挺直并收腹，双腿交叉，右腿在上，手掌贴地。

低头将下颌贴在膝盖上，放松颈和背部肌肉，保持不动。回到起始状态。双腿交换位置重复做同样的动作。

 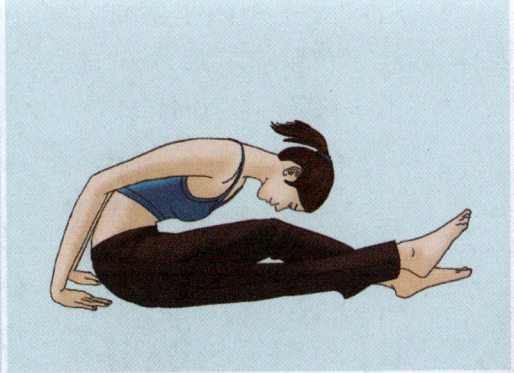

（7）坐在地面上，背部挺直并收腹，右腿弯曲，脚掌紧贴左腿。

左腿弯曲向后伸展，右手在身后支撑。用左手抱右肩。扭头看左脚跟，保持不动。缓缓回头目视前方，放松。换另一侧重复做同样的动作。

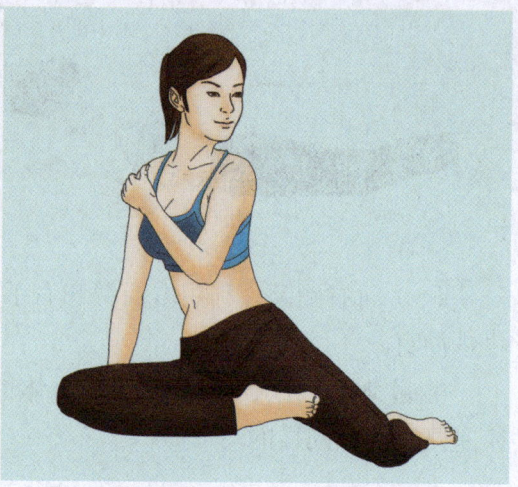

背部伸展拉伸

腰酸背痛可以说是现代人最常见的问题之一,根据医学统计约八成的人在一生当中都经历过腰酸背痛,再加上工作的关系需要长时间坐着,这都会使得问题更加严重。而脊椎不但是支持我们身体直立最重要的器官,更有保护脊椎内脊髓神经的功能。健康的脊椎,不仅可以使你看上去更加挺拔,更能使你免除腰酸背痛的苦恼。以下就介绍几种拉伸方法可以使你自己拥有健康的身体进而远离病痛。

(1)自然坐于床上,双腿绷直向前伸展,保持并拢。脚跟与脚趾也分别并拢,身体其余各部位保持直立,双臂自然垂于身体两侧。

然后前举双臂,与肩同高。

（2）身体绷直，略向前移动，直到左右两手能分别握住两边脚趾。如果在绷直的情况下无法触到脚趾，可以将背部略微弯曲，但腿部仍然要绷直。头部自然垂于两肩中间，深吸一口气。

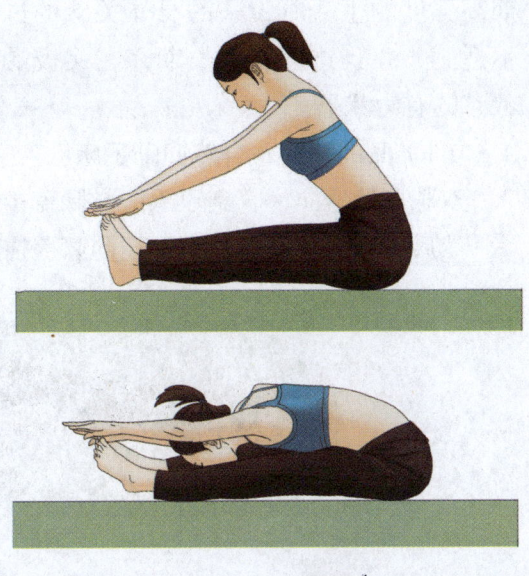

（3）双腿继续绷直，并且尽力伸直脚尖。头部继续向下垂于两只手臂中间，双臂向前用力伸展，停顿5秒钟，呼气。

（4）深吸一口气，并将手自然放于大腿处。此时，将手掌顺着腿部还原，回到自然坐姿，稍作调整之后，反复锻炼5次。

这套背部拉伸动作，可使背部的肌肉摆脱松垮状态，而变得更加紧致。

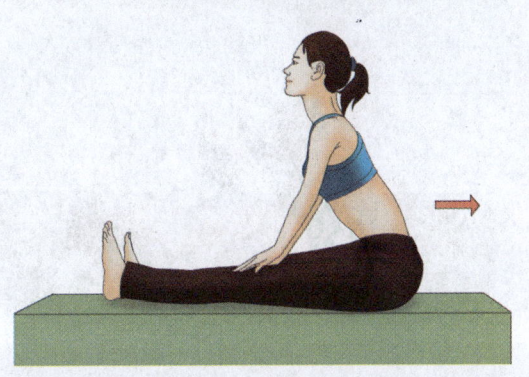

保养背部最好的时节是在春季，早春天气，万物生发，背部的阳气开始升腾，所以一定要注意背部的保暖，所谓"春捂秋冻"，就是说早春要穿暖一点，不要急于脱冬衣；办公室及家里要多开窗户，一天至少开两次窗户，每次15~30分钟；多吃温阳性食物、生发性食物、酸性食物、甜味食物等，如豆芽、韭菜、青笋、香椿、酸枣、橙子、猕猴桃、羊肝、猪肝、鸡肝等；春天还要多出去郊游、踏青、赏花，多走路、多运动，多晒太阳以养阳。

春季保养背部还要多吃五谷、豆子等种子类食物，如五豆粥（红豆、黄豆、绿豆、白豆、黑豆），因为种子主生发；也可多吃新鲜的应季蔬菜，也有生发之功效。

缓解背部疼痛拉伸

工作时间长时，会觉得腰酸背痛，这是缺乏蛋白质的严重警告。蛋白质会在人体快速燃烧脂肪。当蛋白质不足时，脂肪就不能充分燃烧，生成有害物质，如丙酮酸，让人感觉酸痛。但是，另外一种情况需要引起大家的足够重视：特别是白领阶层，由于长期的伏案工作，腰酸背痛等状态很少能得到改善。而这种长期的腰酸背痛状况的发生，很有可能是软骨损伤的前兆。这种损耗是指长期高强度的生活所带来的身体关节的过度使用而引发的非硬伤的疼痛、僵硬等不适感，并且这种状态长期存在又极易诱发关节症状。拉伸是改善这种亚健康状态的有力武器。

（1）面部朝上，自然仰卧于床上。

双膝自然弯曲，直到双手能与膝盖接触，并将其抱紧。

然后，利用双手的拉力，连同膝盖往肩部拉伸，反复练习5次。

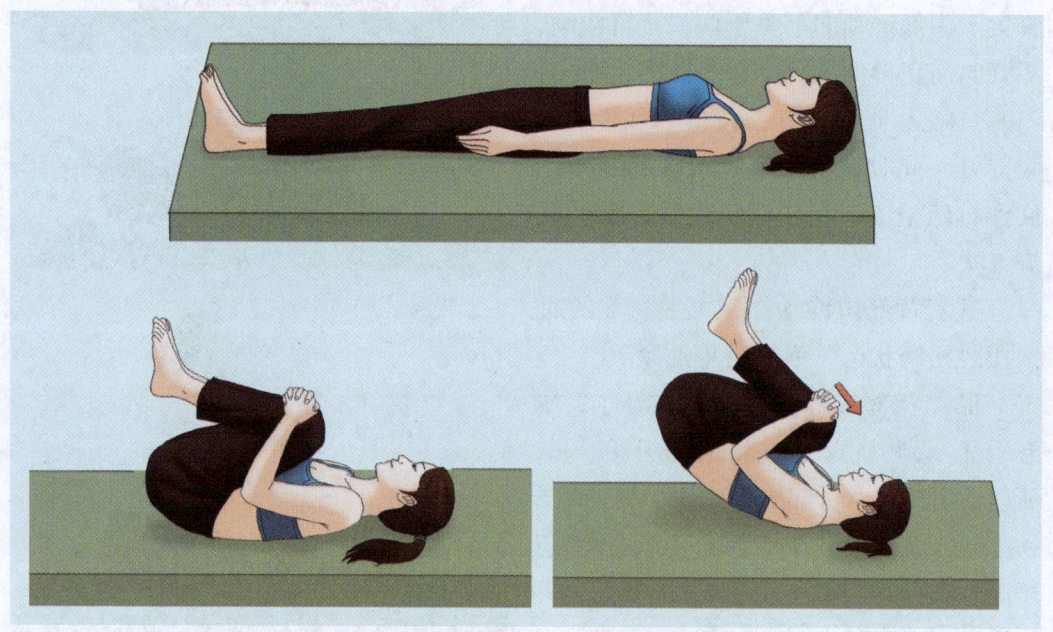

（2）半跪于地面上，利用双臂和膝盖的力量支撑身体。

先将右手向前伸直，同时左腿向后抬起，保持绷直，停顿5秒之后，还原到跪姿。交换右手和左腿重复练习同样的动作。这个动作适合电脑一族经常练习，它能减轻背部疼痛。

背部酸痛比较严重的情况，也可以采用刮痧疗法配合拉伸来缓解病情。

1. 腰痛刮拭方法

用面刮法从上向下刮拭命门穴，再分别刮拭两侧肾俞穴、志室穴。同时用面刮法刮拭两侧的腰眼穴。用面刮法自上而下刮拭督脉穴位群，从大椎刮至长强，分两段刮拭。第一段从大椎刮至腰阳关，第二段从腰阳关刮至长强穴，自上而下刮拭30次。自上而下刮拭夹脊膀胱穴位群，分两段刮拭，第一段从大杼刮至大肠俞，第二段从大肠俞刮至至阳穴，刮30次。

2. 背部酸痛刮拭方法

沿脊椎自上而下从大椎穴刮至脊中穴30次。沿夹脊膀胱经用面刮法自上而下从大杼刮至胆俞穴，左右各30次。以夹脊膀胱经为起点，分别向左右两肩方向刮拭，自上而下排刮，上刮至肩井、秉风、肩贞等穴，下刮至膈关、魂门各穴，分别刮30次。

居家背部保健拉伸

长寿是一个不断被人们提起的话题，如今它已不仅是我们的一种愿望，更是我们生活和努力的一个方向。自古就有长寿与脊椎相关一说，脊椎好人才能长寿。所以，居家生活要多活动脊背，保养我们的"诸阳之会"。不妨来试试拉伸练习：

（1）跪在地面上，双肘向下接触地面，背部自然上拱成弓形，眼睛直视前方。头部略向下倾，保持姿势3秒钟后抬起头部，与此同时，背部用力向下拉伸，收紧背部肌肉，体会肩胛骨向后拉扯的紧张感，保持3秒之后还原。重复练习8次。

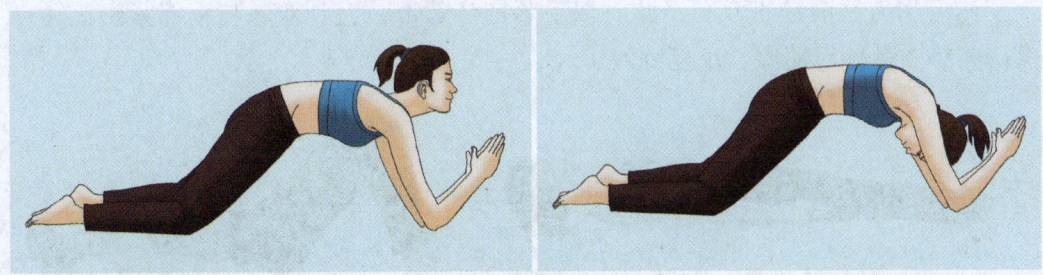

（2）自然平躺在地板上，两腿保持并拢。

左右两手握住毛巾两端。

然后右腿用力向上抬起，并将毛巾绕到脚掌上，腿绷直，来回拉动毛巾，最大限度与身体接触，保持姿势3秒钟后回到自然仰卧，交换左腿重复练习，各10次。

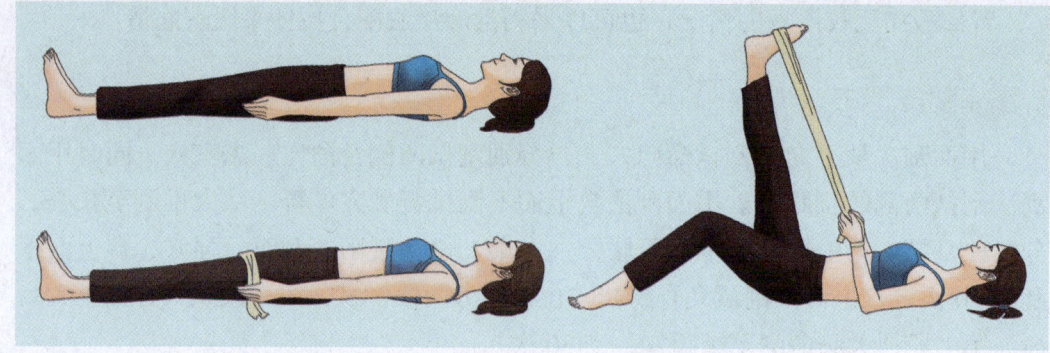

（3）自然平躺在地板上，左右脚在脚踝处交叉，双臂放于两侧。

首先，朝一个方向缓缓转动骨盆和腿部，再往相反的方向转动头部，到极限后保持3秒钟。交换方向继续练习10次。转动的过程中，肩部保持不动。

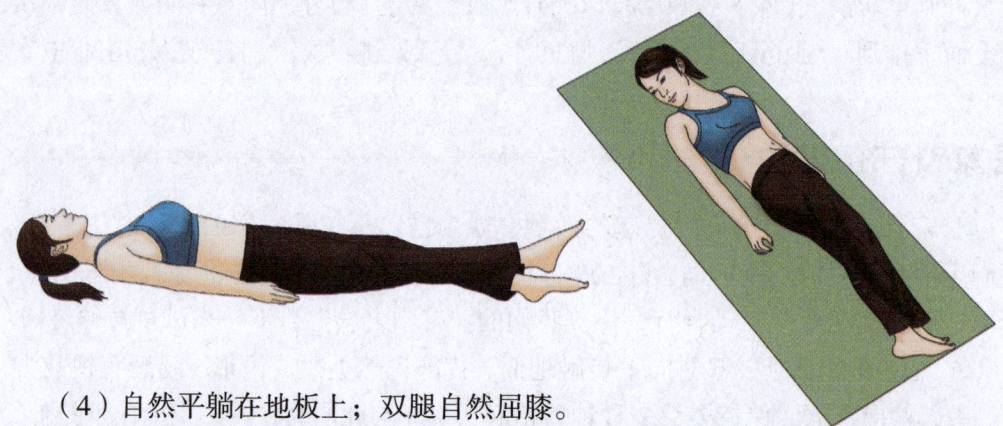

（4）自然平躺在地板上；双腿自然屈膝。

然后慢慢将膝盖移到胸前部位，双手从身体两侧伸出，在膝盖下方交叉抱拢。

然后用力往前伸直双腿，此时双手紧抱住腿部，直到双膝与胸部紧密接触，保持姿势3秒钟后还原，重复练习10次。

（5）自然平躺在地板上，双臂平放，双腿保持绷直并拢。

左腿经右腿膝盖上方弯曲，直到左膝能与地面接触，停留10秒钟之后还原，换右腿重复练习，各练习10次。注意，绕膝过程中肩部保持不动。

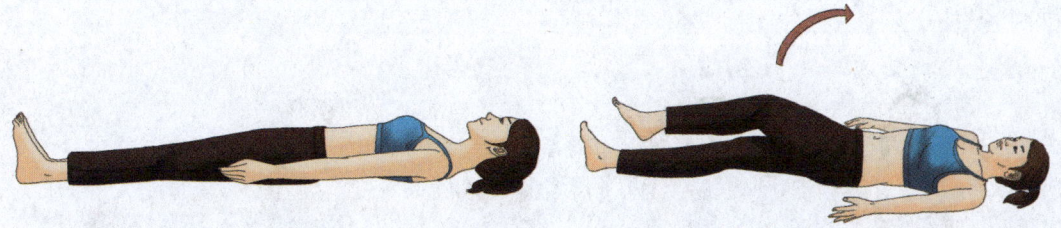

除了上面讲的拉伸方法，养护脊背在日常饮食中也要多加注意。多摄入一些能增强骨骼强度、肌肉力量的营养素，如钙、磷、蛋白质、B族维生素、维生素C、维生素E等含量较高的食品，有利于病情的好转。另外应慎食煎炸、生冷的食物，这类食物不易消化，易导致便秘，使腹压增高，加重腰背疼痛症状；少吃或不吃辣椒等刺激性食物，这些食物易引起咳喘而使腰腿痛症状加重。

下面介绍一些对背部保健有益的食疗方：

1. 羊肾杜仲

【材料】新鲜羊肾1对，杜仲30克，食盐适量。

【制法】将羊肾剖开，洗净，把杜仲夹于剖开的羊肾内，用细线将羊肾缠紧，放入碗内。碗内加少量水及食盐，置锅内隔水慢火蒸2小时取出。分次食用羊肾，可连续食用。

【功效】补肾强腰，养精益髓。

2. 腰花粥

【材料】猪腰子1副，粳米65克，葱白、姜片、料酒、食盐、鸡精各适量。

【制法】将猪腰子洗净，去筋膜，切成小块，放入沸水中烫一下。将粳米洗净，放入锅中，加清水适量，用小火熬成粥，调入腰花、食盐、料酒、葱白、姜片、鸡精，煮沸后即可食用。

【功效】适用于腰椎间盘突出兼有腰膝软弱、酸痛，行路艰难的患者。

下班后的背部拉伸

下班回家后，很多人都喜欢舒舒服服泡个热水澡，洗去一天的疲惫与不快。在洗完澡后可不要忘了放松一下酸痛的背部，做几个拉伸动作。

（1）自然站姿；两膝略微弯曲，收紧小腹，上挺胸部，上半身稍稍向前移动，双手抓住重物，自然放于身前。

然后，双臂侧举至与肩同宽，保持姿势5秒钟之后，还原手臂到身前。重复练习20次。

（2）端坐于椅子上，全身放松，臀部向椅子后部移动，背部与椅背紧贴。

保持背部绷直，将双腿向上抬起，两侧手臂自然放于两膝处，略微握拳，掌心朝下。然后脚跟绷直向地面方向垂直下压，体会后背肌肉的拉伸。每次练习5秒钟。

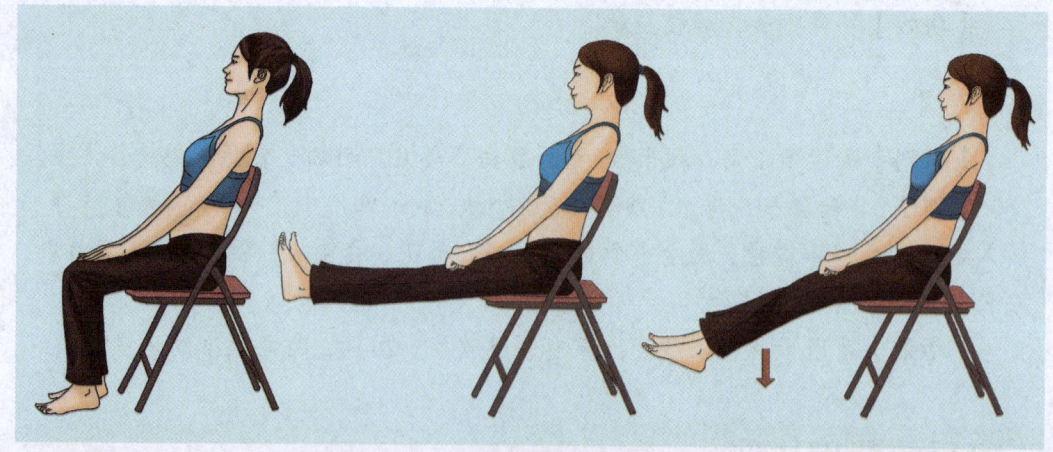

（3）自然仰卧。舒展两肩，双手自然放于身后，在臀部左右交叉。

上半身向上提起，同时收紧下巴和背部，保持姿势5秒钟，回到自然仰卧，注意上半身略微向上抬起，小于35度，重复练习20次。

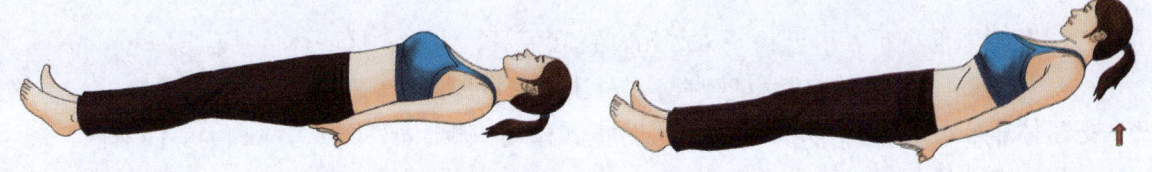

除了利用拉伸强健背部外，饮食也是养护背部脊椎的一个重要途径。许多食物都有强健筋骨的作用，下面给大家介绍几种常见又易做的护背食疗方。

1. 桑葚牛骨汤

【材料】桑葚25克，牛骨500克，黄酒、白糖、生姜、葱各适量。

【制法】将桑葚洗净，加黄酒、白糖少许蒸制；另将牛骨置锅中，水煮开锅后去浮沫，加入姜、葱再煮。见牛骨发白时，加入已蒸制的桑葚。开锅后去浮沫，调味后即可饮用。

【功效】滋阴补血，益肾强筋。适用于骨质疏松症、更年期综合征，对肝肾阴亏引起的失眠、头晕、耳聋、神经衰弱等也有疗效。

2. 乌豆猪骨汤

【材料】乌豆30克，猪排骨300克。

【制法】将乌豆洗净、泡软，与猪排骨同置锅中。加水煮沸，改小火慢熬至乌豆烂熟，调味后饮用。

【功效】补肾活血，祛风利湿。适用于老年性骨质疏松、风湿痹痛等。

3. 鲤鱼汤

【材料】活鲤鱼1条500~750克，葱末、姜末、黄酒、食盐各适量。

【制法】将鲤鱼去鳞、鳃及内脏，加入葱末、姜末、黄酒、食盐，腌制片刻；加水煮至汤白鱼烂即可，分次饮用。

【功效】补肾活血，祛风利湿。适用于老年骨质疏松、肾炎水肿、黄疸性肝炎、肝硬化腹水、老年慢性支气管炎、哮喘、糖尿病等。

弹力带背部拉伸

在进行背部锻炼的时候，我们还可以借助弹力带来进行拉伸，下面就给大家推荐几组利用弹力带拉伸背部的动作：

1. 俯身划船

右腿向前一步，以弓步姿势起始，直立上身，收腹，让身体保持稳定。

身体前倾 30 度，眼睛看向脚前方，让头、身体以及后腿都处在一条直线上。把身体重心放在右脚，并踩住弹力带防止其松动，脚尖向外，膝盖向脚尖方向弯曲。两只手自然垂下，将弹力带握紧。

肩膀微微向后并向下压。一边呼气，双手用力将弹力带向后拉，靠近身体，肘部朝后。一边吸气，慢慢放松并恢复初始状态。

2. 俯身飞鸟

右腿上前一步用右脚踩住弹力带，脚尖微微向外，膝盖向脚尖方向弯曲。

上身直立，收腹，让身体保持稳定，以髋为轴心，将身体向前倾 45 度。两眼看向脚前方，左腿向后，让头、肩、臀及后腿位于一条直线上。

两只手自然垂下，掌心向内，用双手握紧弹力带。肩膀向后收同时向下压。先一边呼气，并用双手用力向外拉，直到手与肩在同一平面上。然后一边吸气，慢慢回到初始状态。

3. 坐姿划船

上身直立收腹，坐在垫子上，身体微微后倾。双腿屈髋屈膝，脚跟着地，两条腿保持平行，脚尖向上勾并将弹力带套在脚上。

双手并拢向前伸直，放在膝盖上方，双手掌心朝内，将弹力带握紧。肩膀微微向后并向下压。呼气时双手向后拉到肚脐前方，吸气时慢慢回到初始状态。

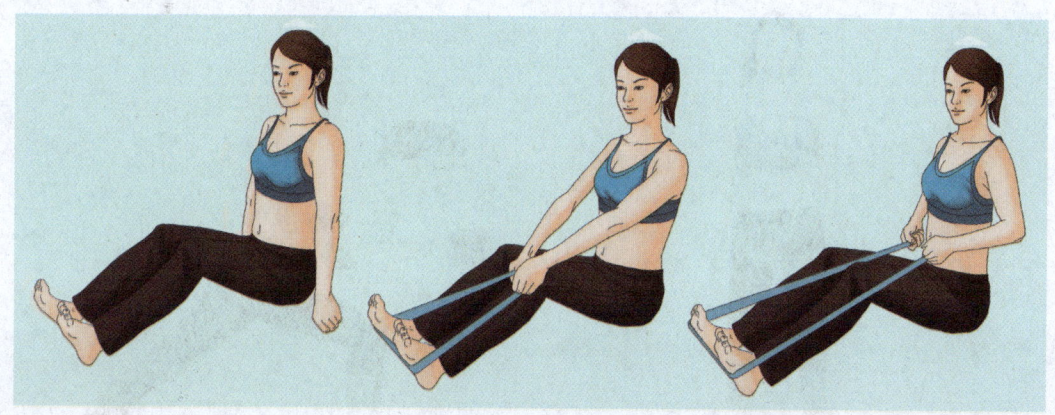

4. 坐姿肩上推举

上身直立收腹，坐在垫子上，身体微微后倾。双腿屈髋屈膝，脚跟着地，脚尖向上勾，并将弹力带套在双脚上。

上臂略微向外打开，肘部弯曲，前臂与地面垂直。

两只手都放在肩部一侧，握紧另一侧的弹力带，掌心向前，肩膀微微向后并向下压。一边吸气，一边将手朝上推举，肘部伸直。双手间距约与肩同宽。

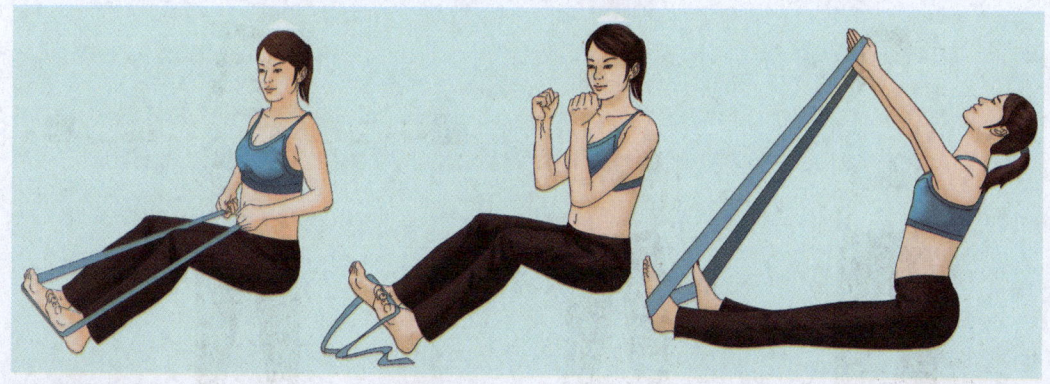

哑铃美背拉伸

露背装风情万种，让很多女孩羡慕不已。大胆的你也可以尝试这样的性感装扮！要想拥有性感美背并不是梦，只要每天抽些时间来做做拉伸运动就可以。下面就介绍几种简单的美背拉伸练习：

（1）单臂划船：站立姿势，双腿间距等于肩宽。

右腿向前迈出一步，右臂支撑在右大腿上，同时左手上提哑铃，左手肘部弯曲成45度角，慢慢将哑铃放回，休息5秒钟后，再上提哑铃，交换手臂做同样的练习。

（2）自然站立，双腿分立，间距与两肩宽度相等。

左右手分别握住哑铃，自然放于左右两侧。

然后双臂侧举，使双臂和肩膀在同一直线上，保持姿势5秒钟之后还原到自然站姿。

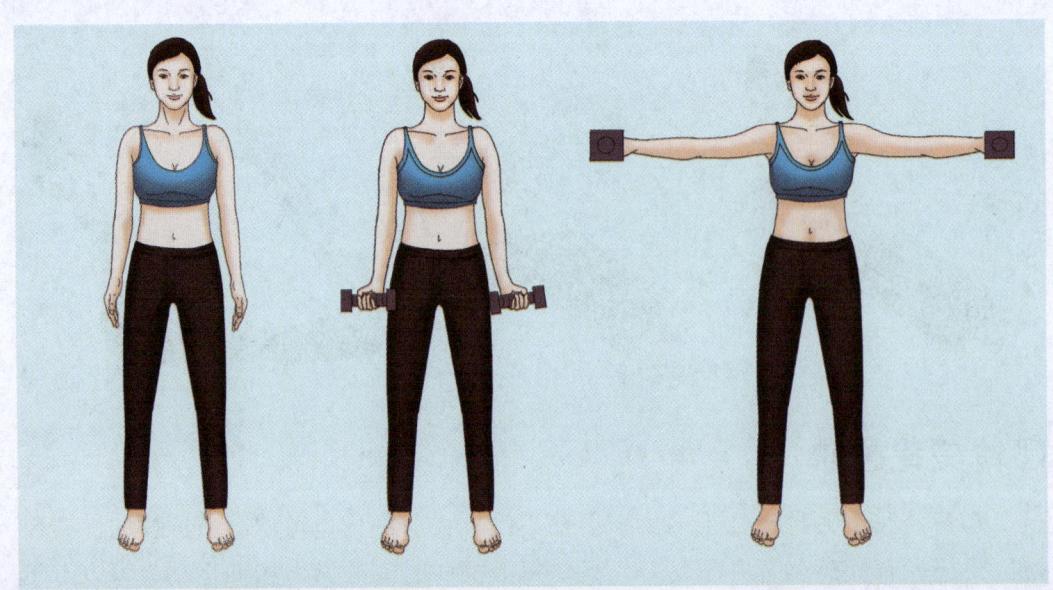

（3）自然站立；左腿往前跨一步，上半身向前弯曲大约45度，双肘自然弯曲在60~90度之间。

左右两手握住哑铃后，双肘微微用力将哑铃向上抬起，直到胸前，保持姿势5秒钟之后还原。

以上这套健身操，每天反复练习15次，坚持练习能使背部肌肉更加紧致，背部压力也会同时缩减。

这里，再给那些驼背的女性们提一些建议：

（1）背靠墙壁站立。让后脑勺、双肩、臀、脚后跟这四个部位全部贴住墙壁，将此动作的练习养成每日的习惯，每次至少坚持10分钟，习惯抬头挺胸的感觉。

（2）常照镜子。常常检视自己的姿势，时时提醒自己要抬头挺胸。

（3）做一下扩胸健康操。双手伸到背后合掌，手指朝上，掌心相对。将此动作的练习养成每日的习惯，每次持续5~10分钟。

（4）穿适度的高跟鞋。穿适当高度的鞋，人会不由自主地缩小腹、挺胸，但鞋跟不宜太高，以免脚趾变形。

养护脊柱拉伸

当我们站立时，脊椎承受我们所有的体重，所以站立的姿势非常重要，而正常的脊椎有一定的弧度，保持及维持正常的弧度能够减轻脊椎所承受的压力，可以减轻背部酸痛。当我们需要长时间站立时可以轮流将一只脚放在高度20~30厘米的脚凳上，如此就可以减轻背部所受的压力。

此外，保养我们的脊柱，还可以通过一些简易的拉伸运动来进行。

1. 祈祷式

　　站立姿势，双腿并拢；两只手掌在胸前，掌心相对合为一掌，看起来宛如祈祷的姿势。此时，深吸一口气，深呼一口气，呼吸两次之后即可还原。

　　这个动作能够使思绪从分散变得集中，从躁动变得安静。

2. 蛇式

　　以俯卧撑的姿势，使双臂与地面垂直，同时双腿也尽量绷直。

　　然后，慢慢吸一口气，头部往后仰，并且慢慢将腰部向上提起，看起来就像蛇的姿势。

　　这个动作不仅可以焕发脊柱的新生活力，还可以有效治疗消化不良和便秘。

3. 顶峰式

　　深吸一口气，以俯卧撑的姿势，用双臂撑住身体。

　　然后缓缓提伸臀部。再慢慢地呼一口气，使脚后跟着地，头部和颈部向地面下压，目视小腹的位置，这就是"顶峰式"。

练习这个动作的目的在于锻炼并增强身体四肢的神经和肌肉。而与刚才的蛇式相反，脊柱弯曲的方向相对，可以很好地软化脊柱并向脊柱神经供血。

4. 展臂式

第一步，深吸一口气，双臂上举至头顶上方，左右两边大拇指交叉。

然后深呼一口气。第二步，夹紧臀部，双臂连同上半身一起向后拉伸，同时向前将髋部送出。

这个动作有利于调节消化系统的新陈代谢，消除身体内多余的脂肪，充分拉伸腹部的肝脏，而且还能调节脊柱的神经功能。

5. 前屈式

首先，深吸一口气，双臂稍微向上顶起，以此把上半身拉直，然后，慢慢呼出气。接着上半身缓缓向前下方弯曲，直至双手可以触及脚掌靠外的地面，如果实

在无法触及,则可以用扶住小腿来代替。此时注意,尽量让下颌靠近膝盖部位,而腹部则应与大腿紧贴,头部和颈部自然下垂。

这样的练习可以产生很多效果,例如促进新陈代谢、防止胃病、减轻便秘症状,并且还能调节脊柱的神经功能和柔软脊柱。

6. 战斗式

站立姿势,吸一口气,两边膝盖略微弯曲,同时左腿向后迈一步并且绷直,右手握拳向前伸直,左手握拳置于脑后。看起来就像"战斗式"。

这个动作可以充分锻炼两腿的肌肉,维持身体的平衡能力,并且还能按摩到腹部的肝脏器官,使它们的功能得以改善和提高。

7. 凤凰飞舞式

站立姿势，双腿分立，两腿之间的距离大约为肩膀宽度的两倍，双手自然贴于大腿两侧，十指分开。

然后，全身左转，同时注意双脚要移动成前面是弓步后面是箭步的形态，深吸一口气，双臂自下而上缓缓提伸。

此时，全身再向右侧旋转，双臂同时改变姿势，向地面方向画半圆。然后，调整全身姿势为正面马步姿态，最后，深呼一口气。

这个动作可以有效改善电脑一族的肩膀酸痛和腰腿无力，此外，还可以增强肌肉的力量。

脊柱健美拉伸

下面这套脊柱健美操，不仅可以提高脊柱柔韧性、灵活性及牵展力，还可以增强相关肌肉的柔韧性和强度，帮你打造完美身材。具体分为六式：

（1）分腿站立；上体前屈90度，两手放在膝盖上，腰部向上引提，头颈下垂，拱背；停留片刻后，腰部回落，抬头、挺身。重复16次。

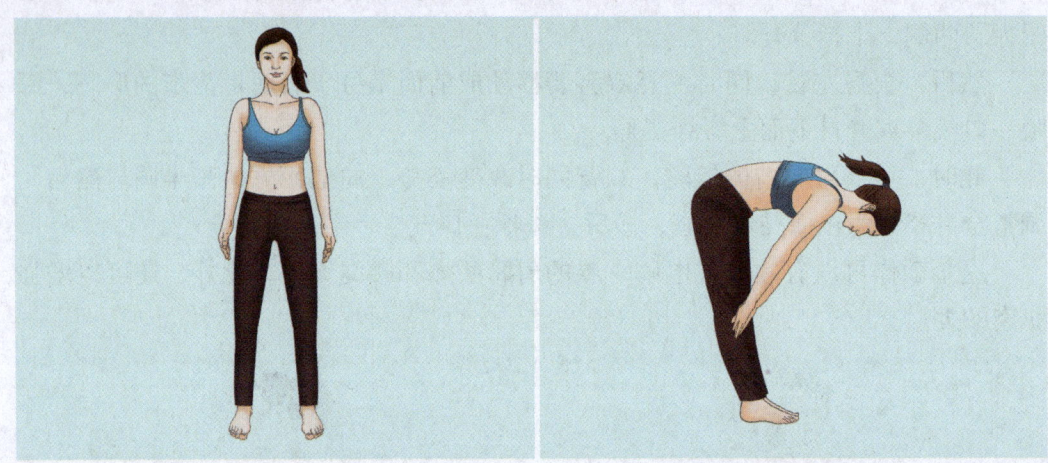

（2）直膝坐地，上体前屈紧贴腿部，两手握踝部；两腿慢速向前伸直，上体贴住腿部，停留片刻后还原，重复12次。

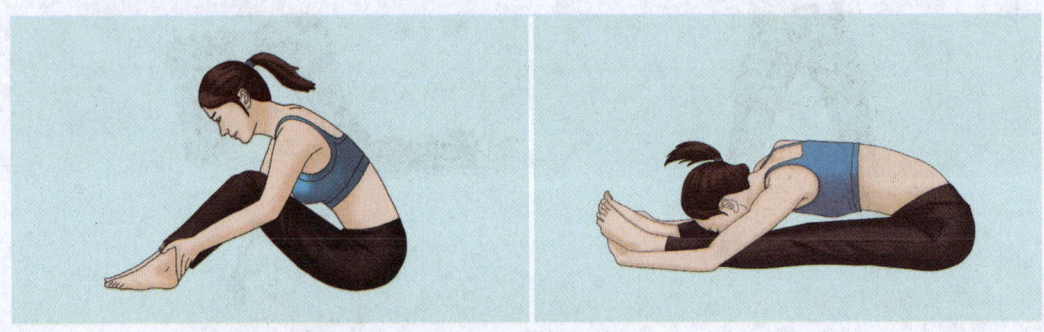

（3）仰卧，两臂放在体侧，直腿上举成直角，还原。

然后，将两腿慢速上举至头后，脚尖触地，还原成仰卧，重复12次。

（4）俯卧，两腿慢速向后伸直，两手反握两足踝部。

上体向上后方抬高，吸气，停留片刻后还原俯卧，呼气，重复12次。

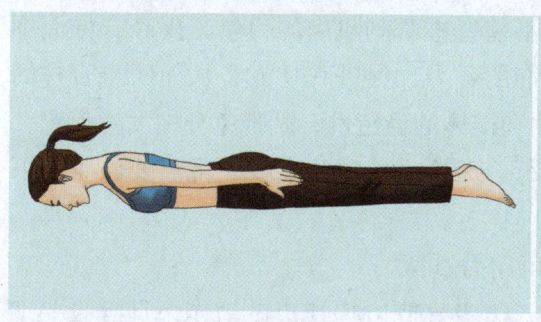

（5）坐式，两腿宽分，两手抱颈。

上体右侧屈，力求右肘在右膝处触地，停留片刻后还原成坐式；然后换左侧屈，动作相同，方向相反，重复16次。

（6）坐地，屈膝分腿，两臂胸前屈肘。

上体左转，右肘触及左膝，左臂全力后伸，手掌着地，吸气，停留片刻后还原成坐式，呼气；然后，换上体右转，动作相同，方向相反，重复16次。

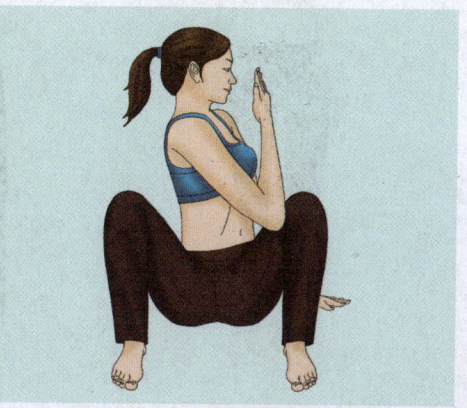

生活中的脊椎保健拉伸

脊椎的保健锻炼主要是通过提高和平衡脊椎两侧肌肉的力量,提高脊椎周围的韧带组织的柔韧性、协调性,提高它们的弹力,促进其功能,从而防止脊柱周围软组织病变,预防骨质增生,保护脊柱和椎体的稳定性,以避免脊柱发生疾患。脊柱保健锻炼可分段进行,也可整体进行。无论采用哪些手段,都需要注意以下几点:

首先,动作要缓慢,保持平稳,不可用力过猛。

其次,动作与呼吸要配合协调一致,边吸气或边呼气边做动作,且呼吸要细而匀。

最后,严禁在饭后做操。做操前要有准备活动,应循序渐进,持之以恒。

脊柱的拉伸保健有以下几种方法。

1. 热身拉伸

(1)站立姿势;抬头挺胸,绷直脊背,双手叉于腰间,头部尽量向上拉伸,闭起眼睛,上半身各处用力使颈椎强劲,然后全身放松,还原到站立姿势。

接着双臂上举,同样地抬头挺胸,绷直脊背,微闭两眼,用上半身各处力量充分拉伸脊椎,注意此时掌心朝前,保持姿势几秒后,还原到站立姿势,并上下交替重复练习4次。

（2）站立姿势；双臂往后背，一只手搭在另一只手上方。

然后抬头挺胸绷直脊背，目光自然望着左下角的地面，然后最大限度向上拉伸。保持姿势几秒钟之后，还原到自然站立姿势，以同样的动作要领，上下交替练习2次。

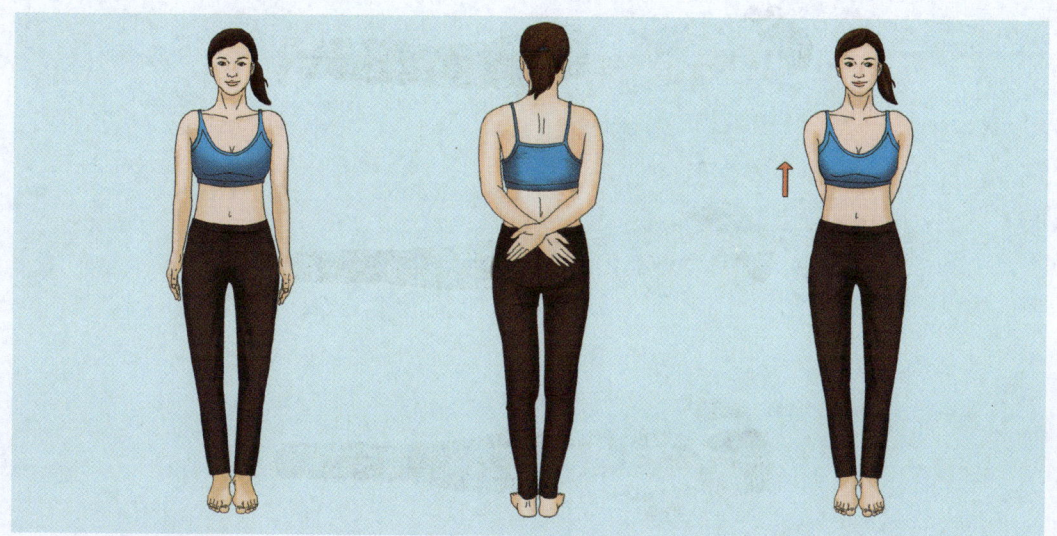

（3）自然站立，双腿分开与肩同宽，双手叉于腰间，深吸一口气。

头部向左后旋转拉伸，注意动作要缓慢，直到感觉右侧颈部已经被充分拉伸，保持这样的姿势几秒后，再以同样的动作要领，向右侧旋转拉伸左侧颈部肌肉，左右交替重复练习4次。

2. 深度拉伸

（1）俯卧于垫子上，收腹并深呼一口气；前举双臂。

然后朝后下方，尽量用力收紧肩胛骨。双手着地之后慢慢吸气，还原到自然状态，以同样的动作要领，重复练习12~15次，稍微休息1~2分钟后，再练习两组前面的动作。

（2）俯卧于垫子上，将腹部收紧。

抬起右脚，并用右手将其握住。

朝后下方用力拉伸肩部肌肉，保持这样的姿势30秒之后还原，再以同样的动作要领重复2~3次。同理，换左脚再练习2~3次。

（3）上半身自然平躺于垫子上，双腿自然弯曲，双腿之间的距离约等于髋部的宽度。

然后先从臀部开始抬起一块脊柱，再按顺序依次抬起，直到颈椎部分，注意保持膝盖与颈椎在同一条直线上。保持这样的姿势 40~60 秒钟，缓慢还原到自然平躺的姿势。以同样的动作要领再练习 12~15 次。

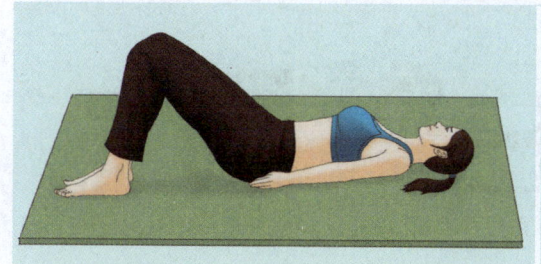

（4）坐垫子或地板上，伸直双腿，双臂向后支撑住上半身，指尖面向身体前方。

左腿屈膝，右腿伸直；然后利用双手的力量，慢慢将身体抬起，直到上半身基本与右腿在同一条直线上，保持这样的姿势 20~30 秒钟，以同样的动作要领重复练习 1~2 次，然后换为左腿伸直继续练习。

（5）面向天花板，背朝地面，双手扶住椅子左右两侧，利用双手的力量撑住身体。

右腿弯曲，左腿伸直，尽力使身体绷直，全身大致成一直线。

然后收紧臀部，保持这样的姿势30~40秒钟后，以同样的动作要领反复练习2~4次，左右腿交换练习亦可。

保护脊柱健康，在日常饮食中还要多注意食用高钙食物。羊骨，味甘，性温，为益肾气、壮筋骨之良品；粳米含有丰富的淀粉、蛋白质、脂肪、维生素B_1、维生素B_2、烟酸、维素C及钙、铁等营养元素，可以提供人体所需的营养及热量，有补脾胃、养五脏、壮气力的良好功效；羊骨与粳米或糯米组合制粥，具有温肾强骨之功效，能缓解腰背转动不利、腿膝无力、筋骨挛痛等症状，适用于增生性脊柱炎。

下面还有一款羊骨粥，推荐作为辅助食疗方。

【材料】羊骨1000克，粳米或糯米100克，葱白2茎，生姜3~5片，食盐少许。

【制法】先将鲜羊骨洗净捶碎，加入清水煎汤；然后取汤代水，同米煮粥；待粥成时，加入食盐、葱白、生姜，稍煮二三沸即可。

防治脊柱错位拉伸

养生保健的方法很多，脊椎养生保健是目前国内较新的一种，由于脊椎两侧布满控制人体四肢及器官的神经，这些"源头"如果被"错位的脊椎"所压迫，将会对身体造成不同程度的伤害，而酸痛的表现只是其中之一，更严重者会影响其器官的正常运作。

拉伸是防治脊柱错位不错的方法：

（1）站立，双脚自然分开，与肩同宽。

挺胸收腹，将髋部微微向前挺，膝关节弯曲，让会阴中点正对两脚心（涌泉穴）连线的中点。

（2）舌尖微抵上腭，颈部肌肉放松，面带微笑，使面部肌肉处于松弛的状态，双手自然下垂。

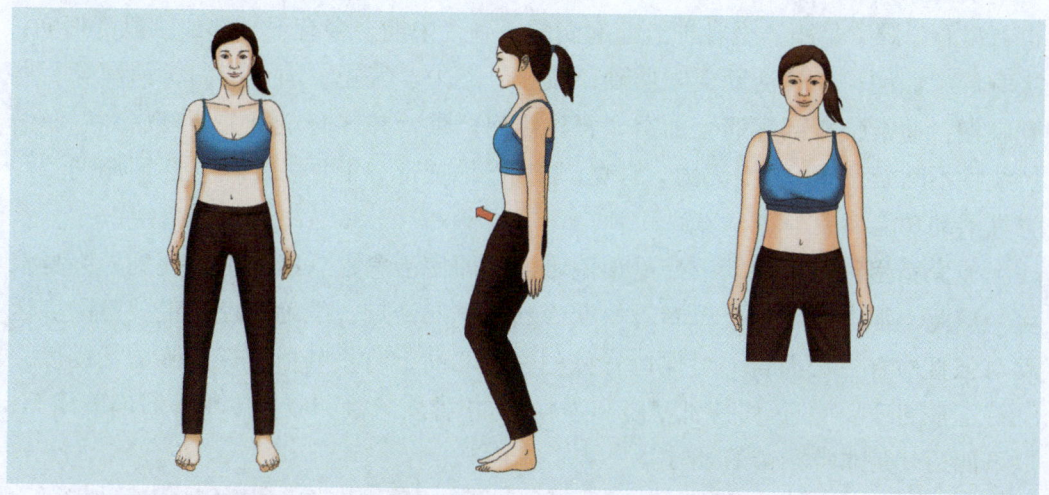

（3）闭眼，保持以上姿势1~2分钟，平静而缓缓地呼吸。

此外，向大家介绍一种背部马步运球拉伸。

（1）在起势的基础上将右腿横跨一步，根据自身耐受力，膝关节弯曲成90~135度，成"马步"姿势。

（2）双臂向前伸直，双掌五指略微弯曲，仿佛抱球的姿势，成顺时针或逆时针方向转圈，颈部要随着轻微转动，眼睛要随着手的姿势移动，这样才能达到形、神、意三者合一的理想状态。

（3）将上述动作重复30次，可锻炼腰、髋、肩、背部的关节和肌肉，让全身在柔缓的画圆运动中疏通全身经络，有不错的解乏效果。

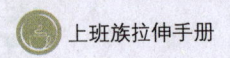

强直性脊柱炎的拉伸

脊柱是由多个脊椎构成的，它之所以能左、右、前、后自由活动，主要依赖于联结脊椎的肌肉、韧带、关节囊等。当代谢活跃的韧带部及其附着部位的骨质被侵蚀破坏，或椎体之间的关节及关节囊受损，脊柱的活动度自然下降，甚至丧失而形成强直，即强直性脊柱炎。

强直性脊柱炎的早期症状，以腰、骶部位的疼痛，并伴有腰背部的僵硬感居多，也有以膝、踝、足跟、坐骨神经痛起病的。到了中期，多有下脊部或腰骶部疼痛；腰脊晨起僵硬；脊柱活动受限僵硬；疲劳、乏力、气短、面色淡白、消瘦等。再到晚期，通常腰骶部疼痛会加重，脊柱疼痛严重，并伴有全身关节疼痛，疼痛呈持续性不间断疼痛；全身无力、消瘦、肌肉萎缩或部分消失、脏器功能下降；驼背、脊柱活动功能消失等。

专家指出，到了晚期治疗是很困难的，即使治愈，后遗症也会使病人终身残疾。因此，强直性脊柱炎患者的早期诊断、早期治疗、准确治疗是最关键的。运动对强直性脊柱炎而言，可保持脊柱的生理弯曲，防止畸形；保持胸廓活动度，维持正常的呼吸功能；保持骨密度和强度，防止骨质疏松和肢体废用性肌肉萎缩等，以下四招就是非常不错的处方。

（1）深呼吸：每天早晨、工作休息时间及睡前均应作常规深呼吸运动，可以维持胸廓最大的活动度，保持良好的呼吸功能。

（2）颈椎运动：头颈部可做向前、后、左、右转动，以及头部旋转运动，以保持颈椎的正常活动度。

（3）腰椎运动：每天做腰部运动（前屈、后仰、侧弯和左右旋转躯体），使腰部脊柱保持正常的活动度。

（4）肢体运动：可做俯卧撑、斜撑、下肢前屈后伸、扩胸运动及游泳等，既有利于四肢运动，又有助于增加肺功能和使脊柱保持生理曲度。

需要提醒大家的是，所采取的运动方式和运动量要视自己的情况而定，开始运动时可能出现肌肉关节酸痛或不适，但运动后经短时间休息即可恢复。如新的疼痛持续2小时以上不能恢复，则表明运动过度，应适当减少运动量或调整运动方式。

身体各部位拉伸

第四节 腰部拉伸

腰部日常保健拉伸

腰是身体躯干胸腔底部和骨盆间的部分,对于一般人来说,更通俗的解释是系腰带的部位。健康人的腰围通常比臀围小,腰围与臀围比值越大的人,说明腰部积油越多,越容易得糖尿病、高血压、胆固醇过高症、乳腺癌和子宫内膜癌等慢性病。在中国,如果女性腰围尺寸超过 80 厘米,男性超过 90 厘米就意味着较高的患病危险。

腰部构成虽然简单,但极为重要。唐朝王冰注云:"两肾在于腰内,故腰为肾之外腑。人的两肾在腰部之内,而由于肾在人生命活动中的重要性,腰也便有了重要意义。所以养生家都重视腰部的保护和运动,如果腰部活动不灵,肾脏功能就要产生问题了。女孩子腰部受寒和腹部受寒一样严重,会引起月经疾患和不育的问题。男人的性功能也与腰部有关,所以更要保护腰。把两手搓热,捂在腰眼上,非常有益。腰部是不可以受寒的,现在的女性流行穿露脐装,可以肯定的是,穿露脐装的女性患妇科疾病的概率远远大于不穿露脐装的女性。

在日常生活要注意温暖腰部,还可以配合一些拉伸运动,维护腰部的健康:

(1)身体直立,双腿并拢;然后屈膝,并向前送出两膝。

双手放于身后,抬头挺胸,撑直腰部的同时充分拉伸腹肌,尽力在腰部形成弓状。这个动作有利于减轻长期姿势不良所造成的腰部酸痛。

（2）盘坐于地面上，双手刚好贴于地面。有意识地将重心集中在腋下和臀部之间的位置上。

然后，如果是左腿盘于上方，则身体向左侧自然趴下，直到前额能够接触到膝盖，此时向前拉伸双臂。如果感觉到右侧的腹部肌肉得到伸展，那么目的就达到了。

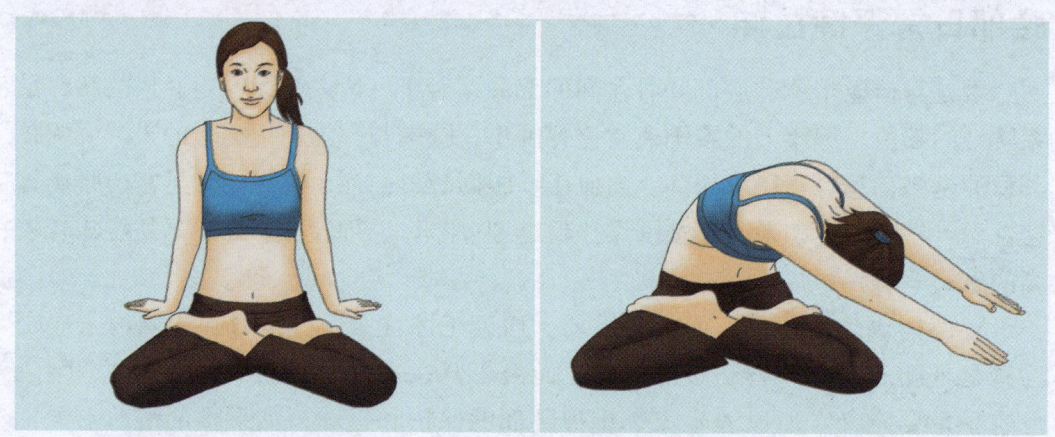

（3）蹲坐于平整的地面，双腿弯曲至两腿间呈直角。

用力将双臂前举，同时保持双腿之间的间距，不要拉大，直到膝盖和脚趾在同一直线上。此时，把头埋入左右膝盖中间，身体尽量向前倾，双臂则前举至可以接触地面。这个动作在促进腰部肌肉血液循环的同时，还可充分伸展紧张的肌肉。

腰部保健按摩可以舒筋通络，促进腰部气血循环，消除腰肌疲劳，缓解腰肌痉挛与腰部疼痛，使腰部活动灵活、健壮有力。下面是具体的按摩方法：

（1）两手掌对搓至手心热后，分别放至腰部，上下按摩腰部，至有热感为止。可早晚各一遍，每遍约200次。此运动可补肾纳气。

（2）两手握拳，手臂往后用两拇指的掌关节突出部位，自然按摩腰眼，向内做环形旋转按摩，逐渐用力，以至酸胀感为好，持续按摩10分钟左右，早、中、晚各一次。腰为肾之府，常做腰眼按摩，可防治中老年人因肾亏所致的慢肌劳损、腰酸背痛等症。

其实我们还可以双手叉腰，以腰为中心，分别做左右转动身体的运动，或者身体站直，做前俯、后仰的运动，都可以锻炼腰部。

上班族养护腰部的拉伸

当你在弯腰时，是不是很费劲，甚至腰还有点疼？郊游爬山后，是不是腰酸背痛，两三天还缓不过来？如果是这样，你就要注意了：你的"腰龄"很可能超标了。人们常用"20岁的身体，40岁的心脏"比喻早衰现象。如今，人们的腰部也可能在超负荷运转下，提前进入老年，"20岁的年龄，40岁的腰龄"已不罕见。

想要让腰部保持年轻，最好的方法就是拉伸。下面就介绍几种让腰部保持年轻的拉伸练习。

1. 鹤回眸

站立姿势，双腿分立，间距等于两肩宽度，双臂垂于左右两侧。

头向左后方向旋转并慢慢下压，目光注视左脚后跟，保持姿势5秒钟后，交换到右侧练习。

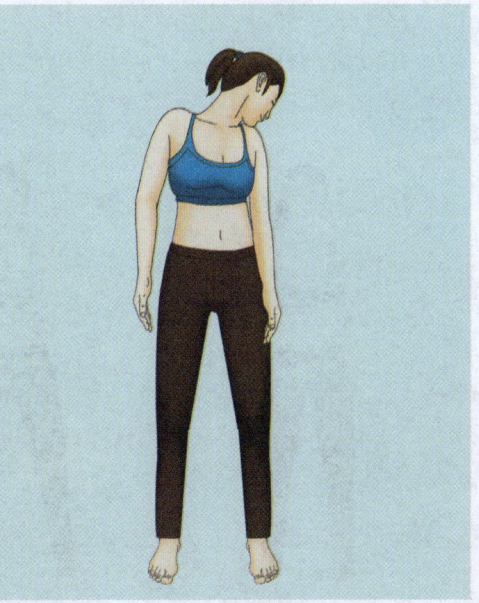

2. 孔雀开屏

站立姿势，双腿分立，间距等于两肩宽度。

双手在胸前合掌，然后用力向上抬起至头顶上方，双臂绷直。

接着将掌心向左右打开，成孔雀开屏的姿势，直到双臂向下移至肩膀的高度。再将双臂向下移动至腰际，两拳与腰相抵，

然后头部和腰部同时用力后仰，保持姿势 5 秒钟，反复练习 10 次。

3. 转胯回旋

自然站立，双腿分立，间距略微大于两肩宽。

双手叉于腰际，调整呼吸到正常状态。

并以腰部作为中心，胯部开始做圆周运动，先按顺时针方向旋转 10 圈，再反向重复 10 次。

4. 交替叩击

自然站立，双腿分立，间距约等于两肩宽。

双臂自然垂于身体两侧，手掌略微握成虚拳。

首先腰部向右侧旋转，再向左侧旋转。同时，随着腰部的旋转带动双臂自然摆动，摆动的同时，双手有目的地交换轻拍腰背部和小腹部，注意掌握力度，重复练习 30 次。

5. 双手攀足

站立姿势，双腿自然分开，全身放松。

先将双臂上举至头顶，同时身体后倾到极限，保持 3 秒之后，身体向前弯曲，双臂向下拉伸到与双脚紧密接触，保持 3 秒之后还原，重复练习 15 次。

6. 拱腰式

自然平躺于垫子上，双腿自然弯曲。

凭借双腿、双肘和脑后部的力量，尽力向上抬高臀部，宛如拱桥的形状。反复练习几次之后，可以适当增加难度，例如减少支撑点，双臂自然放于胸前，仅靠双腿和脑后部的力量重复练习，每天练习20次。

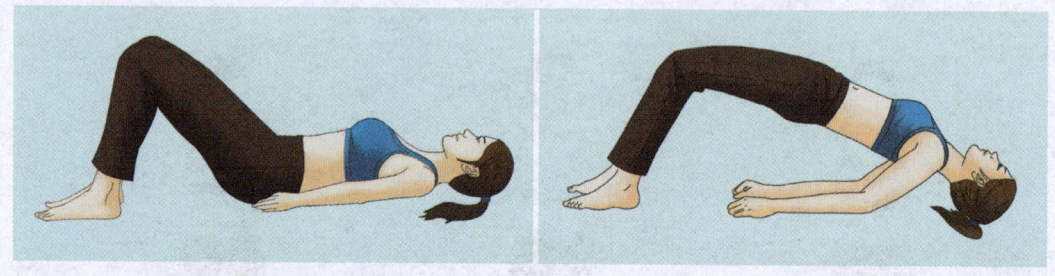

在日常生活中也要注意保护腰部，不要让腰部承受太大的压力，造成一些不必要的伤害。下面两点需要谨记：

1. 坐姿不正确损害大

腰椎提前衰老，与现代人长时间伏案工作和缺乏运动有很大的关系。正常人体的脊柱、腰部向前凸，而骶骨（尾椎骨）则向后凸，从而形成正常的生理弯曲。然而，伏案工作时，坐姿多是耸肩、含胸，双手前伸，改变了正常的生理弯曲，加重了脊柱的负担。坐久了，很容易引起腰椎慢性劳损。

2. 呵护早衰的腰

缓解骨骼的慢性蜕变，让"腰龄"变年轻并不是一件难事，只需要一点用心和恒心。首先，要坐有坐相。

正确的坐姿应是上身挺直、收腹、下颌微收，下肢并拢或平分，脚掌着地。坐在有靠背的椅子上时，还应尽量将腰背紧贴椅背，以减少腰骶部肌肉的疲劳感。其次，要控制工作节奏。伏案工作者应每1小时起来走动一下放松颈椎和腰椎，还要合理膳食、均衡营养，以保持正常身材。因为腰部受到来自于整个躯干的压力，人越瘦腰部受到的压力越小。

腰背、下肢经筋的拉伸

腰背痛是很多人经常会有的症状，多与生活不规律，休息不足，缺乏运动，遭受寒凉或年老体弱引起的腰背肌肉劳损有关。

因此，我们在养生的时候，要特别注意防寒。寒是冬季主气，寒邪致病多在冬季，因而冬季应该注意保暖，避免受风。单独的寒是进不了人体的，它必然是风携带而入的。所以严寒的冬季，北风凛凛，我们出门要戴上棉帽，围上围巾，就是为了避免风寒。

值得注意的是，冬季外界气温比较低，人容易感受到寒意，在保暖上下的工夫也会大一些，基本上不会疏忽。而阳春三月，"乍暖还寒时候"，古人说此时"最难将息"，稍不留神，就会着凉。因而春季要特别注意着装，古人讲"春捂秋冻"，就是让你到了春天别急着脱下厚重的棉衣。

那么，炎炎夏日，人都热得挥汗如雨，也需要防寒吗？当然需要。夏天我们经常饮食凉的食物和饮料，冰镇西瓜、冰镇啤酒、冰激凌、冰棍等，往往又在空调屋里一待就是一天。到了晚上，下班出门，腿脚肌肉收缩僵硬，腿肚子发酸发沉，甚至连走路都会觉得别扭，感觉双腿不像是自己的。这时候寒邪就已经侵入你的体内了。

拉伸是缓解腰背酸痛的很有效的方法，下面就介绍几种抵御寒邪的拉伸练习。

1. 包头压肘肩

自然站立，将双掌按住对侧肘关节，并将双臂举过头顶；分别向左或向右弯压，各20次。

同时也可做一些腰部侧弯动作，增强肩关节的灵活性和腰部的柔韧性，有效防治肩周炎和腰痛等症。

2. 弯腰触地

刚开始练习时，可双脚分开，与肩同宽。

慢慢弯腰，手指触到地面，同时注意膝关节不能弯曲，脸部尽量下压至下肢。保持这个姿势10秒钟，直起腰来，休息几秒，再重复以上动作。整个动作持续1~2分钟为佳。

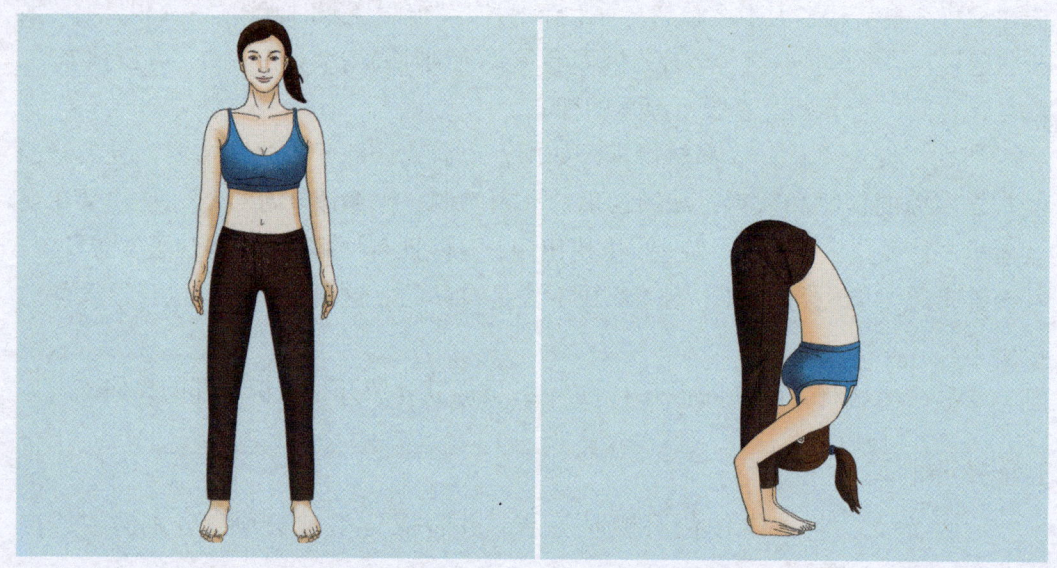

除此之外，当背痛时，用面刮法从上向下刮拭背部督脉大椎穴至至阳穴，膀胱经大杼穴至膈俞穴，附分穴至膈关穴，从内向外刮拭肩井穴。腰疼时刮拭命门穴、肾俞穴、志室穴；然后涂刮痧油，用拍打法拍打膝窝委中、委阳、阴谷穴。

这里再教给大家一个小窍门。腰酸背痛其实是肌肉酸痛，腿抽筋是筋脉痉挛。脾主肌肉，肝主筋脉，肌肉和筋脉有了问题，就要找准主因，调和肝脾。芍药性酸，酸味入肝，甘草性甘，甘味入脾，因而芍药甘草汤被誉为止痛的良药，并且一点都不苦口。芍药甘草汤配制容易，芍药和甘草这两味药在一般的中药店都能买到，取白芍20克、甘草10克，或用开水冲泡，或用温火煮，可当茶水饮用。注意，这里说的芍药、甘草一定得是生白芍、生甘草，不要炙过的，炙过的药性就变了。

防治"空调腰"的拉伸

现在不少人在夏天有浑身不舒服的感觉，睡一觉起来腰酸背痛，这就是因为经常待在空调下的缘故。夏天气温高，人体阳气外发，伏阴在内，气血运行旺盛，并且活跃于机体表面。空调的问世，让我们可以假装不问四季，但我们的身体仍然按时进入夏季，并且按照夏季的规则运行。所以夏季最好不要过度贪凉，以免伤害了体内的阳气。

经常坐在空调房里的上班族,可以多做一些腰部拉伸运动,加快腰部血液的循环,让腰保持温暖。拉伸方法如下:

(1)站伸挺:自然站立,双腿分立,间距约等于两肩宽度。

左臂用力上举至头顶上方,同时右臂与大腿紧密相贴。

然后慢慢将身体向右侧弯曲,注意头部与脊柱始终绷直,左手臂尽量与脸颊相贴,向右侧伸展,右手臂慢慢向下移动至脚踝处,保持5秒钟之后,交替另一只手练习,各10次。

(2)坐伸挺:端坐于地板上,左腿从左侧向前伸展,右腿向内自然屈膝,同时上身挺直。

然后身体慢慢向左腿方向伏倒,使之接触到左大腿。左肩膀与左膝紧密相贴,右手用力抓住左脚脚踝,停顿10秒钟之后,交替另一方向继续练习3次。

(3)自然跪于地面上,上体保持直立;双臂自然垂于身后,轻轻握拢。

挺胸抬头,以双臂的力量向下收缩肩膀。

回到自然跪姿后,双手自然放在小腹处,用力向前伸直的同时背部向后抵抗。

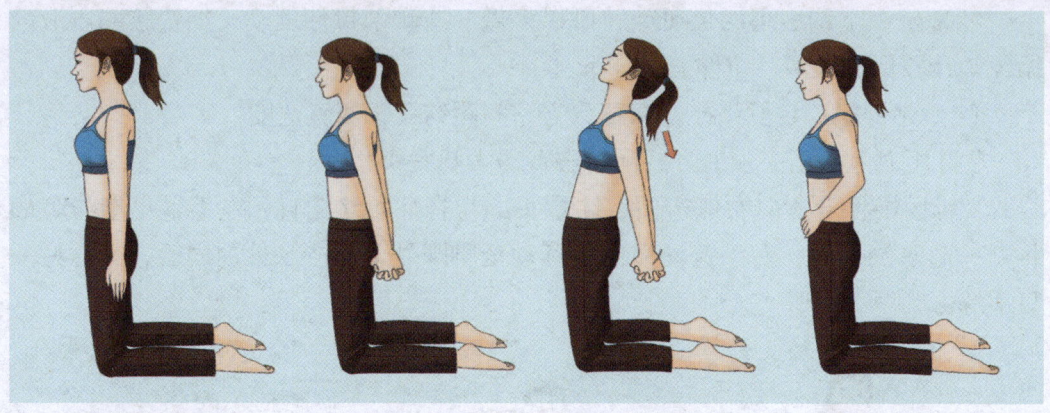

炎热的夏季,要想保证身体健康,还要注意下面几点:

(1)保证营养,不要吃得太油腻。夏季,人体消耗大:一方面是出汗,一方面是活动时间长,人的体质会下降。所以这时候更应该注意保养自己的身体,增加营养。另外,夏天的时候气血都向外走,气血全跑到了外面,体内没有能量来消耗这些食物,所以在饮食上一定多以清淡为主,吃绿叶蔬菜和瓜果,早晚喝点粥或汤是大有好处的,尤其是绿豆汤或粥,既能生津止渴、清凉解暑,又能滋养身体。

(2)注意防病。夏天天气炎热,出汗较多,毛孔处于开放的状态,这时机体最易受外邪侵袭。所以要保护体内的阳气,不要贪图凉爽而无节制地吃冷饮、穿露脐装、露天乘凉过夜、用凉水洗脚……否则就会导致中气内虚,暑热和风寒等外邪乘虚而入。

(3)要及时补水。要多喝白开水,不能用饮料代替饮水,因为饮料中含有糖分,含糖越多,渗透压也越高,越不容易为细胞吸收,反而会被细胞带走,容易引起体内缺水,这也是饮料不如水解渴的原因。

(4)要保证睡眠,控制情绪。中午的时候人们总是精神不振、昏昏欲睡,因此有条件的话可以增加午休的时间,以消除疲劳,保持精力充沛。另外,夏天容易使人心烦,特别是在气温高、无风、早晚温度变化不明显时,就更容易使人心胸憋闷,产生烦躁和厌烦情绪,从而诱发精神疾病。所以,夏天应该清心寡欲、闭目养神。

电脑族腰部保健拉伸

今天,网络已与我们的生活息息相关,我们不仅可以通过互联网了解世界、学习、购物,而且可以在网上工作、交友、开会、玩游戏等。虽然它带给我们这么多的好处,可我们还是不能高枕无忧地使用它,更不能心无旁骛地和互联网亲密接触。因为和手机一样,电脑也在默默地威胁着我们的健康,也给我们的腰部健康带来了诸多的不良影响。

对于久坐的办公族来说,要想保护腰部,可以试试以下几种拉伸方法:

1. 旋腰转臀

站立姿势,双腿分立与肩同宽。

两手叉于腰际,并以身体的中线为圆心,先从左至右旋转臀部,再从右向左做同样的弧度旋转,共练习 20 次。

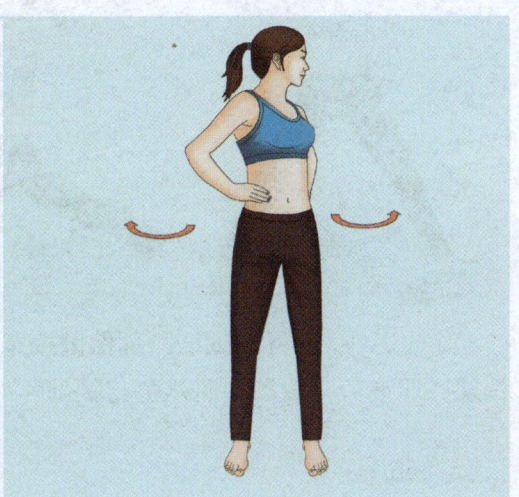

2. 弯伸腰

站立姿势,两腿伸直,分立成与肩同宽。

上半身向前弯腰,用力向下,直到两只手掌能接触到脚面,再缓慢还原为站立姿势,接着继续向相反的方向,用力下腰,重复练习 20 次。

3. 侧蹲压腿

先站立，然后将双腿分开到最大限度。

身体向左侧旋转时，右腿弯曲，成弓步，两只手掌皆放于右膝上，可相互重叠。

接着向地面的方向，用力压腿，与此同时，尽力往后拉伸背部和腰部，以同样的动作要领换腿重复20次。

除此之外，还可以试试腰部保健按摩，按摩可以舒筋通络，促进腰部气血循环，消除腰肌疲劳，缓解腰肌痉挛与腰部疼痛，使腰部活动灵活、健壮有力。

1. 按揉命门穴

命门穴在腰部第二腰椎棘突下的凹陷中，与前脐中（神阙穴）相对。右手或左手握拳，以示指掌指关节突起部（拳尖）置于命门穴上，先顺时针方向压揉9次，再逆时针方向压揉9次，如此连做36次。意守命门穴。每天按揉此穴，具有温肾阳、利腰脊等作用。

2. 压揉肾俞穴

肾俞穴在腰部第二腰椎棘突下旁开15寸处，与命门穴相平。两手握拳，以示指掌指关节突起部放在两侧肾俞穴上，先顺时针方向压揉9次，再逆时针方向压揉9次，如此连做36次。意守肾俞穴。每天按揉此穴，具有滋阴壮阳、补肾健腰等作用。

3. 压揉腰阳关穴

腰阳关穴在腰部第四腰椎棘突下的凹陷中。左手或右手握拳，以示指掌指关节突起部置于腰阳关穴上，先顺时针方向压揉9次，再逆时针方向压揉9次，连做36次。意守腰阳关穴。督脉为阳经，本穴为阳气通过之关。每天按揉此穴，具有疏通阳气、强腰膝、益下元等作用。

4. 按揉腰眼穴

腰眼穴在腰部第四腰椎棘突下旁开 3.8 寸处，与腰阳关穴相平。两手握拳，以示指掌指关节突起部放在两侧腰眼穴上，先顺时针方向压揉 9 次，再逆时针方向压揉 9 次，连做 36 次。意守腰眼穴。

每天按揉此穴，具有活血通络、健腰益肾等作用。

5. 叩击腰阳关穴

手四指握大拇指成拳，手腕放松，用拳背部叩击腰部第四腰椎棘突下的腰阳关穴 36 次。意守腰阳关穴。

每天叩击此穴，具有振奋阳气、强腰膝等作用。

6. 拿揉委中穴

委中穴在膝关节后面窝横纹正中处。双手对搓至热，以两手同时拿揉（用大拇指与其余四指的指面对称施力拿、揉）两下肢委中穴，约 1 分钟。《针灸大成》中说："腰背委中求。"每天拿揉此穴，具有舒筋活络、解痉止痛等作用。

美化腰部线条拉伸

调查表明，腰围超标者患心脑血管疾病的危险将会明显增加。要想控制腰围，在日常生活中就要多加注意。拉伸是美化腰部的不错的运动。方法如下：

（1）扭腰：站立姿势，双腿自然分立；双手叉于腰际。

先从左向右扭动腰部，再从右向左扭动，同时带动身体的旋转，左右交替练习 20 次。

（2）弯腰摸脚：自然站立，双腿自然分立。

将腰部向前弯曲，直到左手能触及右脚，或者右手触及左脚，交替练习10次。

（3）扭腰触脚：自然站立，双腿分立，间距约等于两肩宽度，双臂侧举与肩同高。

然后将腰部向下弯曲，使左手能够触及右脚脚面，然后还原，交替右手进行练习。

（4）站立姿势，双腿自然分立，双手叉于腰际。

然后集中锻炼腰部，向前后左右四个方向用力弯曲，各个方向交替练习5次。

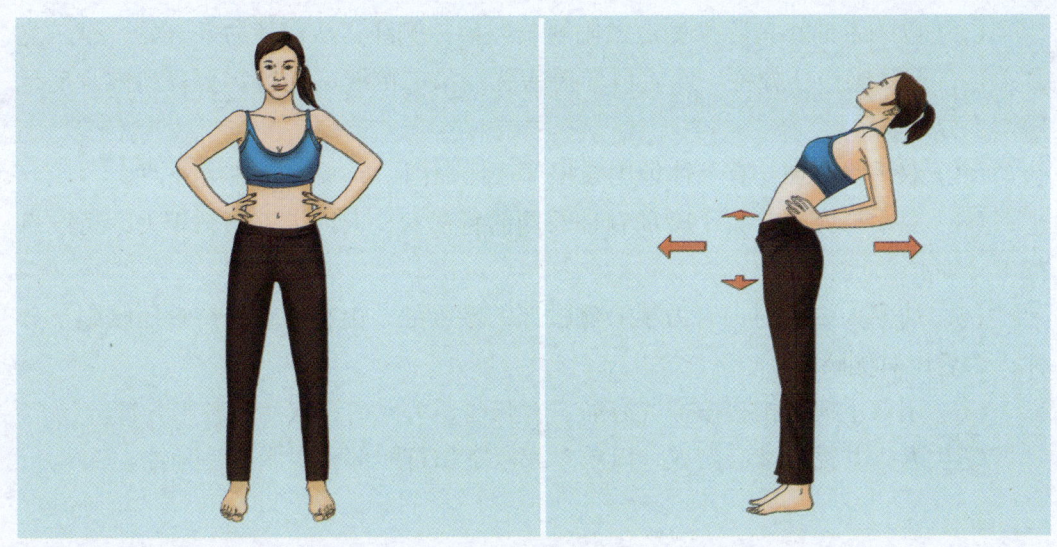

（5）距离墙面 50 厘米左右，自然站立，背部与墙相对。

双手向后抬起与墙接触，此时身体最大限度向后弯曲，连带头部向后上方仰至极限，重复练习 5 次。

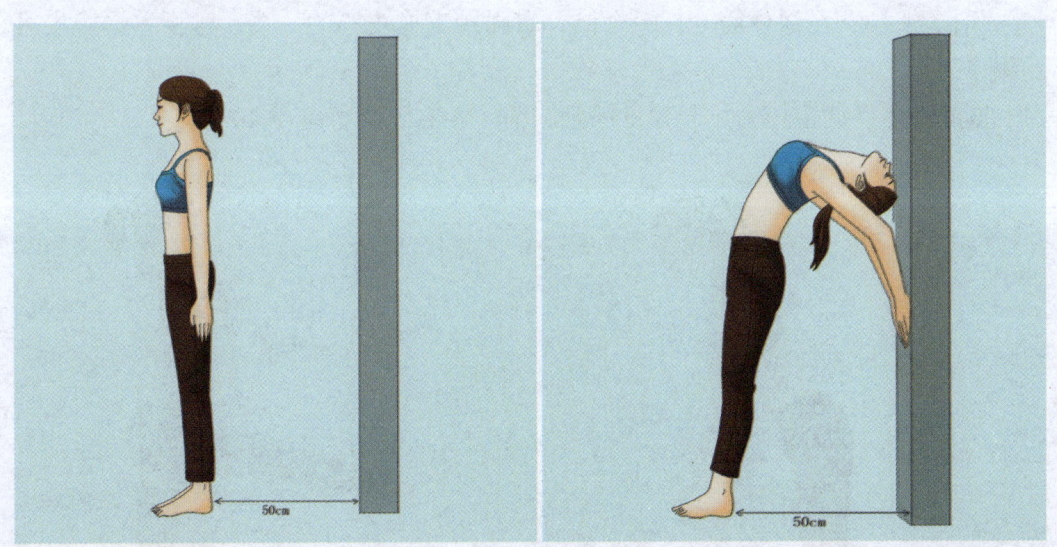

除了上面的拉伸动作外，还可以按摩腰部的经络和穴位，这样不仅可以促进局部的气血运行，还可以调节脏腑的功能，使全身的肌肉强健、皮肤润滑、形体健美，具体步骤如下：

（1）以一手或双手叠加，用掌面在两侧腰部、尾骶部和臀部上下来回按揉 2 分钟，然后双手掌根部对置于腰部脊柱两侧，其他四指附于腰际，掌根部向外分推至腋中线，反复操作 2 分钟。

（2）以一手的小鱼际推擦足太阳膀胱经第一侧线，从白环俞穴开始，至三焦俞穴止，重复操作2分钟。然后再推擦膀胱经第二侧线从秩边穴至肓门穴，反复操作1分钟。

（3）双手掌叠加，有节律地用掌根部按压命门、腰阳关穴各半分钟。

（4）双手拇指端分置于腰部脊柱两侧的肾俞穴，向内上方倾斜用力，持续点按1分钟。

（5）请家人以一肘尖着力于一侧腰部的腰眼处，由轻而重地持续压腰眼半分钟，然后压对侧腰眼。

（6）用双手拇指指腹按揉气海俞、大肠俞、关元俞和次髎穴各半分钟。

（7）五指并拢，掌心空虚，以单掌或双掌拍打腰部和尾骶部1分钟。

克服腰腿痛的皮筋拉伸

准备一根长为1.5米，宽0.08~0.1米的橡皮筋。然后，按以下7个步骤进行操作，该皮筋拉伸对于缓解腰腿痛十分有效。

（1）上拉：在橡皮筋上打一个结，右腿踏着橡皮筋的一端，弯腰手提橡皮另一端。

挺起身体，两手用力拉起橡皮筋到胸前。左右腿交替练习40次。

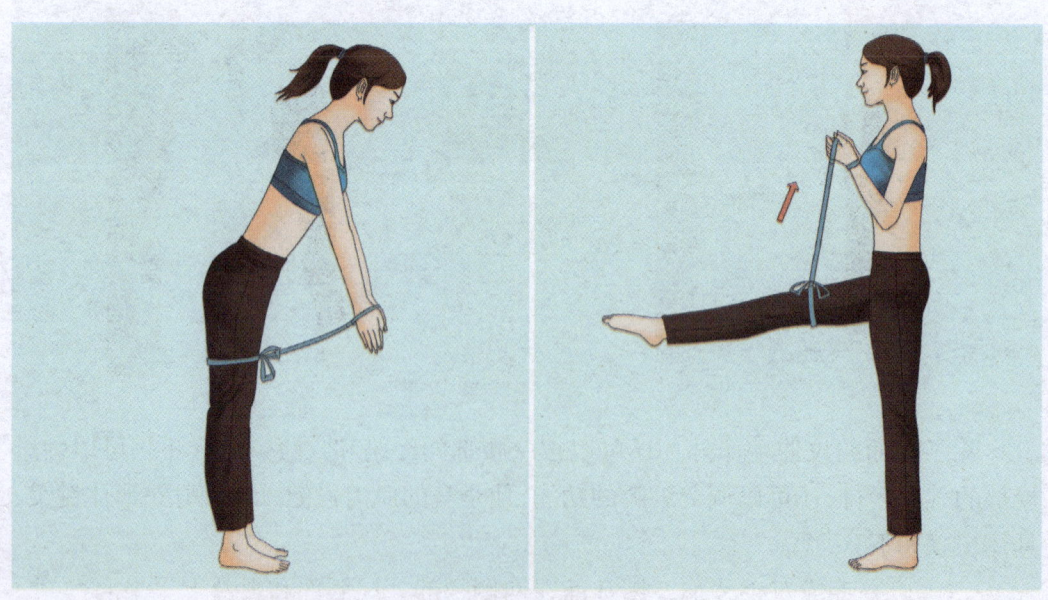

（2）划腿：身体坐在椅子上，小腿穿上橡皮圈。
双腿用力往外划。反复进行20~25次。

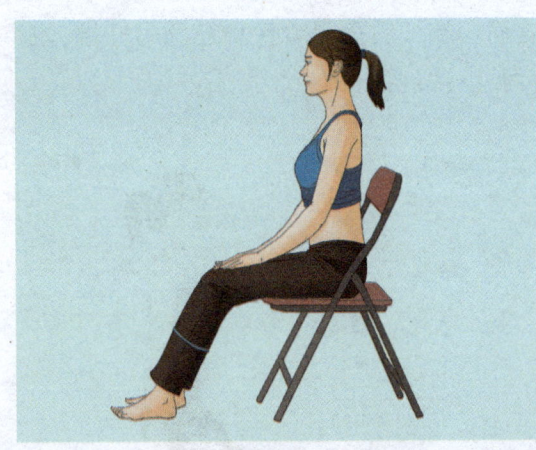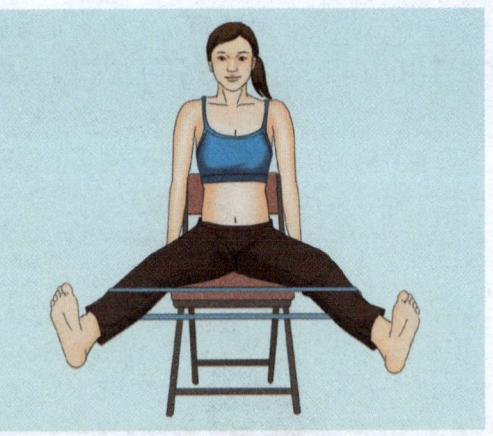

（3）蹬腿：身体坐在椅子上，右脚踏着橡皮筋，双手各拿橡皮筋的一端。右腿用力往前蹬，双手紧握橡皮筋往上提。左右腿交替各 20 次。

（4）扭臂：身体直立，手臂弯曲穿上橡皮筋。臂弯不动，手肘往外扭。反复进行 20~25 次。

（5）提臂：身体站立，右脚踏着橡皮筋一端，右手提着橡皮筋的另一端；右手臂用力向上提。左右手与左右脚交替练习40次。

（6）扩胸：身体站立，双手紧握橡皮筋放在胸前；双手用力往外平拉，在拉近极限时停留3秒。反复练习20次。

（7）拉手：双手紧握橡皮筋在身体的前面和后面，然后再把橡皮筋拉直。反复练习各20次。

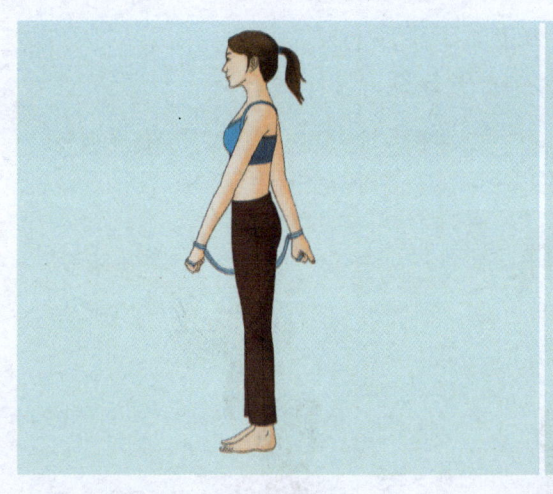

防治腰肌劳损的拉伸

有一种很常见的腰病,在以腰骶关节为中心约一巴掌大的地方,或隐隐作痛,或酸痛不适,早晨起床时减轻,活动后加重,不能久坐、久站,弯腰困难,这就是我们常说的腰肌劳损。这类患者虽然大都能正常生活和坚持工作,但时间一长,便会影响工作效率,降低生活质量。

很多人认为,腰肌劳损是衰老造成的,其实若究其原因,错全在自己。长期弯腰劳动用肩扛抬重物,腰部闪挫撞击未全恢复,或积累陈伤,使筋脉受损,气滞血瘀,阻塞不通,筋脉失于滋养,自然就会疼痛劳损。此病大多与天气变化有关,如阴雨或感受风寒潮湿等则症状加重,所以那些不懂得加衣保暖的人,受病痛之苦也就顺理成章了。要想防治腰肌劳损,日常生活中可以经常进行以下几种拉伸练习:

(1)站立姿势,双腿自然分立;双手向后抱住颈部,上半身先向前倾;然后向左右两侧做转体运动,交替进行 20 次。

（2）站立姿势，双腿并拢绷直。双臂上举至头顶上方。

然后身体向后弯曲，保持姿势 4~6 秒钟，重复练习 8~10 次。

（3）站立姿势，双腿并拢绷直。

双臂上举至头顶上方，并成合掌姿势。

然后上半身先向右侧下压，保持 4~6 秒钟之后，向左侧重复同样的动作，左右交替练习 10 次。

（4）端坐于地板上，左腿从左侧向前伸展，右腿向内自然屈膝，上身挺直。

上半身先用力向右侧弯曲，右腿从右侧向前伸展。左右两只手臂同时向右伸直，充分拉伸左腿，保持姿势10秒钟之后，交换方向，向左侧充分拉伸右腿。左右交替各练2~4次。

（5）端坐于地板上，然后双腿自然分开。

上半身用力向前弯曲，同时带动双臂向前伸展直到接触地面，保持姿势10秒后，稍稍调整再继续练习2~4次。

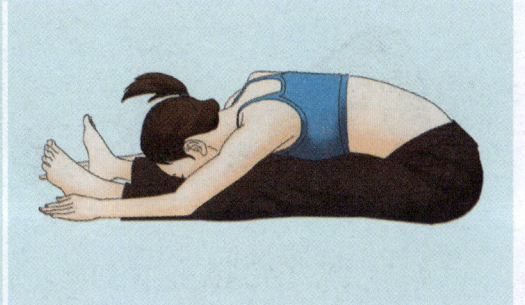

（6）端坐于地板上，双腿自然并拢。

上半身向前弯曲，带动双臂向前伸展，直到双手能触及脚踝。

然后双臂向内同时发力拉伸双脚，保持姿势10秒钟之后，稍作调整再继续练习2~4次。

（7）端坐于地板上，双腿向前伸直，双臂垂于体后，撑住地面，上体直立。

然后利用双腿和双臂支撑的力量，身体慢慢向前挺出，同时带动收紧的臀部向上提起，保持姿势10秒钟之后，稍作调整重复练习4~6次。此动作，可以充分拉伸身后各部肌肉。

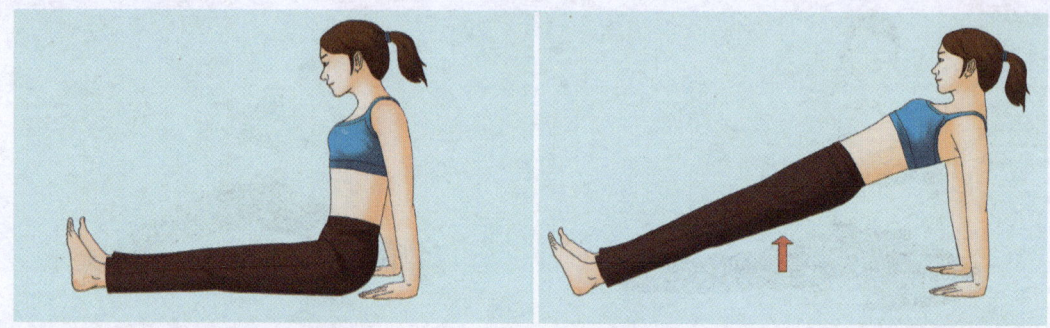

（8）自然仰卧在地板上，双臂自然分开放于身体两侧，双腿微微弯曲向上抬起。

接着，屈膝的双腿同时向左侧倾倒，上半身保持不动，双腿再向右侧倾倒，左右交替练习20次，此动作可以充分伸展两侧腰部肌肉。

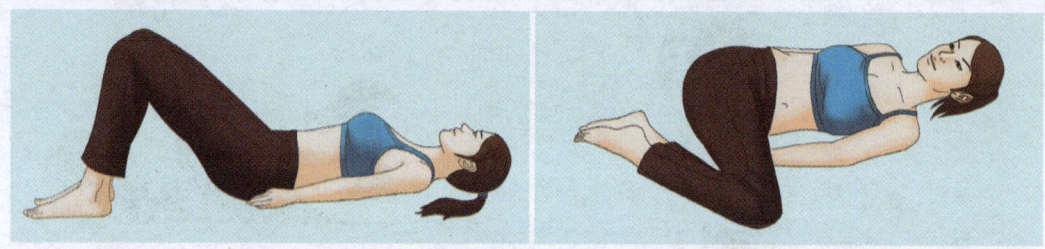

（9）自然俯卧在地板上，双腿绷直并拢。双臂用力向前伸展，直到与地面接触。

然后慢慢将双腿打开并向上抬起，与此同时双臂也向外打开，尽力伸展，上半身顺势向上抬起。然后回到自然俯卧，重复练习20次。此动作有利于治疗办公一族的腰部不适。

防治腰肌劳损，除了一些拉伸方法，食疗和经络疗法也是很有必要的：

1. 经络疗法

治疗腰肌劳损有"六仙丹"：脾俞、胃俞、肾俞、环跳、昆仑、绝骨。腰肌劳损的经络按摩在家就可以进行，具体方法为：请家人用双手掌推拿背腰部两侧的膀胱经脉及督脉，先自上而下推拿数遍；然后，用双掌根同揉和拇指交替压脊柱两侧及诸棘突间隙，反复操作10分钟左右。具体指压点按的基本穴位为：脾俞、胃俞、肾俞、环跳、昆仑、绝骨，每穴指压点按1~2分钟即可。

2. 食疗方法

宜常吃具有补肾强腰、活血通络作用的食物，如核桃、板栗、山楂、枸杞、韭菜、丝瓜、鸡肉等，忌吃生冷性寒的食物。下面推荐两道食疗方：

（1）良姜猪脊骨粥

【材料】良姜（高良姜）10克，薏米30克，生姜10片，杜仲10克，寄生20克，猪脊骨250克，粳米120克，盐适量。

【制法】将良姜、薏米、生姜、杜仲、寄生洗净，一起入砂锅煎水去渣，再加入洗净的猪脊骨和粳米，煮成粥，加盐调味即可。

【功效】温中止痛，补骨髓，滋肾阴，补虚损。

（2）薏米生姜羊肉汤

【材料】薏米50克，生姜20克，羊肉250克，盐适量。

【制法】羊肉洗净，切块。薏米、生姜洗净，与羊肉块一起放入砂锅，加清水小火炖约1小时至熟，加盐调味即可。

【功效】消水肿，补气血，温肾阳，止痛。

第五节 腹部、臀部拉伸

上腹部和下腹部综合拉伸

下面为大家推荐几组上腹部和下腹部的综合拉伸方法，一星期做3次这项运动不仅会收紧你的腹部，而且会让你在走路的时候显得更挺拔，让你更加迷人。

1. 上腹部

（1）腹部移臀。

自然平躺在床上，双臂自然垂于体侧。

用力将腿向上抬起，直到与地面垂直。

然后利用腹部肌肉的力量，将臀部慢慢上举至极限，保持5秒钟后慢慢还原。反复练习20次。

（2）腹部抬起。

自然平躺在床上，双臂自然垂于体侧，用力将腿部向上抬起，直到与地面垂直。然后利用腹部肌肉的力量，将上半身慢慢上抬，直到双手能触及脚踝处，保持姿势3秒钟后，缓缓还原到自然仰卧，反复练习20次。

（3）挺直身体：接下来是一个静止但略具难度的动作。

自然仰卧。利用双肘以及脚尖的力量将身体向上微抬，始终绷直身体，停顿20秒钟以上。

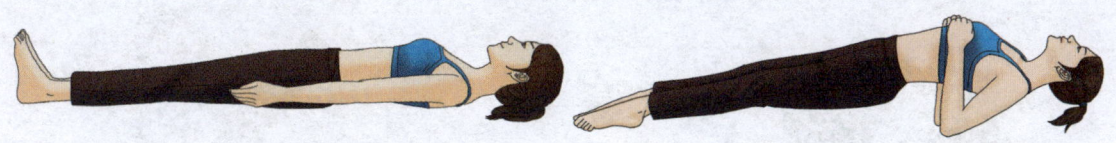

2. 下腹部

（1）仰卧起坐。

自然平躺在床上，双手于脑后交叉。腹部发力，尽量将上身抬起，直到与地面约为60度，保持姿势5秒钟后回到自然仰卧，反复练习20次。

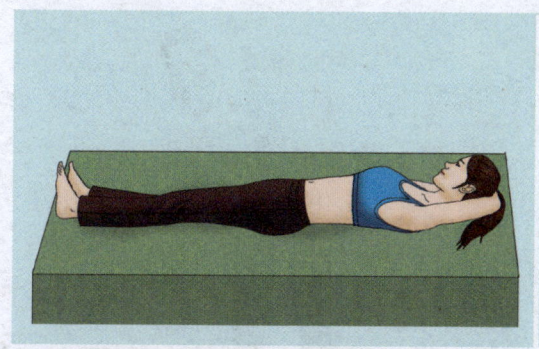

（2）收腹抬腿。

自然平躺在床上，双手于脑后交叉；头部与床面保持一点距离。收紧腹肌的同时，慢慢向上将双腿抬起，直到大腿与地面垂直，同时小腿平行于地面。停顿

5秒钟之后，充分伸展双腿并能触及地面，反复练习30次。

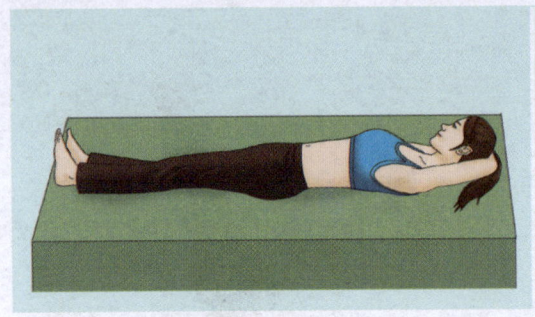 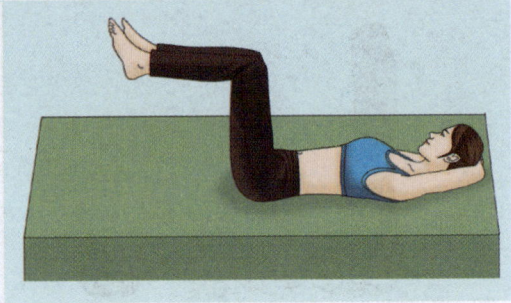

（3）上斜角仰卧起坐。

自然平躺在床上，双手自然放于脑后。

用力向上抬起双腿大约与地面成60度角。然后上半身顺势上抬，直到能用右肘碰触左膝，交替左肘碰触右膝，反复练习30次。

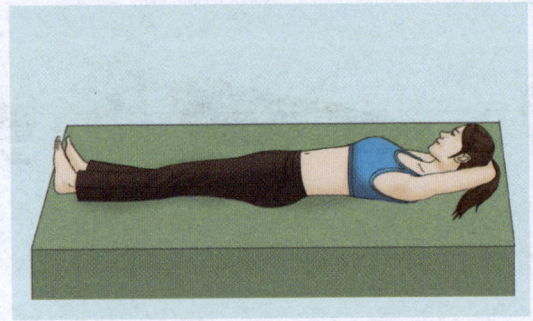 

（4）保持自然站姿，双腿分立，右手叉于腰际。

左手握住哑铃垂于地面。身体慢慢向左侧下压，同时左臂保持下垂，然后再还原为直立。交换右手握住哑铃反复练习20次。

除了拉伸锻炼，保养腹部日常饮食也很重要。

1. 特别的早餐，特别的瘦

有计划地克服"水桶腰"期间，早餐应该均衡而丰富，需热量在400~500卡之间。正确的早餐菜单可以平衡一天所需的热量，并降低晚餐热量摄入。减肥早餐包括复合碳水化合物（面包、面包干、粗粮等），奶制品（奶酪、奶或酸奶），一杯饮料或一个水果。少吃糖或果酱，因为这些纯粹是卡路里，而不含其他营养成分。另外早餐要吃饱，省得中午之前饿了再吃零食。

菜单：麸皮面包两片，一块淡奶酪，两个猕猴桃，一杯茶。

营养：猕猴桃富含维生素C满足人体一天所需；低卡路里，富含维生素E（抗衰老）、矿物质（钙、镁、钾）和纤维素。实际上，减肥期间，我们在减少热量摄入的同时，也减少了其他营养素的摄入，这样就破坏了营养平衡。而猕猴桃丰富的营养成分正是我们选它的原因，它还有利尿、防便秘等功效。如果觉得老吃猕猴桃单调的话，也可以吃橙子（全部吃下去，比橙汁更营养）、菠萝（利尿）、葡萄柚（清淡）等富含维生素的水果。

2. 营养午餐，健康的瘦

对于办公室一族来说，去哪里解决午餐是很关键的问题，可是大多数时候办公族的午饭都在外面打游击，只求填饱肚子，这样长期下来就给腰部埋下了隐患。有条件的白领应该选择商务套餐。商务餐无论从卫生角度还是营养角度，都是白领们解决午餐的最佳方式，不足之处是价格贵了些，不是所有人都承受得起的。另外，由于商务套餐中使用猪肉和鸡肉原料较多，提供的蛋白质会偏高，脂肪和能量的摄入也偏高，所以，有发胖趋势以及血脂偏高的女性朋友应挑选清淡些的菜式。

3. 盒饭族须知

盒饭的优势在于便宜和菜色多样，但盒饭从制作完毕到送来或带来，中间时间比较长，有些还要经过再次加热，营养的损耗是显而易见的，尤其当中的维生素C会被破坏掉，也就是被氧化。因此，盒饭一族应该在餐后饮一杯果汁或是吃些新鲜水果（饭后一小时再吃，不要在餐间吃，那样会影响消化）。

4. 美味瘦身晚餐

很多女孩为了减掉腹部赘肉都选择少吃甚至不吃晚餐，其实，减"腹"的同时也是可以享受丰富美味的晚餐的。晚餐的主菜最好是鱼和豆类等含蛋白质多的食物，这类食物的热量很大程度上会在体内消耗成为热能，不易囤积成体内脂肪。在晚上8点前结束晚餐。吃完晚餐到就寝前，至少要留有3~4小时的时间。趁这段时间，让食物得到充分的消化、分解是不增加脂肪的最佳选择。外出就餐时注意营养成分平衡。如果你白天和晚上都经常在外面用餐，最好多多留意，让每餐所吃的主要原料都不一样；若是长期外出用餐，不妨多吃些烫青菜和炖青菜，以补充人体必需的维生素。

坚实腹部拉伸

在我们身边，通常会发现：有的人过了几年后容貌改变不大，青春不改，风韵犹存，而且神采奕奕，身体状态非常好；而有的人几年不见就觉得衰老了很多，感觉精神不振，并多伴有一身的疾病。为什么人与人之间的变化会有如此大的差异呢？

其实，健康美丽、抗衰老的根本就在于腹部的保养。一项调查发现，过百岁的老人，凡面色红润，行动自如，身体健康者，其腹部温度都在36℃以上，而一些疾病缠身，整个人显老态龙钟者，腹部温度则比较低，故从此可得出一个结论：人体腹部健康的判断标准就是温度的高低，也就是说，腹部的温度越低，人的健康就越差。

怎么才能知道自己的腹部温度是高还是低呢？不妨做一个简单的自我检查方法——比较额头与腹部的温度。若是感觉腹部的温度比额头的低，就是腹部比较寒凉。我们可以这样理解：我们的腹部因为有衣服遮挡，热量的散发比较少，而额头经常露在外面，散发的热量比较多。腹部的温度比额头低的话，就说明腹部处在一种寒凉的状态。

腹部寒凉的人，通常会有以下问题出现：夏天容易喉咙发炎，冬天容易手脚冰冷；容易衰老，脸上容易长斑、长皱纹；精神疲惫，身体素质差；腹部容易堆积脂肪，形成肥胖；大便异常（容易便溏或便秘）；人体的肠胃功能比较差；女性容易出现月经不调，经血色暗或有血块，痛经。

以上几项只要你的身体有两项符合，就说明你的腹部寒凉。那么我们怎样解决腹部寒凉的问题呢？下面是一些简单的日常拉伸锻炼方法。

（1）站立压腹。

左右腿成弓步站立，双手置于颈部并将其抱紧。

上半身尽力向后倾。保持姿势5秒钟后，上半身向前倾倒，同时深呼一口气，保持姿势 5 秒钟后回到弓步，重复练习 10 次。

（2）团身坐起。

自然平躺在床上，双腿挺直，双臂自然垂于体侧。向上抬起双腿，直到与地面之间达到 90 度。

用力收紧头和腿之后，头部向上抬起，保持姿势 5 秒钟后，还原到自然仰卧，重复练习 10 次。

（3）坐姿收腹。

端坐于地板上，双腿向前伸展，上半身与地面保持 90 度。

然后腿部自然弯曲向上抬起，同时收紧下腹，保持姿势 5 秒钟后，充分还原，重复练习 10 次。

（4）仰卧举腿。

自然仰卧于床上，双腿用力上抬，同时收紧下腹。直到腿部与地面成 90 度角，停顿 5 秒钟后，还原到自然仰卧，重复练习 10 次。

（5）侧卧收腹。

面向一侧，卧于床上。

双腿自然弯曲，双手抱住头部后方。

然后上半身慢慢向上抬起，停顿 3 秒之后，还原到自然侧卧，重复练习 10 次。

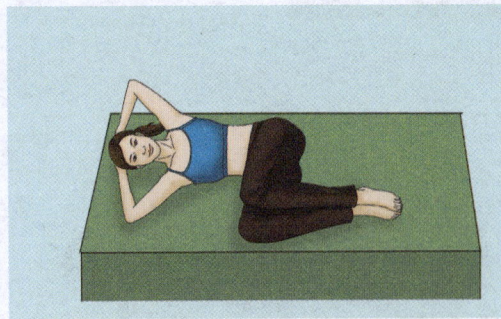
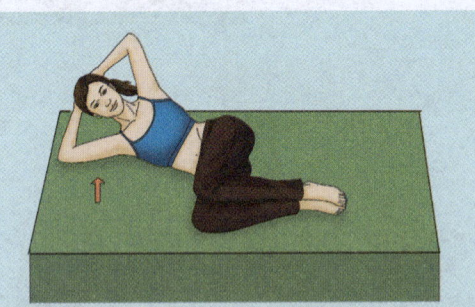

（6）伸展拉伸。

仰卧于床上，全身放松，双腿双臂充分拉伸绷直，同时一齐向上拉伸，停顿 5 秒之后还原，重复练习 10 次。

除此之外还可以拍打腹部，此方法最好在洗澡后，当身体发热的时候，人平躺着，双手交替在腹部上拍打，力度以个人能够承

受为度,最好有一点痛感才能起到最好的效果。拍打至皮肤潮红或感觉腹部发热即可。

燃烧腹部脂肪拉伸

通过健身方式来减肥的朋友们会发现,腹部的赘肉是最难减的,虽然每次都运动到大汗淋漓,可是腹部的赘肉还是"稳如泰山",丝毫没有退却的意思,怎么办呢?下面教你几种有助于减腹部赘肉的拉伸运动,一定要持之以恒。

(1)自然站直,双腿分立。

向上提起右腿,保持单腿站立姿势。

双手叉于腰际,右腿向上抬到平行于地面的高度,注意收紧腹肌,抬头挺胸,停顿5秒钟后,换左腿各练习10次。

(2)站立姿势,双腿自然分立。

双臂握拳向上弯曲,贴于耳朵两侧,同时双肘尽量往胸前靠拢。

然后将右腿弯曲同时上抬,使右大腿平行于地面即可,停留5秒钟之后,慢慢还原到自然站姿,交替左腿重复刚才的练习,两边各20次。

（3）自然坐于椅子上，上身绷直，双腿自然并拢。

将左手叉于腰际，同时右手上举至头顶上方后向左尽力拉伸，注意收紧腹部，胸部上挺，停顿5秒钟后回到自然坐姿，交换另一只手反复练习，各20次。

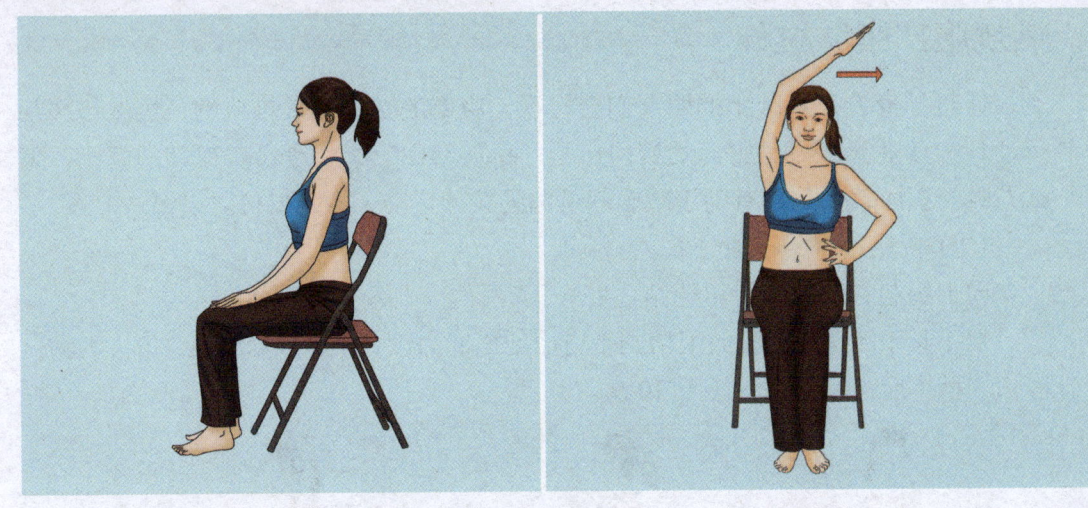

（4）自然坐于椅子上，双腿自然并拢，注意身体只占据椅子的前半部分。两臂握拳前举，间距约等于两肩宽度。

左右两拳互相接触后，上身先向右侧旋转至极限，再慢慢还原到前举姿势，交换左侧反复练习，各20次。

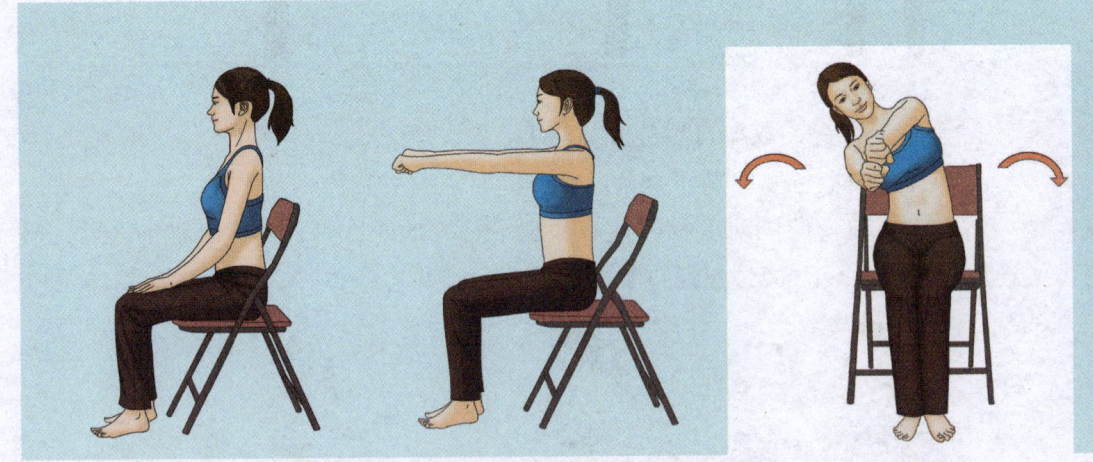

（5）自然平躺在地板上，保持腰部和髋骨与地面紧密接触。

然后利用肩胛骨向上拉伸的力量，脊柱与臀部同时略微上抬，此时左腿上举绷直，与上半身成90度角即可，保持姿势5秒钟之后缓缓回落，还原为自然仰卧，交换右腿反复练习，各10次。

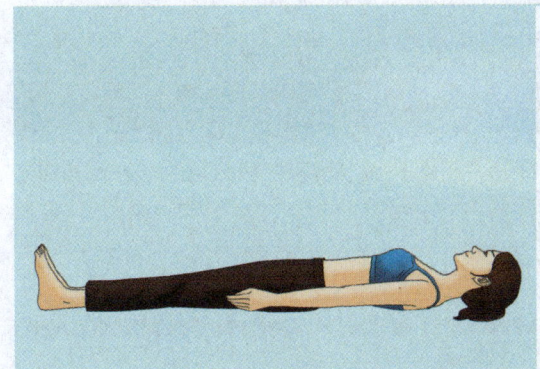

（6）自然平躺在地板上，双臂自然垂于身体两侧，双腿慢慢向上抬起同时保持并拢，然后慢慢将上半身向上抬起的同时收紧腹肌，停留5秒钟之后回到自然仰卧，反复练习20次。

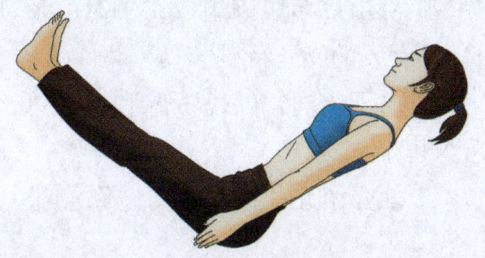

瘦小腹也离不开饮食调理，这一点很多人都不会否认，但很少有人注意到水的重要性，下面介绍通过饮水减腹部赘肉的方法。

（1）清早喝水减肚腩。早上吃早餐之前喝杯白水、淡蜂蜜水或者添加了纤维素的水，能够加速肠胃的蠕动，把体内的垃圾、前一夜的代谢物排出体外，减少肚腩出现的机会。

（2）餐前喝水减胃口。很多人都算不上肥胖，但是吃过饭后就会看见一个鼓囊囊的胃凸出来，那么最好餐前喝杯水，减轻饥饿感，从而减少食物的摄入量，时间长了胃口也就小了。同时也可以补充身体需要的水分，加速新陈代谢。

（3）下午喝水减赘肉。肥胖最主要的表现形式就是赘肉，这是由久坐、高热量食品造成的，而下午茶时分，正是人觉得疲惫、倦怠的时候，而此时更是因为情绪而摄入不必要热量的脆弱时间段，当然代价就是赘肉。可以喝一杯花草茶来驱散这种因为情绪而想吃东西的欲望，同时花草的气味还能降低食欲。

除了喝水，这里再推荐两款减肥茶。

（1）决明子茶

决明子茶可以作为温和的通便剂，决明子还具有治疗高血压和醒酒的功效。

【材料】决明子20~30克，水700毫升。

【制法】将决明子放入水中，上火熬煮，熬到汤收到一半时关火，将渣滓过滤，只取汤汁。饭后2小时饮用一杯。

（2）芦荟茶

芦荟中的成分具有调理肠胃和导泻的作用。

【材料】新鲜芦荟适量。

【制法】把洗净的芦荟切成8毫米厚的薄片，放入锅中加入水，没过芦荟即可；用小火煮熟后滤出芦荟即可饮用。

拉伸告别大肚腩

腹部由许多肌肉组成，平时的活动就很少。尤其是上班时，更是与运动绝缘了，而女人的脂肪特别容易囤积在下半身，如果吃得太多又不运动，肚腩更易形成。一旦长出了赘肉，缺乏锻炼和不注意饮食会使肚腩肉长期盘踞，难以消除，形成恶性循环。

下面介绍几种拉伸运动让你告别大肚腩。

1. 垫上运动

（1）体下屈。

平躺在垫子上，双手自然放在身体的两侧。

双腿轮流抬起，大腿与地平线以及小腿与大腿成90度角。运用下腹及大腿的力量使两腿依次下放再抬起。腿下放的时候不要碰到地面。单腿下放及抬起为1个8拍，每次做8个8拍。

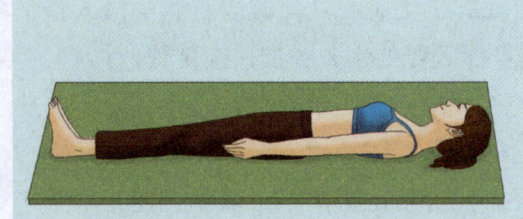

（2）仰卧起坐。

平躺在垫子上，双手置于脑后，双肘打开，与头面相平。

依次侧起，4拍向上抬起，4拍放下。注意利用腰部力量左右侧起，双肘与头持平。

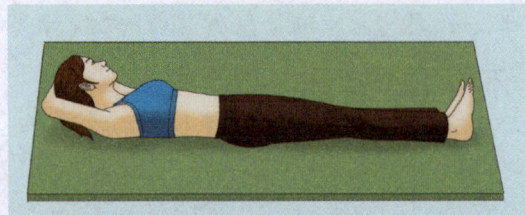
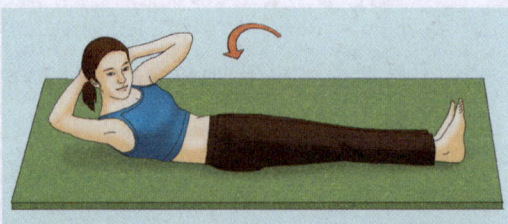

（3）俯身肘撑。

面部朝下，双手弯曲置于胸前，用肘关节和脚尖撑地。

运用腹部力量将身体撑起，保持10~20秒钟再放下。可重复动作多次。

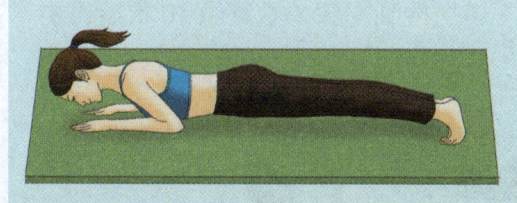 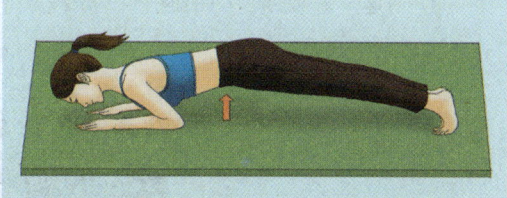

2. 器械

（1）腹肌训练机。

手放在支架上，配合呼吸，做向前弯腰的动作。

支架的力量可调节，根据个人情况选择负重，用腰腹的力量下压支架。每组做30次以上，可休息片刻，继续进行。在能力范围内，做得越多越好。

 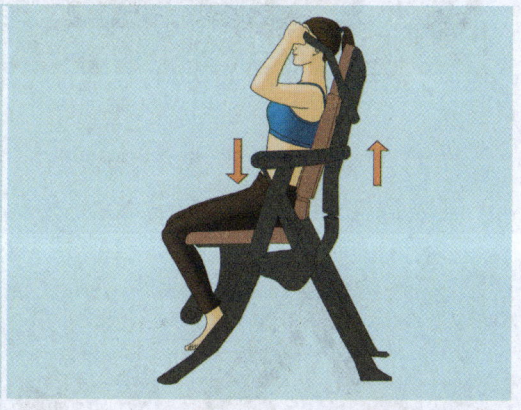

（2）腹肌训练板：坐元宝式仰卧起坐。

平躺于训练板上，双腿抬起，相叠加，双手抱头。

抬上身，尽力用双肘去触碰双膝。每组做20次以上。

3. 平躺位拉伸法

（1）身体平躺在垫子上，双手自然放在身体的两侧。

屈右臂，右手放在颈下，左手平放在体侧。

屈右腿，左腿架在右腿上，提右肩直至右肘碰到左膝，重复做10次后，左、右交换各做10次。

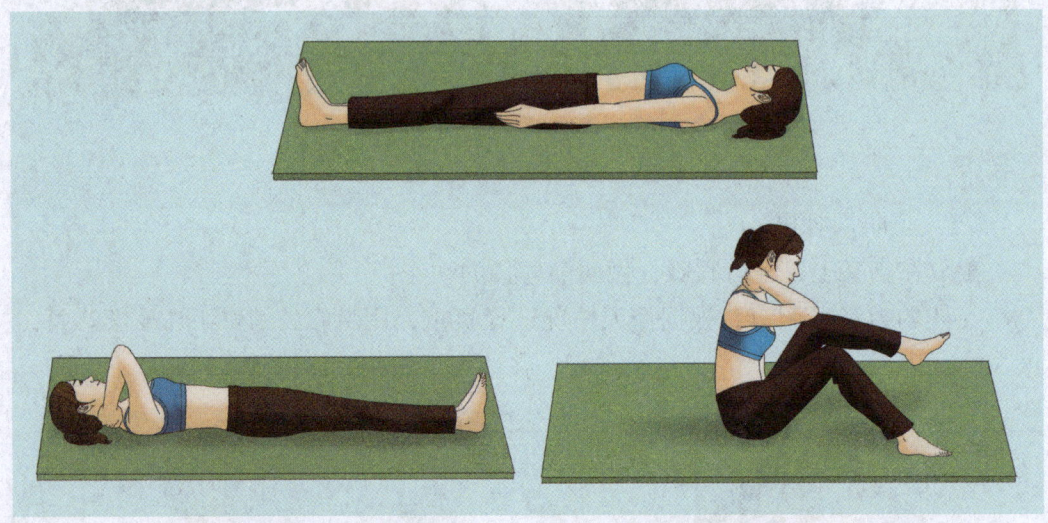

（2）身体平躺，屈膝，两臂伸直，两手手指在大腿腹后相互勾拉。头及肩部略抬起，重复做20次。

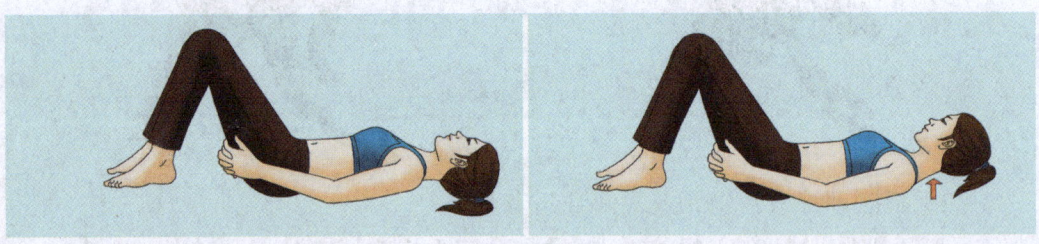

（3）身体平躺，脚面着地，屈膝，两臂置于体侧。

背部平直，提腰，使膝部至肩部成直线，肩仍触地。提腰时吸气，还原时呼气，重复做10次。

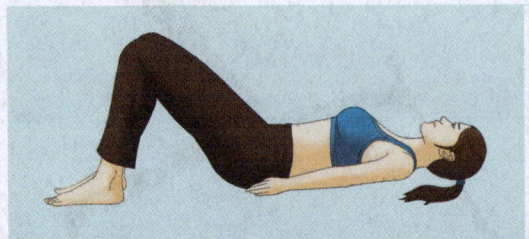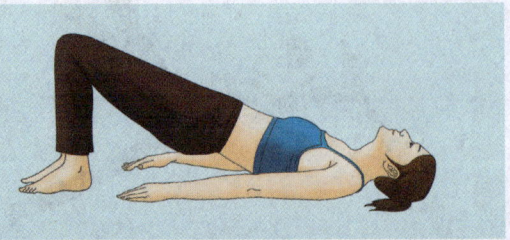

（4）身体平躺，双腿弯曲提起，脚底贴墙，以做支点。

右手斜放于左肩上，左手向前伸，帮助身体提升。保持此姿势并收紧腹部做15次仰卧起坐，然后左手斜放于右肩重复再做。

（5）身体平躺，双腿弯曲，姿势如同仰卧起坐。双手同样放在脑后，但手指只宜轻托耳畔位置。

收紧腹部肌肉，眼望天花板，微微提升身体至双肩离地，但不要屈身，重复此动作15次。

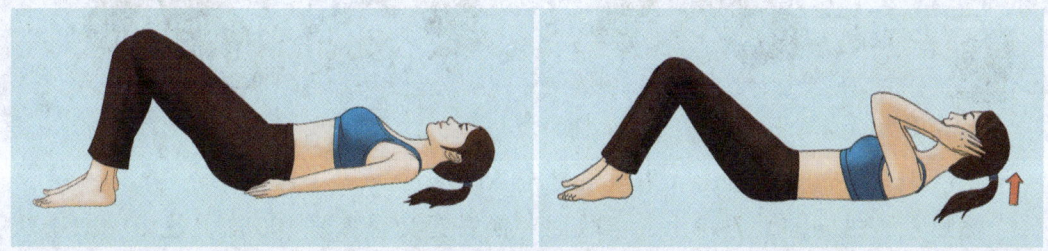

睡前腹部拉伸

在中医看来，人体的腹部为"五脏六腑之宫城，阴阳气血之发源"。脾胃为人体后天之本，胃所受纳的水谷精微，能维持人体正常的生理功能。脾胃又是人体气机升降的枢纽，只有升清降浊，方能气化正常，健康长寿。腹部以肚脐为中心，上下分成两腹，上面是大腹，指脾胃，下面为少腹、小腹，聚集水等东西。腹部为阴，所以绝不能受凉，尤其是夏天的时候，即使再热，睡觉时也要把腹部保护好，盖上薄被。另外，还有一些拉伸动作可以帮助我们呵护腹部：

（1）自然平躺在地板上，头顶附近放置一把椅子。

双臂向后扶住椅腿，同时双腿慢慢抬起，保持绷直，脚尖放松。收腹的同时臀部用力上抬，直到与地面相距6~10厘米，停顿3秒钟后回到自然仰卧。在以后的练习中，可以适当增加难度，以增强腹肌的力量。例如在左右两只脚的脚踝处绑沙袋。

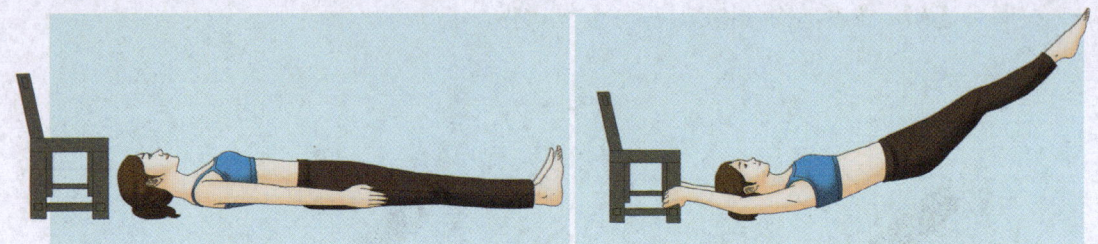

（2）自然平躺在地板上，双臂自然放于体侧，掌心向上，双腿自然弯曲，脚掌紧贴地面。

然后慢慢向上抬起头部，直到上身距离地面 6~10 厘米，此时，右手尽量拉伸直到接触右脚，停顿 5 秒钟后回到自然仰卧，练习过程中注意保持身体与地面的距离。以同样的动作要领，换另一侧重复练习。

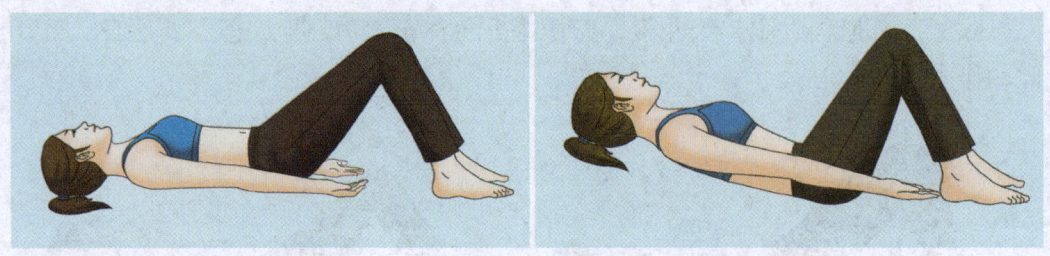

（3）自然平躺在地板上，双腿屈膝至 45 度。

然后左腿先向前上方踢出，再收回，换右腿交替练习 100 次，这个类似于骑自行车的动作，有利于消除腹部、腰部和大腿的多余脂肪。

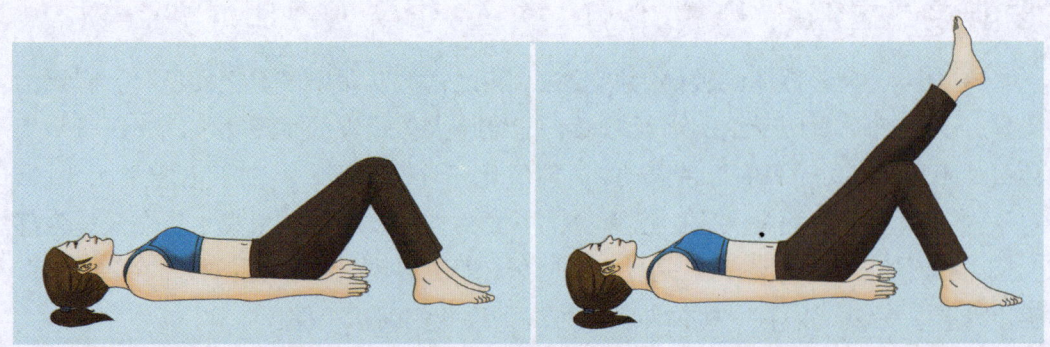

（4）端坐于地板上，上身绷直，双腿自然并拢保持绷直。

双手在脑后交叉，同时身体略向后移。双腿保持姿势向上抬起，上身与下肢之间呈现"V"字形，停顿 10 秒钟，重复练习 10 次。

拉伸锻炼完后,瘀血体质的女性还可以适当地服用一些有助于去掉赘肉的中药,一定要注意服用活血化瘀的中药。这一点要很小心,因为不是每个人都有瘀血,化瘀过甚就会损伤身体,比如造成月经量过多。所以,女性朋友要根据月经量和经血的黏稠度、脸上有没有斑点来判断是否需服用。活血化瘀的中药有:益母草、桃花、桃仁、红花(每样 3 克),这是按照药性从温和到猛烈排的,越往后药性越猛。建议吃前两种就可以了。可泡茶服用,用桃花泡酒更好。这些茶和酒也都可以用来按摩小肚子,可去掉赘肉。

办公室腹部拉伸

长时间坐在办公室工作的上班族,常常吃完午餐后打个盹,就又投入工作,往往一坐下就两三个小时不动,易使腹部长胖,影响形象,同时也会对健康不利。下面几种方法,只要你在工作的间隙拉伸锻炼几分钟,每天坚持做,就不会害怕腹部赘肉找上门了。

(1)踮脚收腹。

在椅子上自然坐立。

双手绕到身后,扶住身体,调整身体到平衡状态。

然后向内收拢双腿,轻轻踮起脚尖,收紧腹部的同时,抬头挺胸。

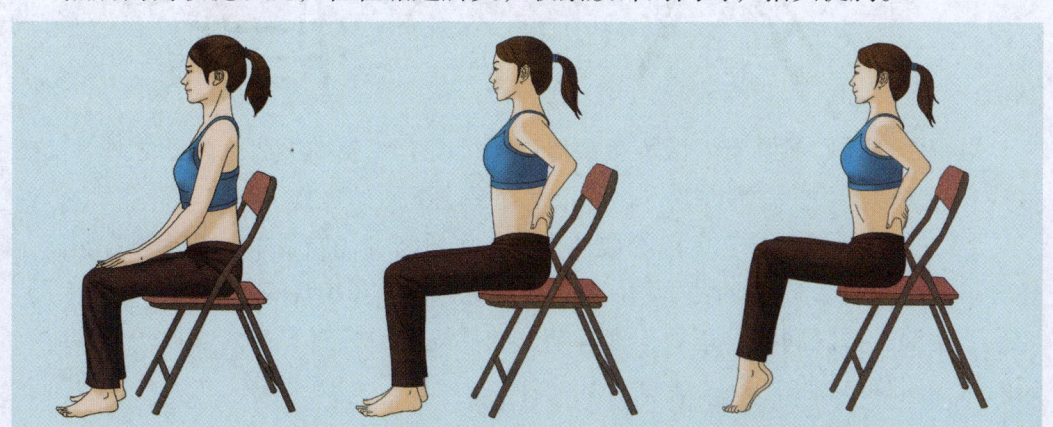

（2）屈肘向胸。

仍然保持自然坐姿，双腿自然并拢。

双肘略微弯曲，将腿部向上抬起至与胸部接触，此时身体与椅子约为60度角，收紧腹部，绷直脚尖，正常呼吸。

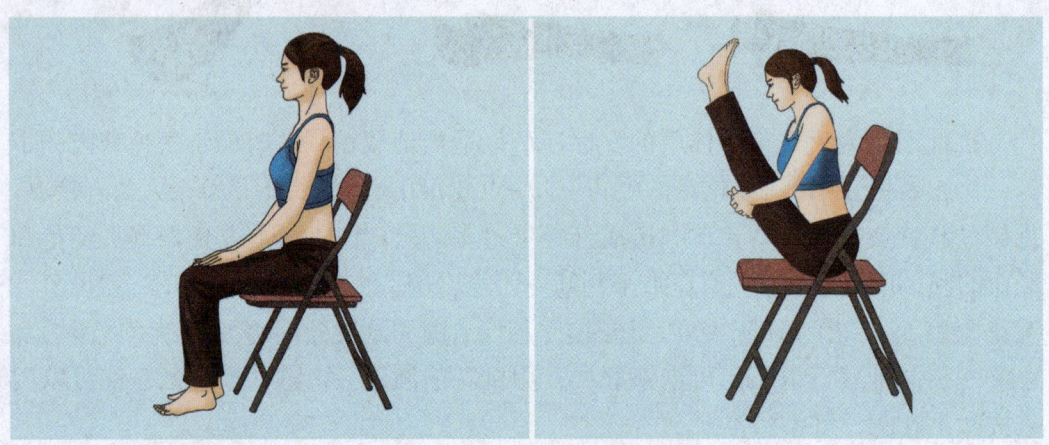

（3）继续保持坐姿，双腿向前拉伸绷直，上身保持直立。

然后双腿向外侧用力扩展，直到体会到腹部与大腿肌肉的紧张拉扯，停顿5秒钟后，回到自然坐姿。这套办公室健身动作，旨在使腹部肌肉更加紧实。

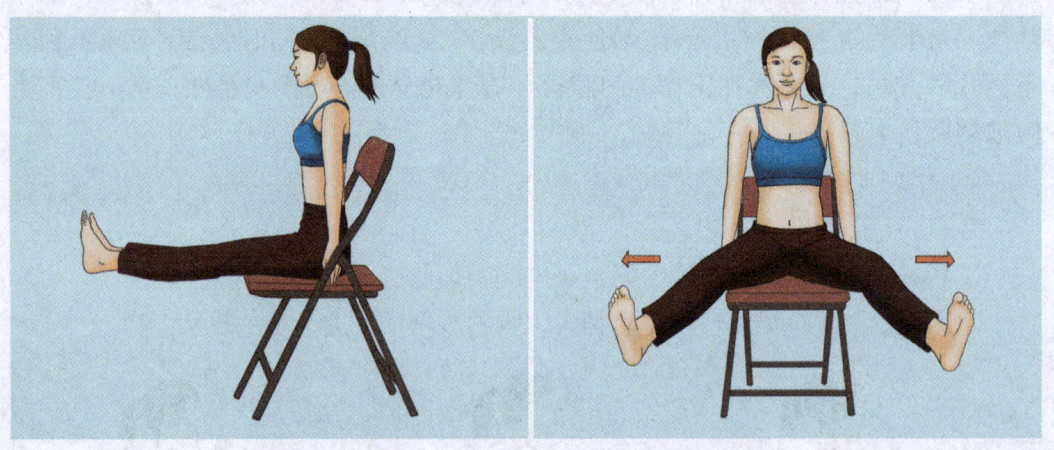

以上3个动作能够有效锻炼腹部肌肉，练就有线条的腹肌。除此之外，又想保持身材又怕长胖的"嘴馋族"，可以适当多吃下面的食物。

（1）兔肉：夏天是吃兔肉的最佳季节，兔子肉含优质蛋白，几乎不含脂肪，还含丰富的维生素E和烟酸，可保护肌肉细胞弹性。兔肉性凉、解热毒、利大肠、凉血、祛湿、益气润肤。正处于青春期、油性皮肤、长青春痘的女孩子要多吃。但经期、四肢怕冷者，以及孕妇则不能吃。

（2）牛肉：牛肉的营养价值仅次于兔肉，也是适合于胖人食用的肉类。每百克牛肉含蛋白质 20 克以上，牛肉蛋白质所含的必需氨基酸较多，而且含脂肪和胆固醇较低，因此，特别适合胖人以及高血压、血管硬化、冠心病和糖尿病病人适量食用。

（3）鱼肉：一般畜肉的脂肪多为饱和脂肪酸，而鱼的脂肪却含有多种不饱和脂肪酸，具有很好的降胆固醇作用。所以，胖人吃鱼肉较好，既能避免肥胖，又能防止动脉硬化和冠心病的发生。

（4）鸡肉：每百克鸡肉蛋白质高达 23.3 克，脂肪含量只有 1.2 克，比其他各种畜肉都低得多。所以，适量吃些鸡肉，不但有益于人体健康，也不会引起肥胖。

（5）猪瘦肉：猪瘦肉含蛋白质较高，每百克可高达 29 克，每百克脂肪含量为 6 克，经炖煮后，脂肪含量还会降低，因此，也较适合肥胖者食用。

腹部弹力带拉伸

下面推荐几组利用弹力带来进行腹部拉伸的练习，这组练习分配科学，它可以锻炼"核心肌群"，短时间内就能取得明显的效果。"核心肌群"指的是位于腹部前后，环绕着身躯负责保护肌肉稳定的重要肌肉群，具体说来包括腹横肌、腹内斜肌、腹外斜肌、腹直肌和竖脊肌。借助"核心肌群"的有效锻炼，可以减少腹部肌肉的囤积，帮助核心肌群更有力地支撑上半身，以达到改善姿势的目的。因此看来好像是静态的运动，却能最大限度地燃烧你的脂肪，比做几十个仰卧起坐还要有用得多。

1. 屈腿蜷腹

仰面平躺在垫子上。

两条腿屈髋屈膝成 90 度，脚尖向上勾并将弹力带套在双脚上。

两膝之间的距离保持在一拳左右，下颌略微向内收，双手握紧弹力带放在颈后，两手肘朝外，肩膀微微向后并向下压。一边呼气，骨盆保持不动，让腹部用力，将身体向上抬起。向上直到肩胛骨离开垫子，但下背部不要离开。一边吸气，慢慢回到初始状态。

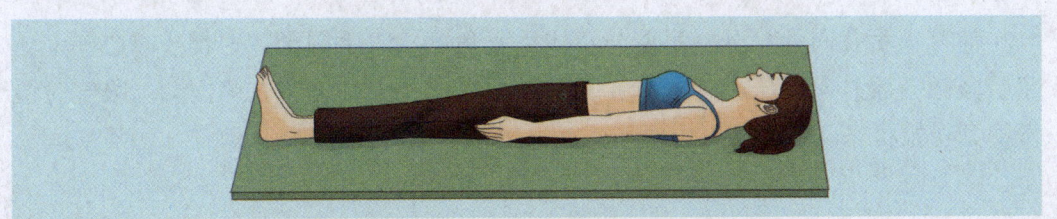

2. 蜷腹蹬腿

仰面平躺在垫子上。

伸直双腿并抬高，使其离开垫子，脚尖向上勾，并将弹力带套在双脚上。

双腿之间的距离保持在一拳左右，下颌略微向内收。双手握紧弹力带，放在脑后。肩膀微微向后并向下压。一边呼气，骨盆保持不动，一边腹部用力，让身体向上抬起。肩胛骨离开垫子，但下背部不要离开垫子。一边吸气，慢慢回到初始状态。

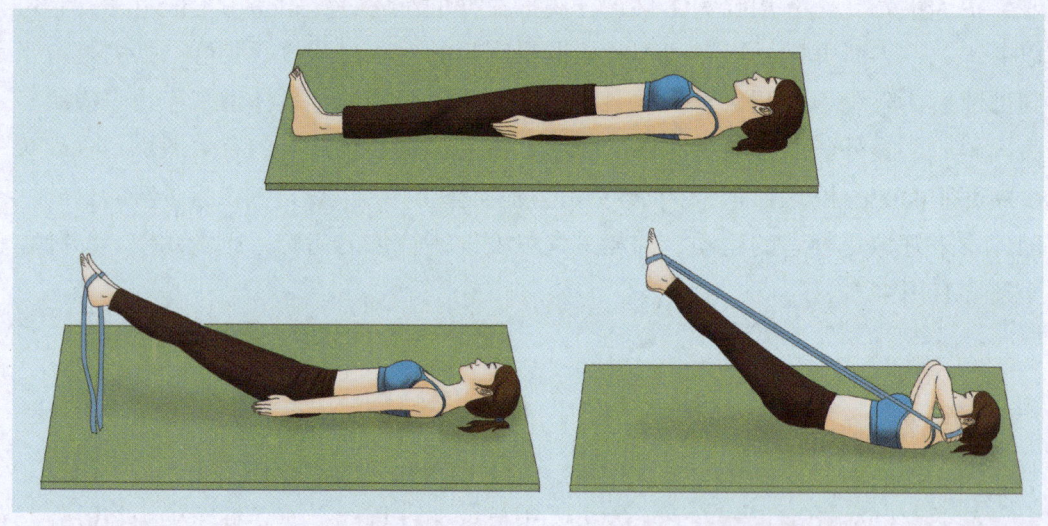

3. 仰卧侧摆

仰面平躺在垫子上，伸直双腿并抬高，离开垫子，脚尖向上勾并将弹力带套在脚上。

伸直双手并向外打开，手臂与身体垂直角度。双手握紧弹力带，掌心朝上，肩膀微微向后并向下压，呼气时让上身紧贴在垫子上，腿向右侧摆动。吸气时慢慢回到初始状态。

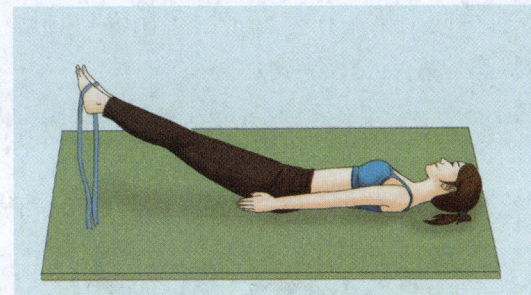
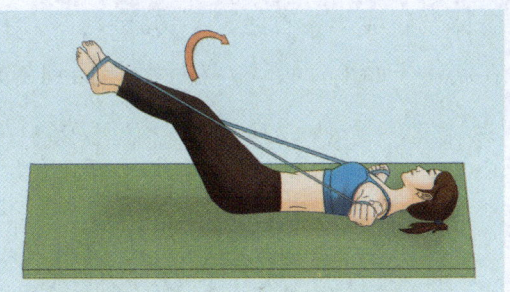

4. 仰卧起身

仰面平躺在垫子上，下颌略微向内收，伸直双腿，脚尖向上勾并将弹力带套在双脚上。

双手放在身体两侧并握紧弹力带，掌心朝内。肩膀微微向后并向下压。一边呼气，腹部用力，身体向上抬起然后坐直。一边吸气，一边让身体挺直。呼气，身体向前倾，两只手向后拉至手略后于肩。一边吸气，慢慢回到初始状态。

5. 弓桥推举

身体向左侧躺在垫子上，眼看前方。左臂自然垂下，左肘支撑身体，两只手将弹力带握紧，右手在右肩旁，掌心向前。伸直双腿并拢，与身体处在同一平面，脚尖向前并将弹力带套在脚上。

腹部向内向上收紧。肩膀微微向后并向下压。腰部左侧及臀部用力，使头、身体及腿成一条直线。一边呼气，一边将右手向上推举，伸直手肘，让手与身体在同一平面上。吸气，右手慢慢回到初始状态。左右交换重复练习。

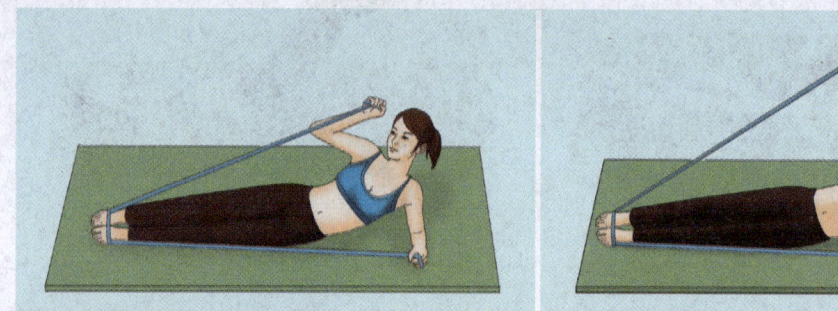

臀部健美拉伸

很多人都玩过多米诺骨牌，这是一种木制、骨制或塑料制成的长方形骨牌，玩时轻轻碰倒第一枚骨牌，其余的骨牌就会产生连锁反应，依次倒下。其实臀部就是多米诺骨牌里的第一枚，翘圆的臀部，会带动身材曲线的窈窕，而如果臀部扁平松垮，身材就会像其他的骨牌一样被拖垮。有很多人的臀部先天条件不是很好，要么扁平无形，要么松弛没有弹性，还有的严重下垂，要想解决这些问题，我们首先要弄明白造成臀部不完美的原因，然后采取相对应的措施。

1. 饮食不当造成的臀部问题

造成臀部下垂的最重要诱因，从很大程度上来说是我们日常生活中不合理的饮食。因为摄取了过多的动物性脂肪，就很容易在下半身囤积，进一步造成臀部下垂。解决这个问题的方法就是从一日三餐着手，注意多吃一些植物性脂肪或含有植物性蛋白质的食物。例如，豆腐就是防止臀部下垂的最佳食品，鱼肉可以紧致肌肤，常吃可以提臀。

2. 长时间站立造成的臀部问题

站得太久也不好，因为血液不易自远端回流，造成臀部供氧不足，新陈代谢不好，长久下去还可能会引起小腿的静脉曲张。挺胸、提肛、举腿是良好的站姿，脊背挺直，收腹提气，此时再做一下肛门收缩的动作，可收缩臀部。需要长时间站立的人，不时动一下，做做抬腿后举的动作，对塑造曲线大有好处。

3. 久坐造成的臀部问题

上班族女性，因久坐办公室不常运动，脂肪渐渐累积在下半身，这样容易造成臀部下垂。对于这类女性，可以试试这个提臀法：休息站立，或者等候公交车时，脚尖着地，脚后跟慢慢抬起，同时用力夹紧臀部，吸气，然后慢慢放下，呼气。按这个方法坚持做就会见到成效。

4. 斜坐造成的臀部问题

很多人坐着的时候怎么舒服怎么坐，歪东倒西的。其实，人不能斜坐在椅子上，因为斜坐时压力集中在脊椎尾端，易造成血液循环不良，使臀部肌肉的氧气供给不足，对大脑不利。也不能只坐椅子前端1/3处，因为这样坐全身重量都压在臀部这一小方块处，长时间下来会感觉很疲惫。坐时应脊背挺直，坐满椅子的2/3，将力量分摊在臀部及大腿处，如果长时间坐累了，想靠在椅背上，请选择能完全支撑背部力量的椅背。尽量合并双腿，长久分开腿的姿势会影响骨盆形状。坐时经常踮起脚尖，对塑造臀部线条很有好处。尽量不要长时间双腿交叉坐，否则会造成腿及臀部的血液循环不畅。

对照上文看看你的臀部问题出在哪里，然后，持之以恒地每天坚持拉伸锻炼。

（1）在平时走路过程中，稍加注意即可。走路时注意收紧臀部，同时两腿上抬时用力向后。

（2）端坐于地板上，上身绷直，双腿自然并拢保持绷直。
双臂绕到颈后，抱住头部，然后上身分别向左右两侧下压。

（3）自然平躺在地板上，屈膝，脚底贴地，然后将臀部慢慢上抬至极限，片刻后再收回。反复练习20次。

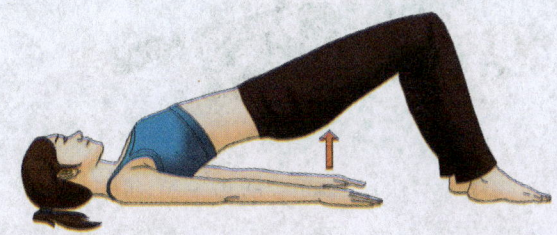

（4）自然平躺在地板上，双腿自然分开，间距约为两腰的宽度。

双臂绕到身后，置于头部下方，然后利用臀部的力量，向上用力抬起腰部，注意同时收紧下巴，直到眼睛能看到腹部。反复练习30次。

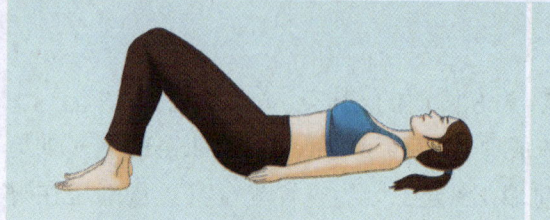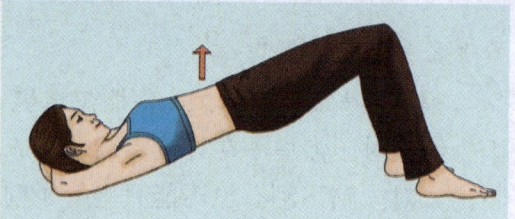

（5）自然平躺在地板上，双腿自然分开，间距约为两腰的宽度。

双手相互交叠后置于下巴处，同时屈膝成直角。右腿在保持直角屈膝的情况下，用力上抬，停留几秒钟后还原，交换左腿练习，各30次。

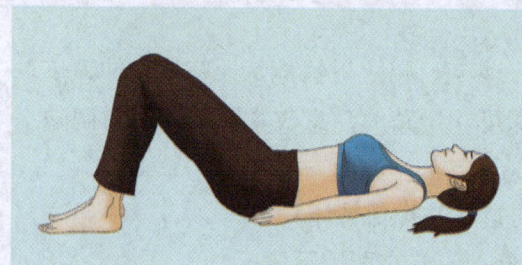

（6）面朝右侧，自然卧于地板上，利用右肘的力量支撑住上体，右腿略微屈膝，左腿用力上抬绷直，直到与地面垂直，反复练习几次之后，换方向继续，各20次。

（7）左腿自然跪于地板上，利用双臂的力量支撑上身。

利用臀部的力量，用力将右腿上抬，直到平行于地面，然后交换左腿练习，各 20 次。

减掉臀部赘肉拉伸

锻炼臀中肌，即臀上部肌肉，能够塑造出漂亮的圆形臀部。而锻炼臀大肌则是针对臀部后侧的大部分肌肉，可以塑造出臀部侧面的圆窝。以下的臀部训练操可以把两部分肌肉都锻炼到，并且还有助于加强稳定性和协调性。每周做 2~3 次，加上 4~5 次有氧运动（45 分钟 1 次），4 周之后，你就可以拥有完美的臀部曲线了。

（1）自然平躺在地板上；屈膝直到与胸接触，双手平放于两侧与地面相贴，肩部保持与地面紧密接触。

然后先将臀部慢慢向左边翻转，直到双膝与地面接触，头部则向右侧旋转，保持姿势 2 秒钟后还原，向右侧翻转臀部继续练习，各 10 次，练习越熟练次数应越多。

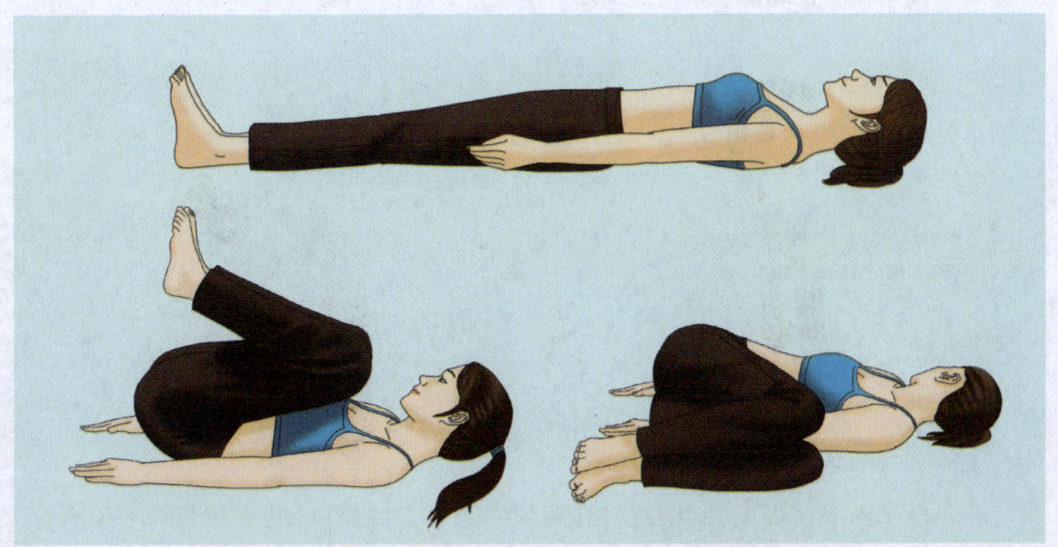

（2）自然俯卧在地板上，屈肘，使手掌置于肩部两侧。

利用双手掌和臀部下压的力量，使双腿向上抬起，距离地面约15厘米。然后双腿交替向后踢出50次，像游泳时的姿势一般，练习越熟练次数应越多。

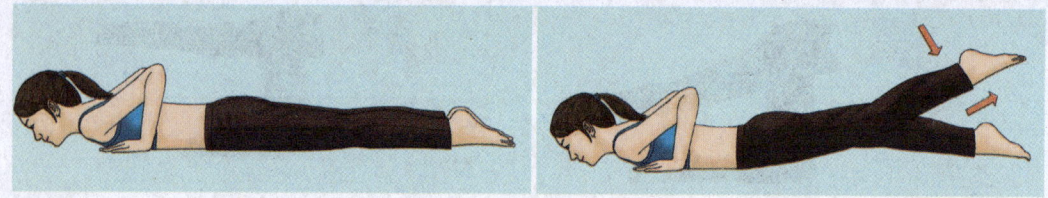

（3）自然俯卧在地板上，双臂自然放于身体两侧，掌心朝下，双腿分开约15厘米。头向一侧偏，使一侧脸与地面紧贴。

然后收紧臀部，向上抬起左腿距离地面大约15厘米，停留3秒钟后收回，交替右腿继续练习，各10次，练习越熟练次数应越多。

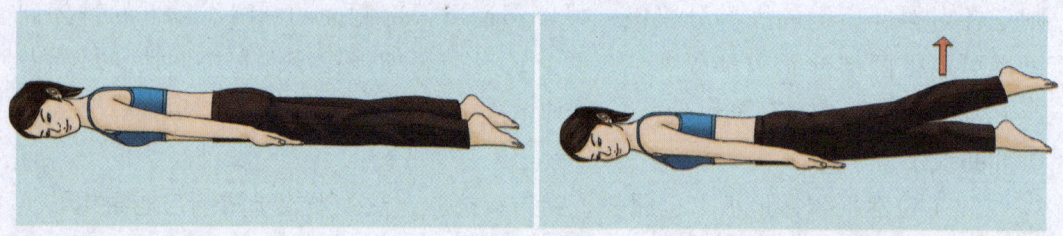

（4）自然跪于地板上，双臂贴于身体两侧，手掌轻轻抚摸两侧大腿，绷直大腿和上身。

然后手掌向臀部用力，不断下压，身体则向后弯曲，停留5秒钟后回到自然跪姿，重复练习10次，越往后次数应越多。

（5）自然跪于地板上，利用双臂和两膝的力量支撑身体，两臂间距约等于肩宽，两膝间距约为20厘米。

然后绷直左腿，向上抬起直到距离地面30厘米，保持3秒钟后回到自然跪姿，交替右腿重复练习，各20次，练习越熟练次数越多。

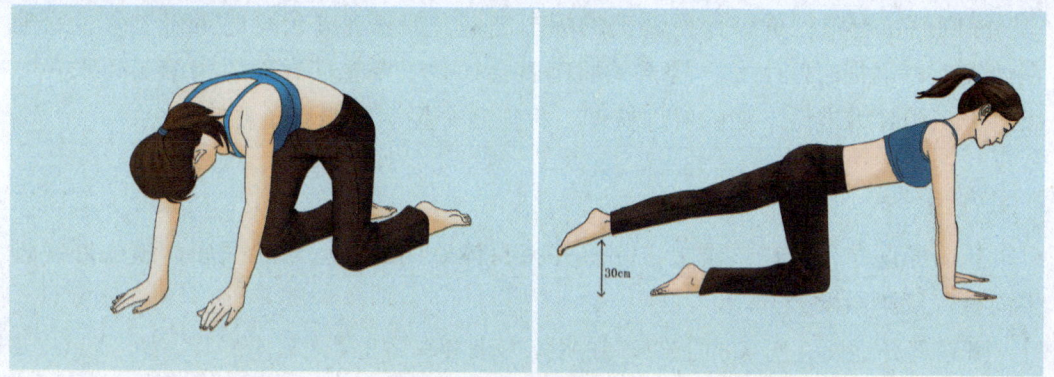

（6）自然跪于地板上，利用双臂和两膝的力量支撑身体。

收紧臀部，上身向下弯腰，使头贴近膝盖。

然后向上将头抬起，并使身体上拱，左腿用力上抬保持绷直，停留3秒钟后回到自然跪姿，交替右腿反复练习，各10次，练习越熟练次数越多。

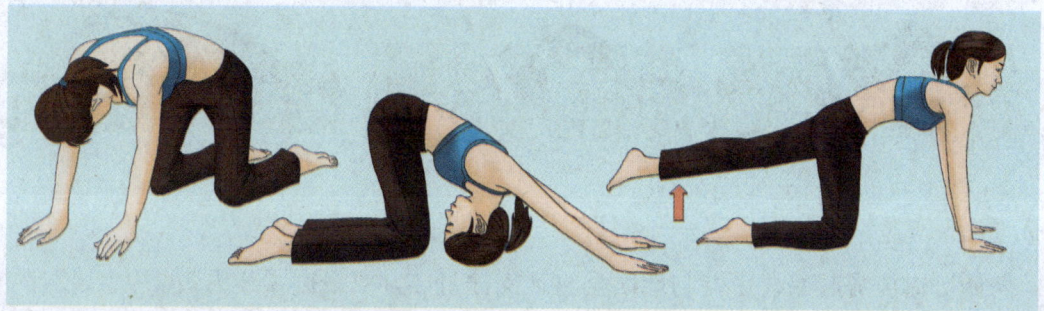

除了上述美臀方法外，按摩承扶穴或刺激涌泉穴也是快速美臀的捷径，承扶穴位于臀部臀线底端横纹的正中央，左右各一个。按摩承扶穴不但有疏经活络的作用，还能刺激臀部肌肉的收缩。指压5分钟后，就会有轻微抬高臀部的感觉。特别要注意的是，指压承扶穴时，首先垂直压到穴位点，接着指力向上勾起，才能充分达到效果。涌泉穴位于脚底，左右各一个。刺激方法如下：

（1）放松脚踝，踮着脚尖走路，可以刺激脚底的涌泉穴，平时在家看电视时即可做到。

（2）身体立正，双脚并拢，然后边吸气边踮脚尖，注意力集中在大脚趾与第二趾，脚跟踮起至离地约一个半到两个拳头的距离，肛门缩紧。最后，吐气，慢慢将脚跟放下，肛门随之放松。刚练习时可做2~3分钟，习惯后每次可做15分钟。

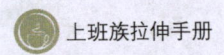

臀部弹力带拉伸

浑圆而富有弹性的臀部是健美的标志之一。如果在办公桌前坐得过久，或坐在沙发上看电视时间太长，臀部的肌肉就会松弛。要想使臀部肌肉结实起来，可以每天利用弹力带做下面的臀部拉伸，只需3个星期就能有显著效果。

1. 坐姿髋外展

上半身直立，坐在垫子上，收腹并将身体略向后倾。双腿微屈，髋往外使脚尖向外，双脚微微分开。

脚跟离开地面，脚尖向上勾，并将弹力带套在脚上。

双手握紧弹力带，交叉后放在另一侧肩膀。肩膀微微向后并向下压。手保持不动，一边呼气，一边向外打开双腿。一边吸气，慢慢回到初始状态。

2. 俯卧蹬腿

俯卧撑姿势起始，手臂与地面垂直，支撑身体，双手握紧弹力带。

伸直右腿，用脚尖支撑身体。左腿屈髋屈膝，并向胸部靠拢，将弹力带套在左脚。

眼睛看着地面，腹部同时向内向上收紧，让头、肩、臀及腿都在一条直线上。一边呼气，左腿用力向后蹬，伸直大腿并与地面平行。一边吸气，一边慢慢回到初始状态。换右腿重复练习。

3. 仰卧提臀

仰卧在垫子上，双腿屈髋屈膝，两只脚平放在垫子上。两膝之间的距离保持在一拳左右。

略微向内收下颌。双手握紧弹力带，并将其横跨在骨盆处，掌心向下。

一边呼气，臀部一边用力，让臀及下背部离开垫子，大腿与身体位于一条直线上。一边吸气，慢慢回到初始状态。

4. 侧卧开髋

侧身向右躺在垫子上，头枕在右上臂处，眼睛看向正前方。

伸直双腿，让头、肩、臀及脚都处在一直线上，骨盆与地面垂直。左手放在胸前面，用弹力带在脚踝处套一圈，并用左手固定。腹部向内向上收紧，肩膀微微向后并向下压。呼气的同时左臀用力，使左腿向外打开。一边吸气，慢慢回到初始状态。换右腿重复练习。

家务劳动时的臀部拉伸

在做家务时不要忘记锻炼我们的臀部:

(1) 站立姿势,双腿分立与肩同宽。

先将重心移到右腿,左腿用力向上向后伸直。

然后左手紧握左脚脚踝。上身略微向前移,注意左脚脚尖朝上,保持姿势 5 秒钟后回到自然站立,交替右腿重复练习,各 10 次。

(2) 自然站立,双腿并拢。

双手握住拖把两端放于身前。略微屈膝,保持眼睛能看到脚尖。

然后臀部用力后抬,同时膝盖慢慢回到直立状态,停留几秒钟后回到自然站姿,重复练习 10 次。

(3) 保持自然站姿,放松臀部肌肉。

左腿略微屈膝,并将重心移到左腿后,右腿向上抬起,搭在左腿上方,此时,臀部用力向后拉伸,停留 5 秒钟后还原,交替左右腿继续练习各 10 次。

除此之外,日常饮食也是打造臀部完美曲线的好帮手。

1. 干烧人参鸡

【材料】鸡腿3个,西洋参10克,人参10克。蒜末、盐、花生油各少量。

【制法】鸡腿洗净,在腿肉的部分横切数刀,均匀地抹上盐。锅内倒水,放入西洋参和人参,煮开后改用小火再煮一刻钟。锅内倒花生油烧热,放入鸡腿肉,煎至上色后加入蒜末炒香,倒入煮好的参汤,用小火焖约15分钟即可。

【用法】佐餐,可经常食用。

【功效】此菜能改善内脏功能,促进胸部和臀部的发育,增强体质。

2. 枣菇凤爪汤

【材料】鸡爪4对,核桃仁20克,香菇6朵,红枣6粒,盐适量。

【制法】香菇用水泡软去蒂;鸡爪斩去趾甲后用热水余烫后备用。锅内倒入水,把洗过的核桃仁、红枣放入锅中,再放入香菇和鸡爪。大火烧开后,改用小火煮约45分钟,加入盐调味即可。

【用法】佐餐,可经常食用。

【功效】本品解通气血,丰胸、丰臀。

灵活髋部的拉伸

在日常生活中,有很多动作与髋关节有着紧密的联系,比如做深蹲,身体前后的摆动,骑自行车和练习蹬踏车运动等。不仅如此,还有多种运动项目需要在身体的两侧开展。因此,我们要保护好髋关节。每日做几节髋关节保健操,对于加强髋关节肌肉的力量、减轻腰部痛感是很有必要的。

第一节:练习者侧卧,一肘托于脑侧,双腿弯曲。

动作开始时,缓慢伸直并尽可能地高抬一腿,后背保持正直,高抬腿的脚面绷直,此动作持续3~5秒钟后缓慢恢复到起始位置。双腿交换练习。

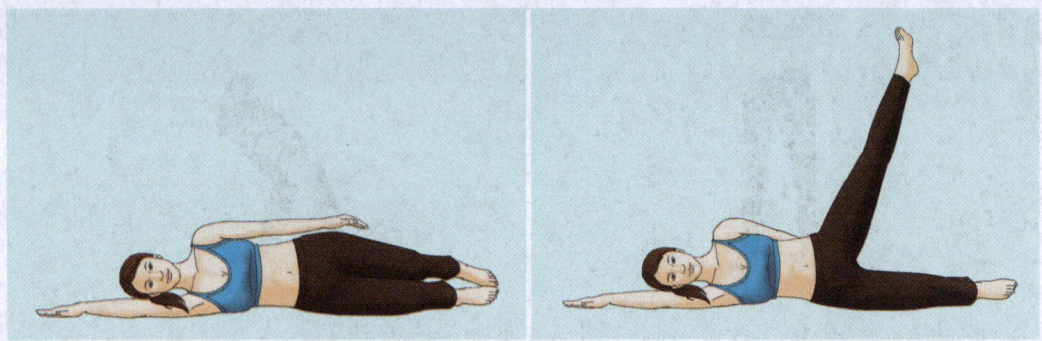

第二节:练习者一腿站于4~6厘米高的物体上,膝盖弯曲,双手叉腰,背部保持正直。

动作开始时,练习者缓慢伸直踩物体的腿,尽量向上抬高髋关节,膝盖保持伸直。此动作保持3~5秒钟后缓慢恢复到起始位置,双腿交换练习。

第三节:练习者成深蹲姿势,双手叉腰。

动作开始时,练习者缓慢站起,一腿尽可能地向远处滑动,另一腿作为支撑但不必伸直。保持此动作3~5秒钟后缓慢恢复到起始位置。双腿交替练习。

除了上面的运动练习，也可以试试下面这些比较简单的拉伸练习：

（1）自然平躺在地板上，双臂自然放于体侧，双腿弯曲，使脚尖接触地面。先将左侧小腿用力上抬，脚尖朝前绷直。然后再将整条左腿尽力拉伸绷直，保持几秒钟后，回到自然卧姿，交换右腿反复练习，各10次。

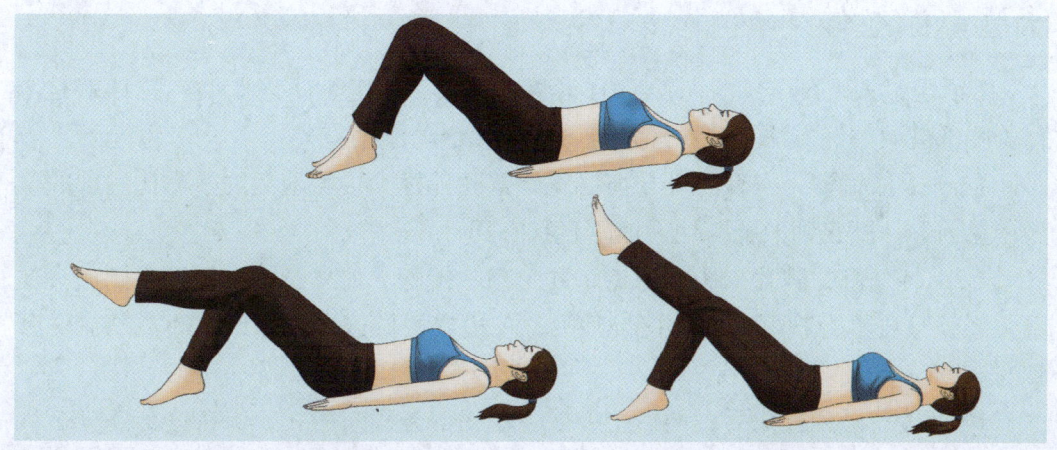

（2）自然俯卧在地板上，双腿自然分开，使脚尖接触地面。

然后慢慢向上将骨盆抬起，停留3秒钟后骨盆还原。接着收紧腹部和臀部肌肉的同时，将双腿自然并拢，最后全身放松，重复练习10次。

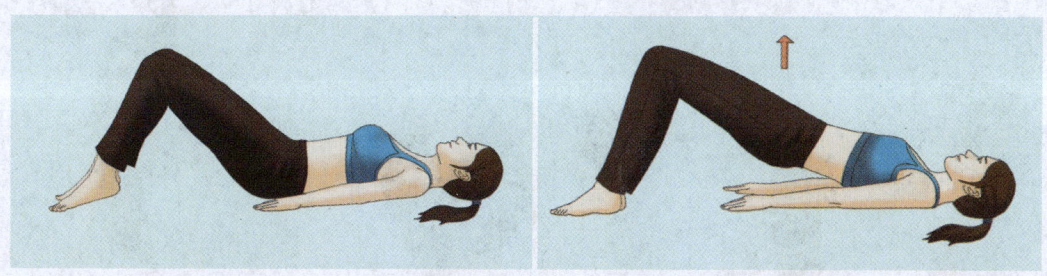

（3）自然跪于地板上，利用双臂和双膝的力量支撑住身体，头部上抬，目视前方。然后将右腿向上抬起，与臀部齐高后，保持脚尖朝后的姿势3秒钟，还原后交换左腿继续练习，各10次。

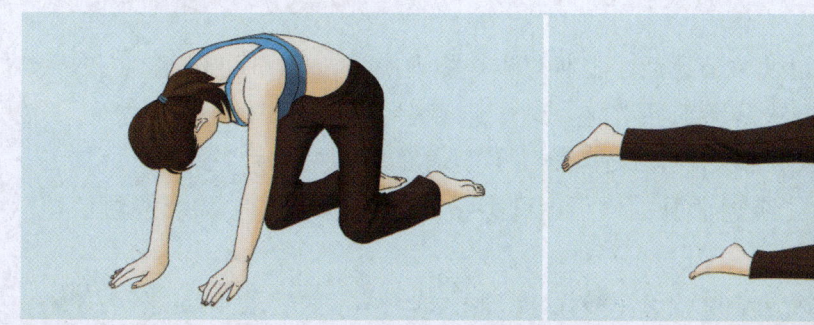
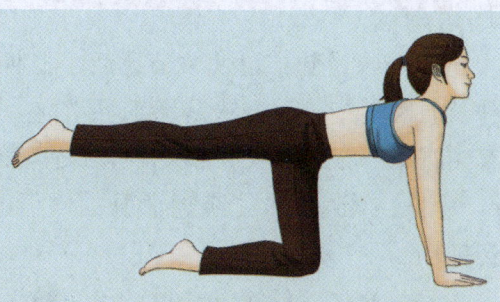

第六节 四肢拉伸

大腿筋的拉伸

俗话说，人老腿先衰，那么怎样锻炼才能使"人老腿不老"呢？拉伸就是个保养腿部健康的好方法，不妨经常练习下面几个动作：

（1）采取跪姿，双臂打开与肩同宽，双膝并拢。接触地面的手掌比肩部的位置稍靠前。从膝盖到大腿与地面成垂直状态。

（2）将一侧的膝盖向头部靠近，并与额头接触。如果身体太硬够不到额头也没关系，只要尽力就好。一边慢慢呼吸，一边慢慢做这个动作，时间控制在8秒钟左右。

（3）膝盖碰到额头后，向后上伸展。小腿部分稍向内扣，保持这个姿势8秒钟左右。从膝盖的内侧开始到脚跟伸直，脚尖绷直。肩膀不要向上耸，不要弯曲肘部。保持8秒钟，然后将脚部放下。

除了上面介绍的拉伸方法外，日常生活中还可以通过下面的几个方法来进行腿部保养。

（1）干洗腿：可使关节灵活，腿肌与步行能力增强，预防下肢静脉曲张、水肿及肌肉萎缩等。方法是用双手紧抱一侧大腿，稍用力从大腿根部向下按摩，一直到脚踝，然后再从踝部按摩至大腿根部。用同样的方法按摩另一条腿。

（2）揉腿肚：能疏通血脉，增强腿部力量。方法是用两手掌夹住腿肚，旋转揉动。

（3）扭膝：能疏通血脉，治下肢无力、膝关节疼痛。方法是两足平行并拢，屈膝微下蹲，双手放在膝盖上，顺时针方向揉动数十次，然后逆时针方向揉动数十次。

（4）扳足：端坐，两腿伸直，低头，身体向前弯，用双手扳脚趾。

（5）搓脚：双手掌搓热，然后用手掌搓脚心，各20次。此法具有降火、舒肝明目的功效，可以防治高血压、晕眩、耳鸣、失眠等症。

（6）暖足：脚上穴位很多，泡脚能起到疏通经络、消除疲劳的作用，最好每天睡前用热水泡脚，并且冬天要注意足部保暖，不要让其受寒凉。

手腕部的拉伸

电脑整天"霸占"着人们的手，这使得患"鼠标手"（医学上称为腕管综合征）的人越来越多。有资料表明，男性"鼠标手"好发年龄为30~60岁。这是因为他们腕部的正中神经更容易受到压迫性损伤。如何摆脱"鼠标手"的困扰？以下就是防治"鼠标手"的7个拉伸小动作，只要每天抽出几分钟，就能有效地防治"鼠标手"：

（1）自然站姿，双腿分立，间距约等于两肩宽度；然后双臂同时发力，向身后尽力拉伸甩动约100次。

（2）侧举双臂，掌心朝下，在空中划弧，类似大雁飞翔。重复练习100次。

（3）像扭秧歌一般，练习走路5分钟。即伸出左脚时，向右前侧移动，伸出右脚时，向左前侧移动，辅之以手腕的活动。

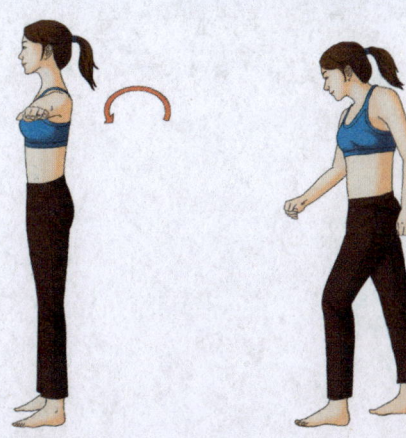

（4）双手在胸前合掌，十指交叉后向外翻转。然后上举至头顶，再向身后拉伸。重复练习100次。

（5）双臂侧举，与肩膀在同一直线后，用力向外扩展，重复练习100次。

（6）左手放于身后，用力向上伸展，右手从右肩向下伸展，直到双手接触。停留30秒钟后，交替相反的方向继续练习100次。

（7）握拳，侧举双臂；然后以手腕为支点，逆时针方向扭动拳头，持续练习20次以后，顺时针方向扭动20次。

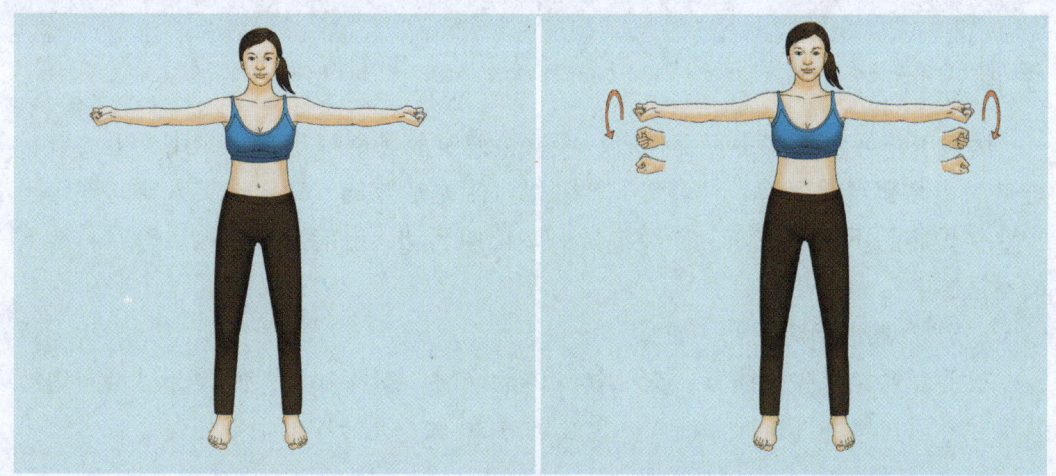

除了利用拉伸运动来防治鼠标手，刺激经络也是一个很好的方法：

（1）按揉手三里穴：手三里穴位于前臂外侧，肘关节弯曲时，肘横纹下4厘米左右，用左手拇指指面按揉此穴位100次，使局部有酸、胀、痛感为宜。

（2）按揉内、外关穴：内关位于前臂内侧，腕横纹正中往上5厘米左右，外关穴刚好与内关对称，位于前臂外侧。可用左手示指指面按外关，拇指指面按内关，同时按揉100次，使局部有酸胀感。

（3）揉捏前臂：右手关节弯曲放在胸前，左手拇指指面按前臂外侧；另外四指指面按前臂内侧，从肘关节至腕关节方向揉捏50次，以揉捏指伸肌（示指、中指上翘时可触摸到其收缩）为主，手法宜轻柔，单方向匀速移动揉捏。

（4）按腕屈伸肌：用左手拇指指面按腕关节内侧腕横纹中点，示指指面按腕关节外侧中点，与拇指对称性用力，做腕关节屈伸活动20次，以局部有酸胀、发热感为佳。

（5）直擦前臂：要求前臂紧贴自身身体，先在前臂外侧皮肤涂少量凡士林（或红花油），再用左手掌面（小鱼际肌为佳）紧贴前臂皮肤，按照指伸肌肌肉走向，来回擦20次，以发热为佳，方向保持在一直线上。

按照这5种方法进行推拿，可以起到活血消肿、减轻腕管内压力、缓解肌肉紧张的作用，症状较重的可在手法完成后配合热敷、贴膏药，一般每日1次，5次之后可有较好效果。

当然，"鼠标手"的预防也是至关重要的，上臂和前身夹角保持在45度以下的时候，身体和鼠标的距离是最合适的。要学会使用多种不同的输入方法，不要

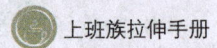

连续在电脑前工作过长的时间,在连续使用鼠标 1 小时之后就需要做一做放松手部的活动。

手臂拉伸

伏案工作或者一些手工工作者,经常会感觉胳膊酸痛,拿重物用不上力气。这是由于胳膊经常保持一种姿势,血液循环阻塞造成的。针对这类人群,建议平常要保护胳膊不受风着凉,并经常做一些拉伸运动,也能够很好地缓解胳膊酸痛的不适感。

(1)自然坐于椅子上,屈膝。

双手绕到身后握紧椅背,支撑住身体的同时,双臂发力;使臀部尽量向地面移动,然后再将臀部还原到椅面,重复练习 20 次,充分拉伸手臂前侧。

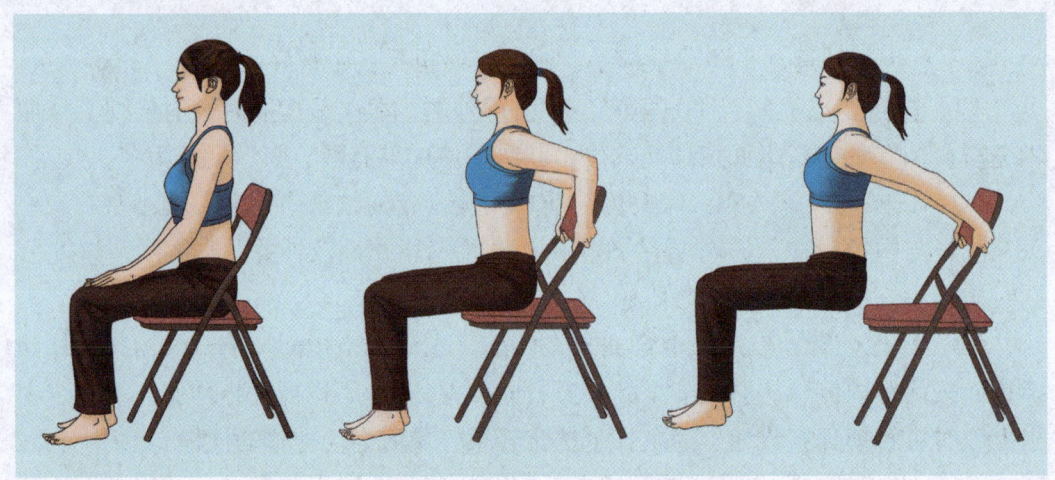

(2)双臂撑住地面,身体自然俯卧。

然后手臂向下运动,直到与小臂之间成直角,重复练习 30 次。

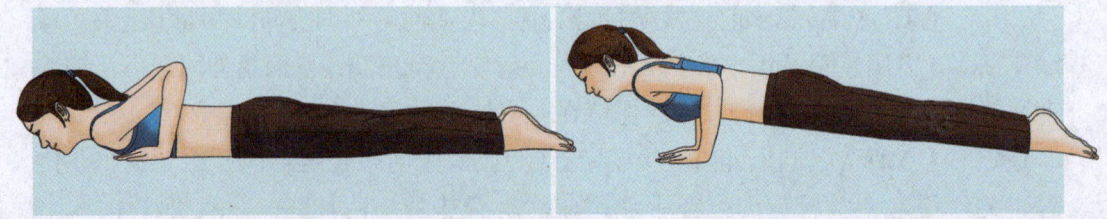

(3)自然站立或坐下皆可。

右手握住哑铃,用力向上抬起,直到头顶上方,手臂绷直,保持 3 秒钟之后,慢慢向下弯曲,放于脑后。然后再用力上举,重复练习 20 次后交替左手。

（4）自然站立，双腿并拢，双手分别握住哑铃。
绷直背部后，以双肘为支点，向上举起哑铃直到与肩同高，重复练习30次。

（5）自然站立，双腿并拢，双手分别握住哑铃。
然后侧举双臂，直到与肩膀在同一水平线上，之后还原到两侧，重复练习30次。

（6）自然站立，双腿并拢，双手分别握住哑铃。

然后向前用力抬起手臂，直到与耳垂在同一水平线上，再将双臂收回，重复练习30次。

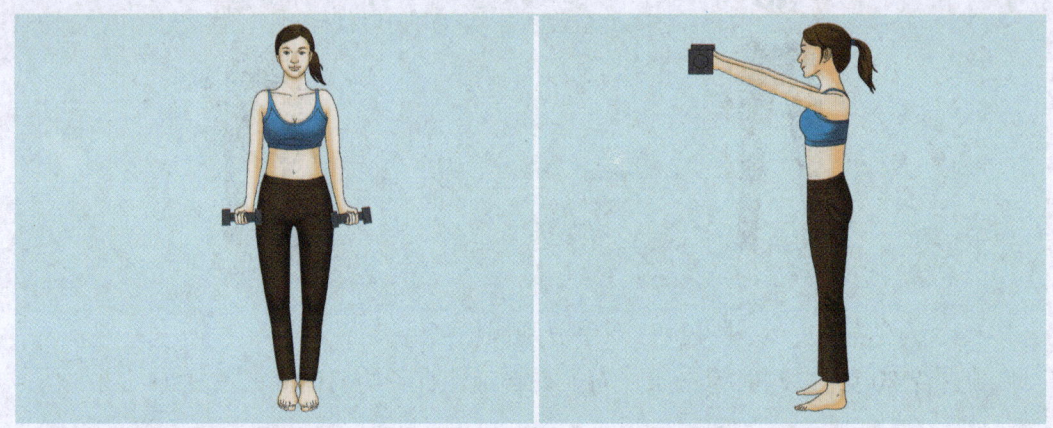

除了拉伸活动，也可以适度拍打手臂臂弯，这样可减轻脚痉挛、腰背酸痛、小腹胀满、下肢麻痹、盗汗等症状。人的身体就像一条马路，经脉就像多条水管。如果"水管"堵塞，就会引起人体各个部位的各种不适症状。特别是中老年人，血管弹性不够，变狭窄，不利于血液流动。拍打手臂有利于血液的畅通。

拍打手臂的方法是：伸出右臂，手掌合并成拱形，对准左臂弯用力拍打下去，力度根据每个人的体质与承受度不同来决定。拍打完左臂拍打右臂，每次拍20下左右，7~10天一次，一个疗程共拍3次。有些人在第一次拍打臂弯后会出现点状瘀血，第二次以后就会慢慢减少，第三次会更少甚至没有，这说明身体内的毒素已经排出去了。在这里要强调的是，体质较差、70岁以上的老人最好不要拍打，因为老年人血管较为脆弱，拍打不当反而会出现其他不良症状。

人的手臂弯有委中、曲泽两个穴位，适度拍打可通经活络，排出体内毒素。但也不是所有的人都能拍打，有急性炎症者、有自发出血倾向者、心脏病患者、高血压患者及怀孕妇女等体质较差的人不要用这种方法健身。

紧实玉臂的拉伸

下面将告诉你一些简单的瘦手臂的小妙方，只要持之以恒，就能告别"蝴蝶袖"，锻炼出结实的臂肌。

（1）双手于胸前合掌，十指交叉，向外翻转至手背与脸相对。

然后用力向前拉伸双臂，直到双臂充分伸展，停留5秒钟后，双手还原，重复练习20次。此动作能够使手臂内部肌肉更加紧致。

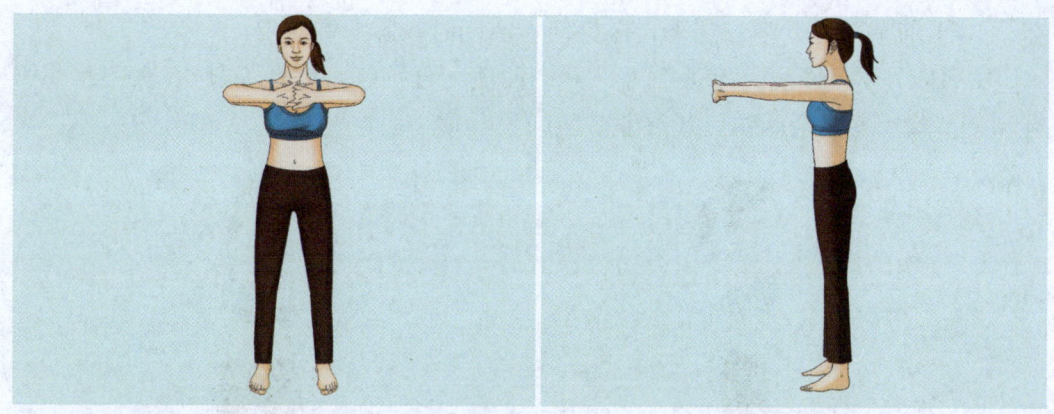

（2）双手交叉自然放于脑后；然后上举双臂的同时，外翻手掌，使掌心朝上，用力绷直双臂后，停顿5秒钟，收回手臂。

重复练习10次，有助于紧致手臂内侧肌肉。

（3）双臂自然垂于体侧；然后将小臂上抬，直到与上臂垂直。变掌为拳，再用力打开。

重复练习15次。注意动作缓慢有力，以充分拉伸小臂。

（4）前举双臂，掌心朝下，保持伸直的同时收紧上臂肌肉。

然后向外翻转双臂，掌心朝上，并向两侧充分扩展，重复练习15次。此动作有利于消除手臂多余脂肪，紧致上臂肌肉。

（5）双手分别握住一瓶矿泉水。用力向上抬起，直到头顶上方。

以双肘为支点，用力向后伸直小臂，直到体会到手臂内侧肌肉的紧张拉扯；然后再向后上方用力绷直双臂。

重复练习10次，有助于改善松弛肌肉，使其更加匀称。

（6）分别握住一瓶矿泉水，侧举双臂；然后屈肘，使掌心朝前。将双臂向上用力伸展，直到两个水瓶能够相互触及，再慢慢还原。

重复练习10次。有助于拉伸手臂肌肉，美化体形。

打造纤细的手臂,并非一日之功,拉伸是一个不错的方法,如果再配合一些饮食和按摩的方法就会产生更好的瘦手臂效果。

(1)吃对食物也可以瘦手臂,下面给大家介绍几种比较常见的瘦手臂食物:

1)海苔:海苔是维生素的集合体,还含有丰富的矿物质和纤维素,是纤细玉臂的美丽武器。

2)牛肉干:高蛋白、低脂肪,两小袋可省下一顿饭。

3)人参果:高蛋白、低糖、低脂,富含多种维生素和矿物质,是营养价值极高的瘦手臂水果。

4)石榴:含碳水化合物、脂肪、维生素C,还含有磷、钙等矿物质成分,营养价值比较高,经常吃可让手臂更美丽。

5)韭菜:富含纤维素,有通便作用,有助于排出肠道中过多的营养,帮助减肥。

6)海带:脂肪含量少,富含维生素、碘、钙及微量元素,常吃海带可以减肥。

(2)按摩也可以瘦手臂,方法如下:

1)由前臂开始,紧握前臂,以拇指之力由下而上轻轻按摩,做热身运动。

2)利用大拇指和示指握着手臂下方,以一紧一松的手法,慢慢向上移,直至腋下。

3)以打圈的方式从手臂外侧由下往上轻轻按摩。再沿手臂内侧由上往下,继续以打圈的方式按摩至手肘位置。

4)在手臂内侧肌肉比较松弛的部位,用指腹的力量以揉搓的方法向上拉。

5)用手由上而下轻抚手臂,令肌肉得以放松。

整套动作可每晚做一次,每只手臂各做一次。

利用弹力带的上臂拉伸

瘦胳膊可以试试下面的拉伸方法:

1. 肘伸展式

身体直立,两眼看向前方,收腹,打开双脚,脚尖向外与肩同宽。

略微弯曲膝盖,将弹力带绕在背部 1/3 位置;上臂向前向上,屈肘成90度,掌心相对。

双手握紧弹力带,肩膀微微向后并向下压;一边呼气,收手用力伸直手臂,保持3秒钟。一边吸气,慢慢回到初始姿势。

2. 肘屈式

双脚与肩同宽站立。双眼向前方看,挺直上半身并收腹。

膝略微弯曲,脚尖略微向外,双脚踩住弹力带。

伸直双手放在身体两侧,掌心朝前,握紧弹力带。肩膀微微向后并向下压。一边呼气,双手用力,使肘最大幅度地弯曲。一边吸气,慢慢回到初始状态。

3. 垂式肘屈

双脚分开站好，与肩同宽。双眼向前方看，挺直上身并收腹。

膝略微弯曲，脚尖略微向外，双脚踩住弹力带。

伸直双手放在身体两侧，掌心相对，紧握弹力带。肩膀微微向后并向下压。一边呼气，双手用力，使肘最大幅度地弯曲。一边吸气，慢慢回到初始状态。

4. 反握肘屈

双脚打开站好，与肩同宽。双眼向前方看，挺直上半身并收腹。

膝盖略微弯曲，脚尖略微向外，双脚踩住弹力带。

伸直双手放在身体两侧，掌心向后，握紧弹力带。肩膀微微向后并向下压。一边呼气，双手用力，使肘最大幅度地弯曲。一边吸气，慢慢回到初始状态。

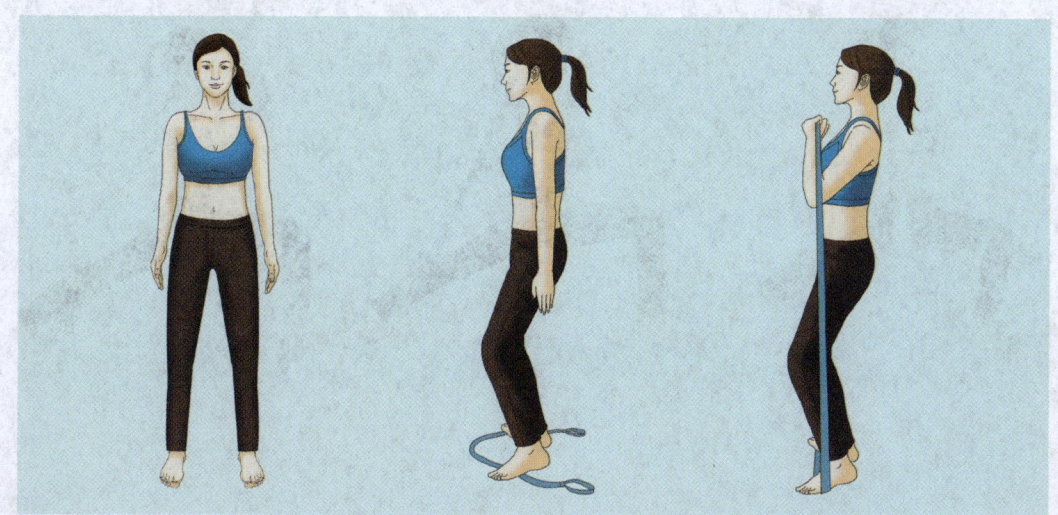

5. 俯身肘伸展

弓步，挺直上身并收腹，让身体保持稳定。

身体向前倾45度。眼睛看向脚前方，右脚在前并踩住弹力带，将其固定，脚尖略微向外，膝盖向脚尖方向弯曲。手臂尽量向后靠，与身体成30度角，弯曲手肘90度，掌心向内。

用双手握紧弹力带，肩膀微微向后并向下压。一边呼气，双臂用力，使肘部伸直。一边吸气，慢慢回到初始状态。

6. 背后肘伸展

弓步，挺直上半身并收腹，让身体保持稳定。

左脚在前，脚尖略微向外，向脚尖方向屈膝，右脚踩住弹力带以固定。双手放在脑后，双手紧紧横握弹力带，尽量让双肘朝前。

一边呼气，双手用力让肘伸直。一边吸气，慢慢回到初始状态。

养护关节拉伸

1. 坐姿侧平举

自然坐于椅子上,腹部收紧,深深吸气和呼气。

开始时双手自然垂于身体两侧,此时可以在手里适当增加重物,例如矿泉水。

然后深呼一口气的同时,侧举双臂至肩部位置,再深吸一口气,放下重物还原到自然坐姿。

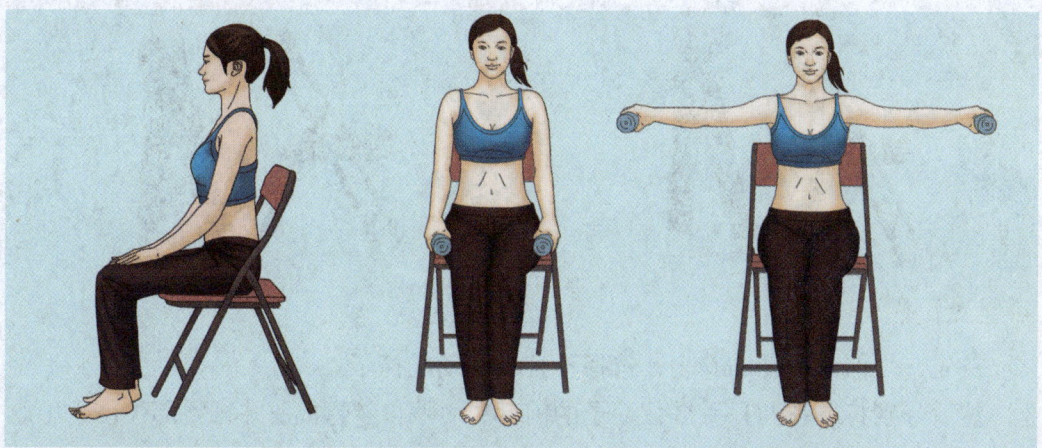

2. 坐姿屈肘上举

自然坐于椅子上,腹部收紧,深深吸气和呼气。

开始时双臂将肘部弯曲至肩膀的高度,此时可以在手里适当增加重物,例如矿泉水。

然后深呼一口气的同时,上举双臂至最大限度,再深吸一口气,放下重物还原到自然坐姿。

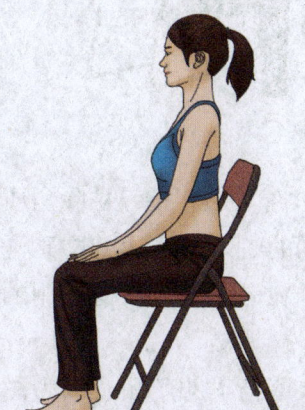 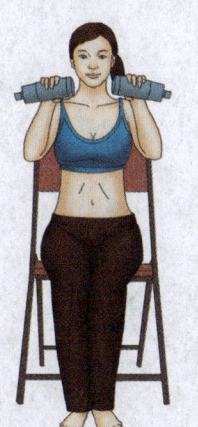 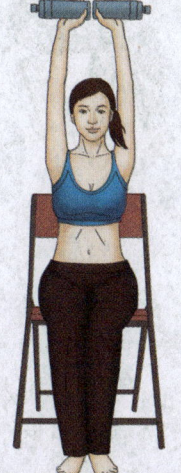

3. 俯身提壶

自然站立，双腿一前一后相互交错，在保证不弓背的前提下，身体向前弯曲，并用一只手扶住椅子背面，另一只手里可以适当增加重物，如矿泉水。

然后使手臂自然垂立，向上屈肘，举起重物，使肘部达到肩部的高度即可，最后，慢慢还原至自然站姿。

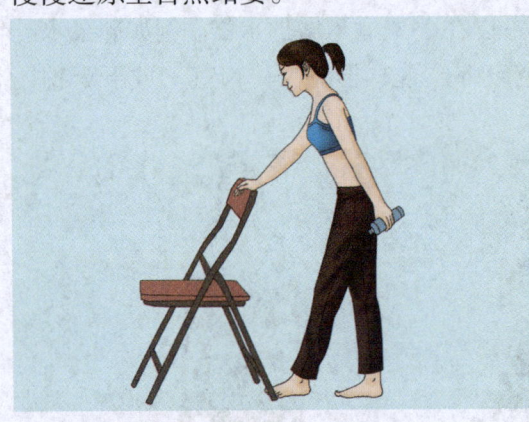
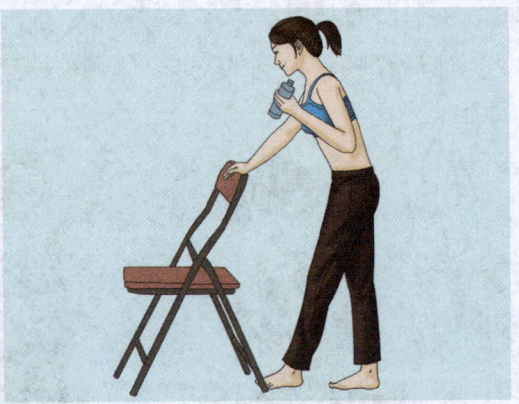

4. 坐姿臂屈伸

首先，为保证运动的安全，选择不容易移动的椅子。
然后分别将左右两只手握住椅子的前部，两膝自然弯曲，并将臀部往前送出。利用手臂的力量支撑住身体，深呼一口气的同时，慢慢将肘部弯曲，而深深吸气的同时要提起身体。

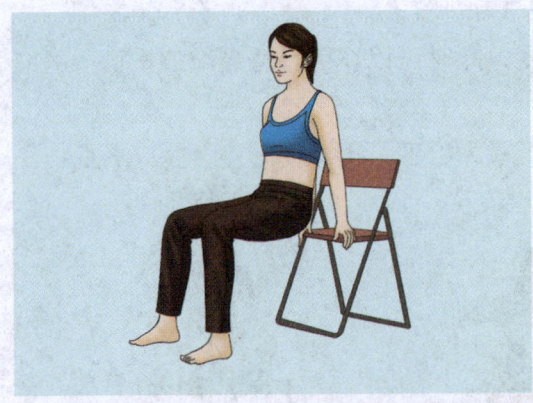
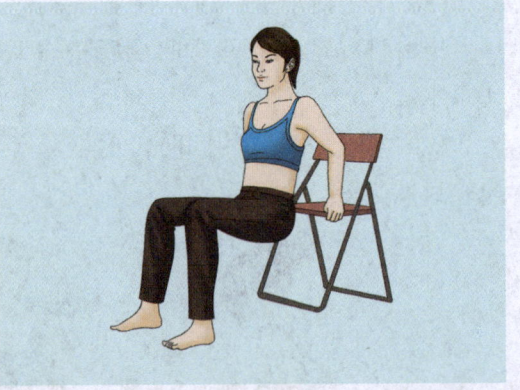

拉伸运动结束后，可以去洗个澡，这样可以很好地改善关节粗糙，祛除角质。如果是刚刚开始，可以天天抹磨砂膏。在这里需要强调的是，身体用的磨砂膏跟脸部用的是不同的，最大的不同就是脸部用的磨砂膏颗粒是圆的，而身体用的则是不规则的，所以它的去死皮功能比较强。

超市一般都有去角质的磨砂产品，不妨选择含薰衣草精华的产品，因为薰衣草有很好的消炎功效,也有一定的美白和促进细胞再生的作用。

其实在熬燕麦粥的时候,留下一点,加一小勺橄榄油,就是最好的去角质霜了。油性皮肤的女性在使用时可以加一点牛奶。燕麦的小颗粒可以很温和地按摩皮肤,所以平时用来做按摩也可以。如果你不太喜欢这种方法,也可以将晒干的橘子皮磨成粉,加入盐及橄榄油拌匀后,抹在身体有厚皮的部分,如脚跟、胳膊肘等,打圈按摩5分钟,再用水清洗干净便可将死皮去除了。

美化下半身

腿部拉伸使得人体的筋得到拉长、变得柔韧,而且能够锻炼大腿和臀部的主要肌肉,塑造更曼妙的下肢线条,因此起到了美化下半身的功效。

具体方法如下:

(1)右脚往前跨一步成弓箭步,双手撑住右大腿膝盖,将重心下压,感觉拉紧臀部下方以及大腿后侧肌肉。

(2)站立后双手扶住墙面;左腿往后抬高,直到与地面平行,静数5秒钟后慢慢放下,重复整个动作10次,再换腿做,视体力情况慢慢增加次数。

(3)膝盖着地,双手撑住地面;右脚离地弯曲,保持2秒钟。

右脚往后伸直与地面平行,拉紧大腿后侧,2秒钟后回到第1步,重复10次,再换腿做。

合理正确的运动对健美腿部很有效，如步行、跳绳、游泳、慢跑、跳健美操等运动，可以帮助腿部肌肉变得结实有弹性，其中最有效的是游泳。游泳可运动全身肌肉尤其是双腿，对改善双腿曲线特别有效。如果时间条件有限，在办公室或家中也可进行美腿运动。

按摩也能起到塑造腿部曲线的作用。体重合适而腿部脂肪较多的女性，可购买具有减脂、紧肤功能的瘦身产品，配合按摩，达到健美双腿的目的。按摩能帮助增强身体的新陈代谢，除去多余脂肪并增加皮肤弹性，促进淋巴循环，预防橘皮组织形成。

每天沐浴后，在脂肪集中的小腿、大腿和臀部，涂上纤体霜或美体霜，以打小圆圈的按摩手法进行按压，螺旋状由下往上推进，用点力，尤其腿部两侧及小腿肚，需重点按摩，可以促进脂肪分解，令身体毒素、废物及时排出体外，避免松弛水肿现象以及橘皮组织产生。

办公室瘦腿拉伸

对于很多伏案工作者来说，一天可能会在办公室坐上八个小时甚至更长的时间，慢慢地会发现大腿越来越粗壮，这时可进行一些简单的运动或者改变坐姿，来达到阻止大腿变粗的目的。

（1）自然站立，身前放一把椅子。
然后双手向前扶住椅子靠背，慢慢将脚后跟向上踮起，保持姿势5秒钟后还原，重复练习20次。

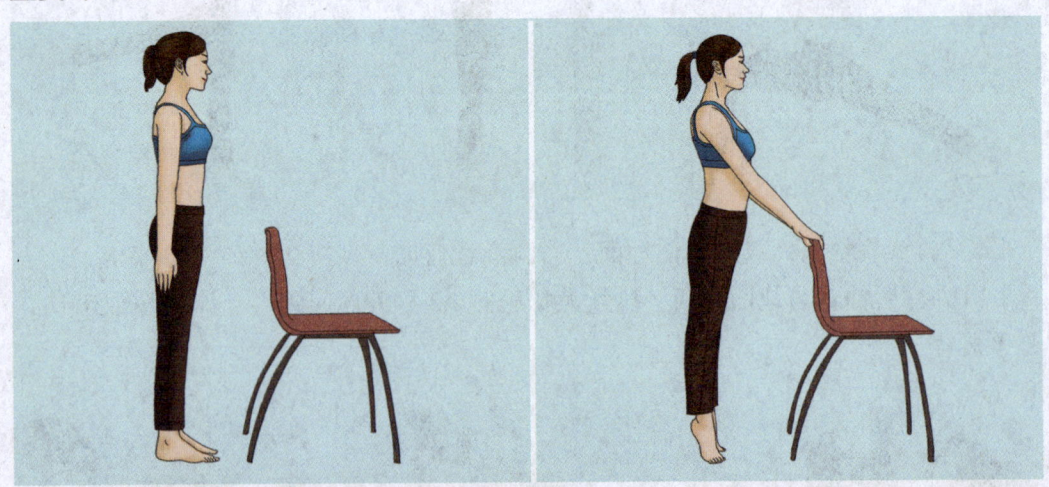

（2）端坐于椅子上。
右腿屈膝，使大腿与小腿之间呈直角，左腿向上抬起，搭在右腿上方，尽力绷直，保持姿势5秒钟后还原。交换左右腿重复练习20次。

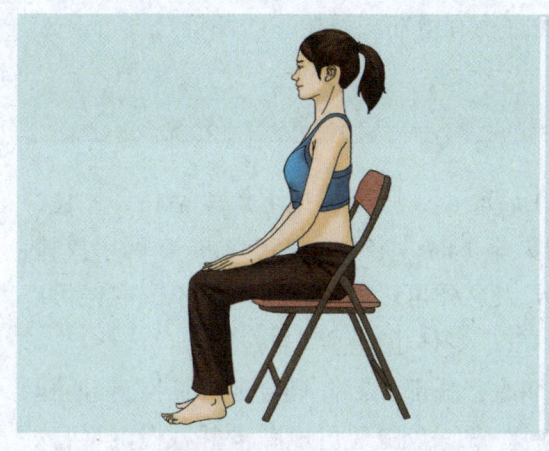
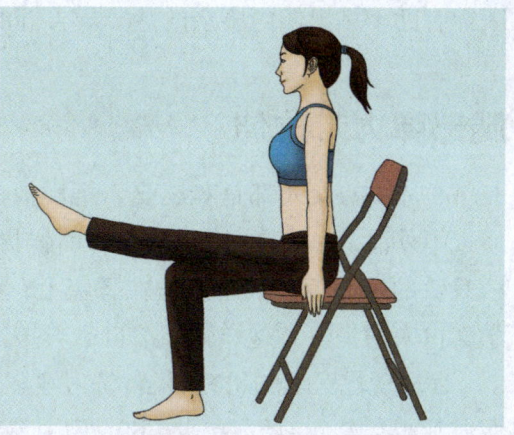

（3）端坐于椅子上。

右腿屈膝，使右小腿与地面垂直，左腿向上抬起，自然放置在右腿上方，左手握住左脚脚踝，右手握住左脚脚尖。

利用双手的力量，使脚尖分别向左右两侧旋转10次。交换左右腿继续练习。

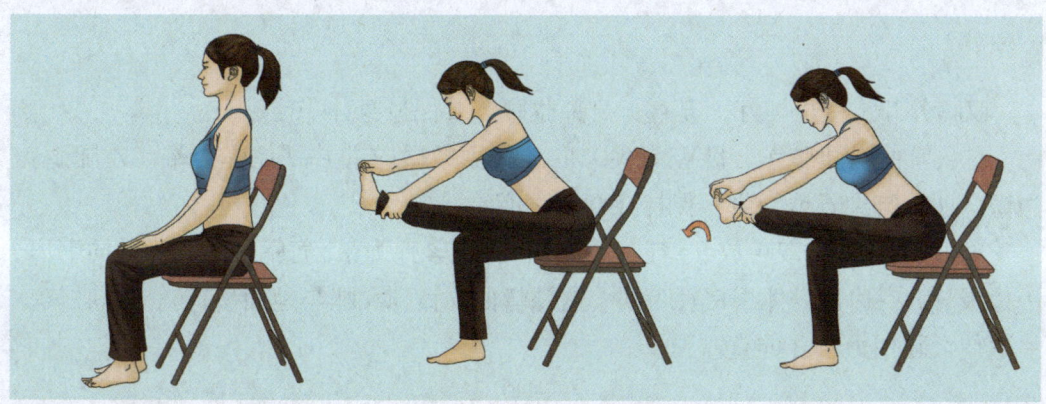

对于长时间伏案工作的上班族，除了要时常做一些美腿拉伸动作，也要多注意饮食中的美腿经：

（1）维生素E可帮助消除水肿。血液循环不好，很容易导致脚部水肿。含维生素E的食物，可帮助加速血液循环，预防腿部肌肉松弛。含丰富维生素E的食物包括杏仁、花生、小麦胚芽等。

（2）B族维生素可加速新陈代谢。维生素B_1可以将糖分转化为能量，而维生素B_2则可以加速脂肪的新陈代谢。含丰富B族维生素的食物有冬菇、芝麻、豆腐、花生、菠菜等。

（3）少吃盐去水肿。经常吃多盐的食物，容易令体内积存过多水分，形成水肿，且容易积聚在小腿上。饮食上除了要减少盐的摄入外，也可多吃含钾的食物，因钾有助于排出体内多余的盐分。含钾的食物有番茄、香蕉、西芹等。

腿部弹力带拉伸

古时候的女人都是盘腿坐,把腿放在后面,这样可以把下焦气堵住、锁住,使气不外泄,这就是女人的藏。古时候男人坐下时一定要"虎背熊腰",两手撑膝,两只手的手心劳宫穴正好护在膝盖上,男人这样可以固摄胃气。没事的时候可以学学古人的坐法,这样就能给自己养护胃气,身体也会感到非常舒服。

根据现代医学的研究,经常练习盘腿能改善腿部、踝部、髋部的柔韧性,使两腿、两髋变得柔软,有利于预防和治疗关节痛。常练盘腿还可以减少并减慢下半身的血液循环,这也就相应增加了上半身特别是胸腔和脑部的血液循环。由于盘腿坐姿有利于人挺胸端坐,所以对顺畅呼吸很有帮助。刚开始练习时,盘腿一般以半小时左右为宜,以后逐渐延长时间。

锻炼腿部的柔韧性,除了盘腿这一传统的方法,还可以试试拉伸:

1. 弓步蹲

双脚分开,弓步站好,挺直上身并收腹,要保持身体稳定。

略微弯曲右腿膝盖,膝朝脚尖方向,脚尖微微向外并踩住弹力带。左腿膝盖微微弯曲,脚尖着地,重心保持在双腿之间。

弯曲两手肘部,双手放在肩前,掌心向内,握紧弹力带。肩膀微微向后并向下压。一边吸气,一边让身体慢慢往下蹲,右膝弯曲,直到大腿与地面平行。一边呼气,一边使大腿用力,并伸直左腿。

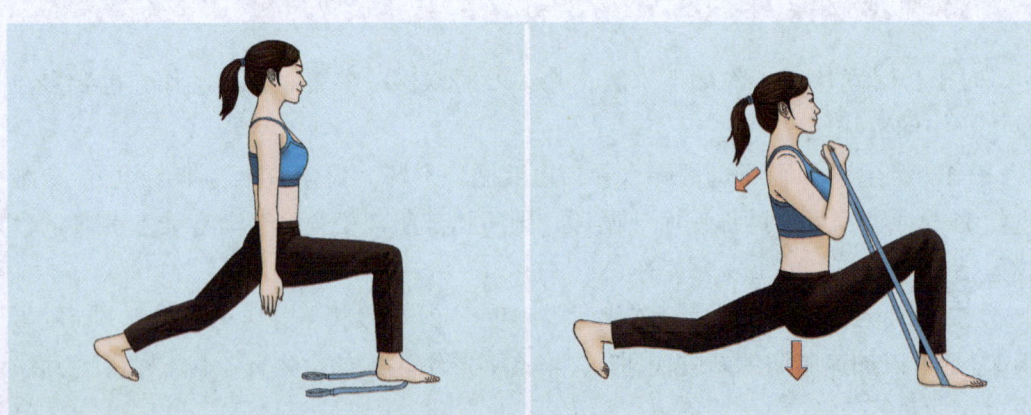

2. 内踢腿

双脚分开站好,与肩同宽。双眼向前方看,挺直上半身并收腹。

膝部略微弯曲，脚尖略微向外。将弹力带套在右脚上，左脚踩住固定。

伸直双手，放在大腿外侧，左手握紧弹力带，掌心向后。

肩膀微微向后并向下压。身体重心移到左部，右脚离开地面，让身体尽量挺直，不要向两侧倾斜。一边呼气，一边使大腿内侧肌肉用力，右脚向内迈出。吸气，然后慢慢回到初始状态。

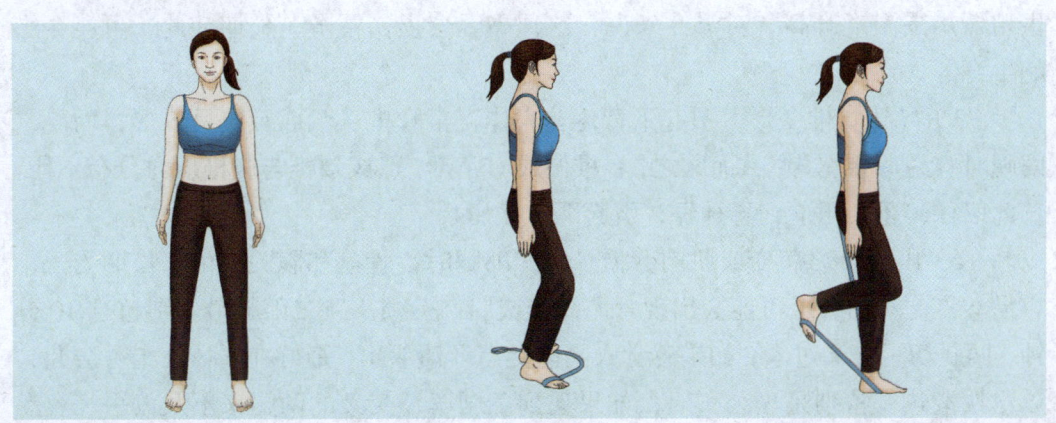

3. 站姿抬腿

双脚分开站好，与肩同宽。双眼向前方看，挺直上半身并收腹。

膝部略微弯曲，脚尖略微向外。将弹力带套在右脚上，左脚踩住固定。伸直双手，放在大腿外侧，左手握紧弹力带，掌心朝内。

肩膀微微向后并向下压。身体重心移到左部，右脚离开地面，让身体尽量挺直，不要向两侧倾斜。一边呼气，一边让大腿前侧肌肉用力，使右脚向上抬起。吸气，慢慢回到初始姿势。

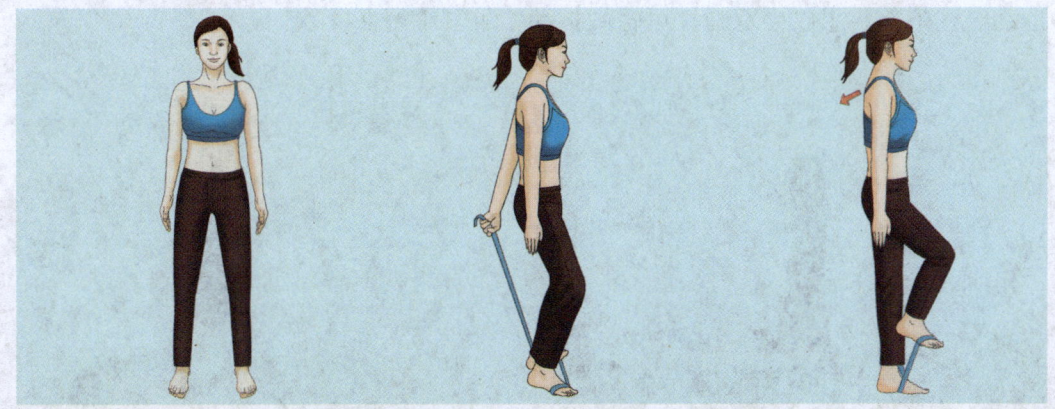

另外，检查一下生活中的自己有跷二郎腿的习惯吗？如果有的话，要小心了，跷二郎腿会让你罹患4种疾病。

（1）可能引发腿部静脉曲张或血栓塞。跷二郎腿时，被垫压的膝盖受到压迫，容易影响下肢血液循环。两腿长时间保持一个姿势不动，容易麻木，如果血液循环再受阻，很可能造成腿部静脉曲张或血栓塞。特别是患高血压、糖尿病、心脏病的老人，长时间跷二郎腿会使病情加重。

（2）影响男性生殖健康。跷二郎腿时，两腿通常会夹得过紧，使大腿内侧及生殖器周围温度升高。对男性来说，这种高温会损伤精子，长期如此，可能会影响生育。

（3）导致脊椎变形，引起下背疼。人体正常脊椎从侧面看应呈S形，而跷二郎腿时容易弯腰驼背，久而久之，脊椎便成C字形，造成腰椎与胸椎压力分布不均。长此以往，还会压迫到脊神经，引起下背疼痛。

（4）出现骨骼病变或肌肉劳损。跷二郎腿时，骨盆和髋关节由于长期受压，容易酸疼，时间长了可能会出现骨骼病变或肌肉劳损。跷二郎腿最好别超过10分钟，两腿切忌交叉过紧，如果感觉大腿内侧有汗渍渗出，最好在通风处走一会儿，以尽快散热。特别是坐公车时，如果遇到急刹车，交叉的两腿来不及放平，容易导致骨关节因肌肉受损而脱臼。

缓解腿部疲劳拉伸

在日常工作中，长时间地坐在电脑前不活动，小腿部血液循环很慢。一天下来，会感觉腿部酸痛。为缓解这种不适，可以试试以下拉伸动作：

（1）自然仰卧于床上，先使双腿用力上抬。

然后再用双手支撑住髋部，利用双臂的力量充分拉伸双腿，使其向上拉伸极限，运动过程中，要想放松双腿，可轻微抖动。重复练习2~4次。

（2）自然仰卧于床上。双腿用力上抬，保持绷直，利用双手的力量，托住腰背部，坚持6~8秒钟。然后双腿慢慢变为自然弯曲，再坚持6~8秒钟。

重复练习2~4次，有利于消除双腿疲劳，促进血液循环。

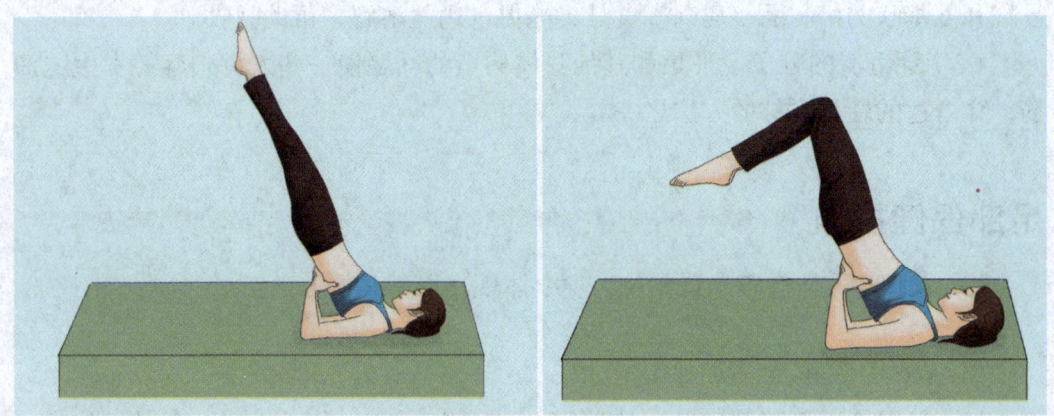

（3）自然仰卧于床上，双腿向前绷直。先将双腿屈膝，直到能触及胸部。然后再将双腿用力上举，保持绷直，停顿几秒后，再缓慢还原，重复练习20次，可充分锻炼腿部。

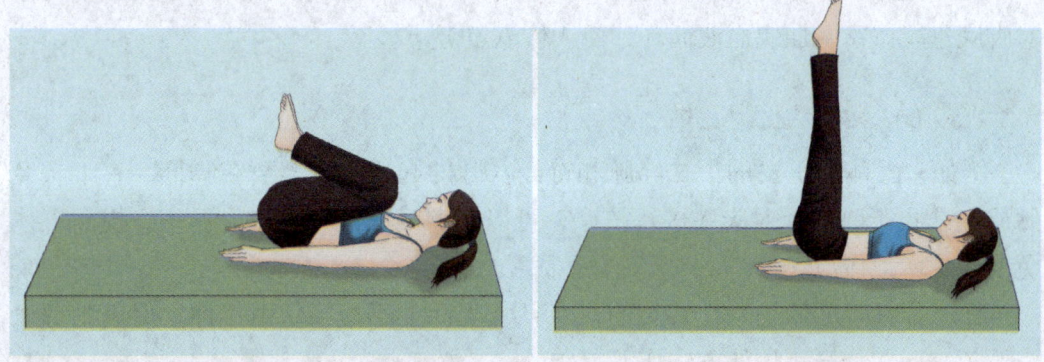

（4）自然仰卧于床上，双臂自然放于两侧。双腿上抬，先将左腿用力踢出再收回，交替右腿练习，看起来就像在骑自行车。重复练习20次以上。运动完毕后，可以轻轻扭动腰腹使全身放松。

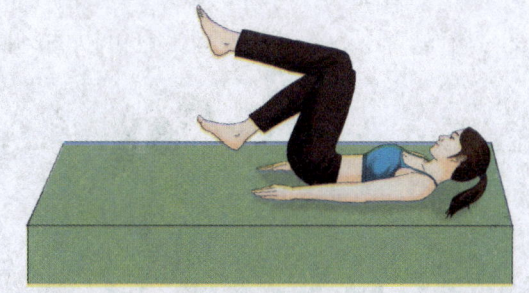

腿部疲劳过度也会引起小腿抽筋，抽筋时，小腿肌肉收缩，引起痉挛，常发生于运动、睡眠或是怀孕时。此外，剧烈运动、出汗过多、受到寒冷刺激、缺钙也会引发小腿抽筋。发生小腿抽筋时，可用以下方法处理，并注意休息：

（1）夜里抽筋的人，尤其要注意保暖，不妨在睡觉前伸展一下肌肉，尤其是容易抽筋的肌肉部位。

（2）运动时间不可过长，以免引发抽筋。补充维生素 E，适当补钙，食用含乳酸和氨基酸的奶制品、瘦肉等食品，能促进钙盐溶解，帮助吸收。

（3）穿舒服的鞋子。平足和其他身体构造的问题使一些人特别容易发生腿抽筋，穿合适的鞋是弥补的方法之一。

足部保健拉伸

人的双脚与人体健康息息相关，主要体现在以下几个方面：

1. 脚是人体的"第二心脏"

人的双脚是离心脏最远的人体器官，血液供应少，血流缓慢，表层脂肪薄，因而新陈代谢所产生的有害物质容易在脚底积聚。这些有害物质包括钙盐、钙酸、乳酸、尿酸结晶体等，长期积聚于脚底会侵犯反射区，并间接危害到各反射区所对应的其他组织器官。久而久之，人体就会产生各种疾病。因此，平常我们可以对脚底进行按摩，加快血液循环，使人体恢复健康。

2. 脚底为人体经气汇集之地

例如，人体最重要的十二经脉和奇经八脉的起止点大多数在脚部，有十条经脉或起或止于脚底。对脚底进行按摩，可以理顺经脉循环和气血循环，提高人体免疫力，增强体质。

所以，保养足部是非常必要的，在日常生活中不妨多做做拉伸，促进足部血液循环，保健全身。拉伸方法如下：

（1）坐姿，将双脚微微弓起，手指伸进每个脚趾之间，做各种脚部弯曲和伸展的动作，可以一次一只脚，也可以两脚同时做。

（2）坐姿，将脚后跟放在地板上，抬起脚尖，脚趾做 10 次弯曲伸展运动。此动作的关键是要尽量地伸展脚趾。

（3）坐姿，将双腿屈膝后抬起。一条腿放在另一条腿上。

用右手按摩左脚心，用左手按摩右脚心，两手交替按摩，直到局部发热。脚底的穴位很多，做按摩可促进并改善足部血液循环。

（4）坐姿，用一只手托住小腿肚，另一只手从脚跟的淋巴结处，用力朝上移动。同样动作反复数次，不但可以改善腿部血液循环，还能拉伸小腿肌肉。

（5）坐姿，在一条腿的侧面，两手的大拇指使用适中的力度往下按。按的同时，大拇指可以以一个点为支撑，轻轻地按顺时针的方向按摩。两条腿各按摩 5 分钟。

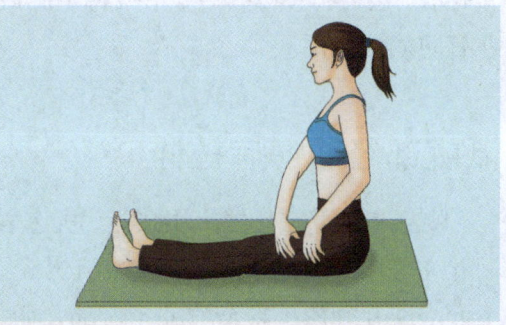

（6）坐姿，将双手掌心紧贴腿部，4 指并拢。

大拇指用力按住腿部肌肉，从脚跟的淋巴结处缓缓朝上旋转，两手旋转的方向必须相反。双腿各做 2~3 分钟。

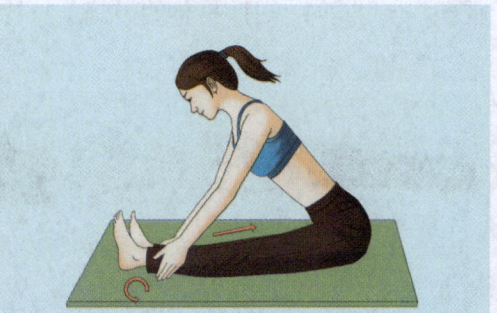

（7）坐姿，两腿各部分全部离开地面，上身略微向后仰，找到身体的重心，用臀部支撑身体平衡。

双手按住膝盖上部以及大腿中部，轻轻按摩。这样的动作不仅可以消除腿部的水肿，还能让腿部肌肤更加有弹性，令腿部线条更加修长。

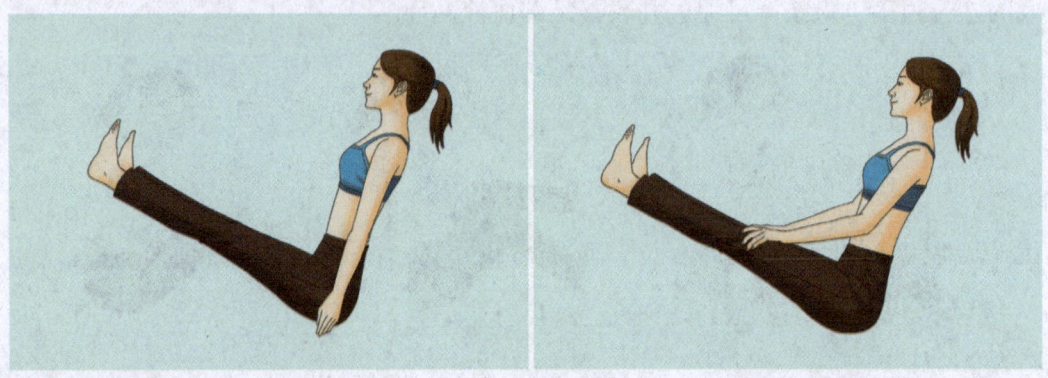

保养双足，泡脚是个不错的方法。每天临睡前，坚持用热水泡脚。只要坚持做，拥有一双健康的脚和一个健康的身体都不是难事。

除了每天用热水泡脚外，中老年人还可以经常按摩双脚：泡脚后，用手掌搓摩脚心，然后再按摩脚背，牵拉每个脚趾。按捏肌肉，可以使脚趾筋膜更坚韧有力，并有防病的作用。

骶髋部经筋痹病拉伸

腰部和骶部在位置上很接近，疾患表现出来的也通常都是腰骶部的疼痛不适，因此在临床上腰部和骶部常常相提并论，在康复锻炼上，二者也有很多相通的地方。下面介绍几种简单易行的关于骶部及髋部疾病的康复锻炼方法，供大家参考。

1. 抬腿

平躺于地板上，双臂置于两侧。轮流抬起脚后跟，使脚后跟抬离地面10~20厘米，与此同时，腿保持伸直状态。坚持到腰部发酸后再坚持5~10秒钟，重复5次。

2. 沿墙滑动

靠墙站立，双脚分开与肩同宽隔开点；然后下滑，蹲伏，膝部弯曲约90度。从1数到5，然后上滑。重复5次。

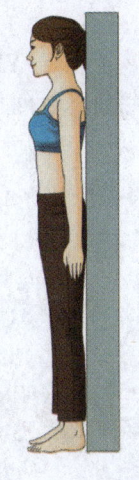

3. 抬高臀部

平躺在垫子上，屈膝，使得脚平放在地面上。然后抬起臀部，腹肌绷紧，与此同时挺直背部，重复5次。

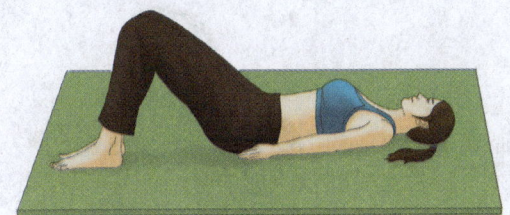

4. 直腿抬高法

仰卧，下肢伸直，患肢主动上抬，当感觉腰、臀及下肢疼痛时，停住动作，调匀呼吸，慢慢放下休息。重复5次。

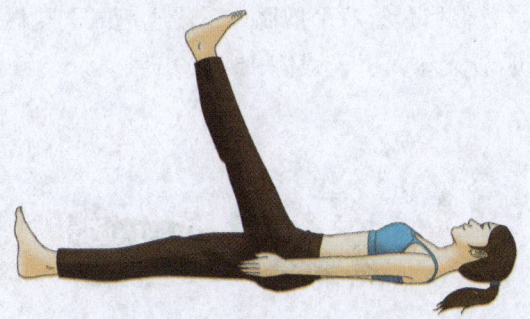

5. 划船运动法

背靠墙端坐，下肢伸直，上体前屈，力求每次双手摸到脚部，像坐位划船的动作。重复5次。

6. 强迫锻炼法

直腿站立；分别做提腿、上体前屈及侧弯运动。若做某一动作有疼痛，运动受限时，不要中断，应继续运动，但不要过度，每次运动 3~5 分钟。

7. 蹬车活动

坐在一个特制的固定练功车或健身器上，做蹬车活动，模拟踏自行车，重复动作 2~4 分钟。

8. 滚球法

仰卧位，双手抱膝，缓慢坐起，重复做坐起运动，形似滚球，每天锻炼 15~20 分钟。

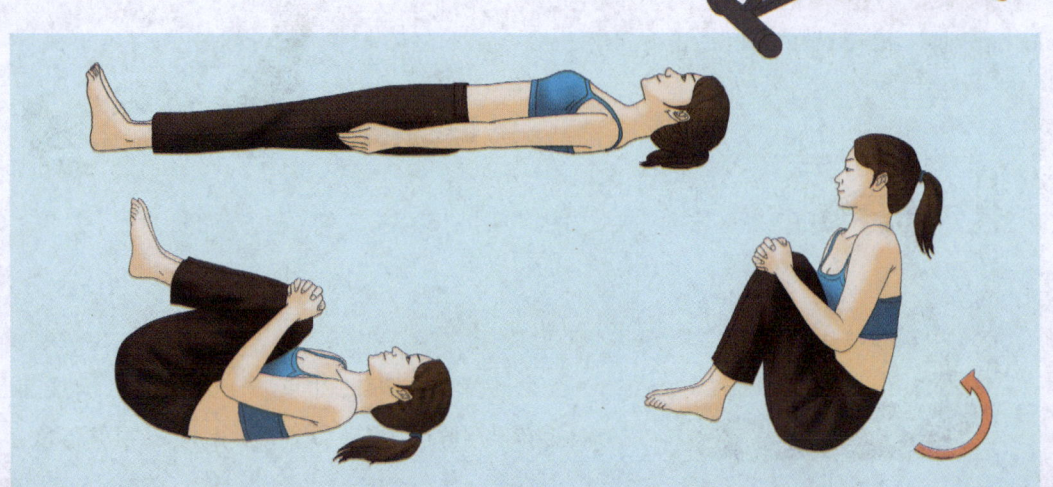

以上动作要柔缓有力,由轻到重,再由重到轻,而后结束。活动范围要由小到大,活动次数亦逐日增加,以达到机体最高耐受程度为准。如运动后疼痛仍不能减轻者,则不适宜此种疗法。

踝部经筋痹病拉伸

踝关节是脚部非常容易受伤的部位,因为整个双腿最后的承重都落在我们的脚上。由于重力的原因,整个踝关节都处在不断被挤压的过程中,所以踝部的康复训练最关键的就是将韧带和关节尽量展开。

(1)拉伸运动:这种拉伸运动与芭蕾舞非常类似,就是要把踝关节周围的韧带拉开,最主要的动作就是将双脚向前和向后蹬开。

可先找到一个可以支撑的地方,双脚站好后,用手抵住支撑;双腿一起用力蹬伸,使身体逐渐倾斜;然后是脚尖的竖立动作,将后跟翘起,身体最大幅度地向上拉伸。

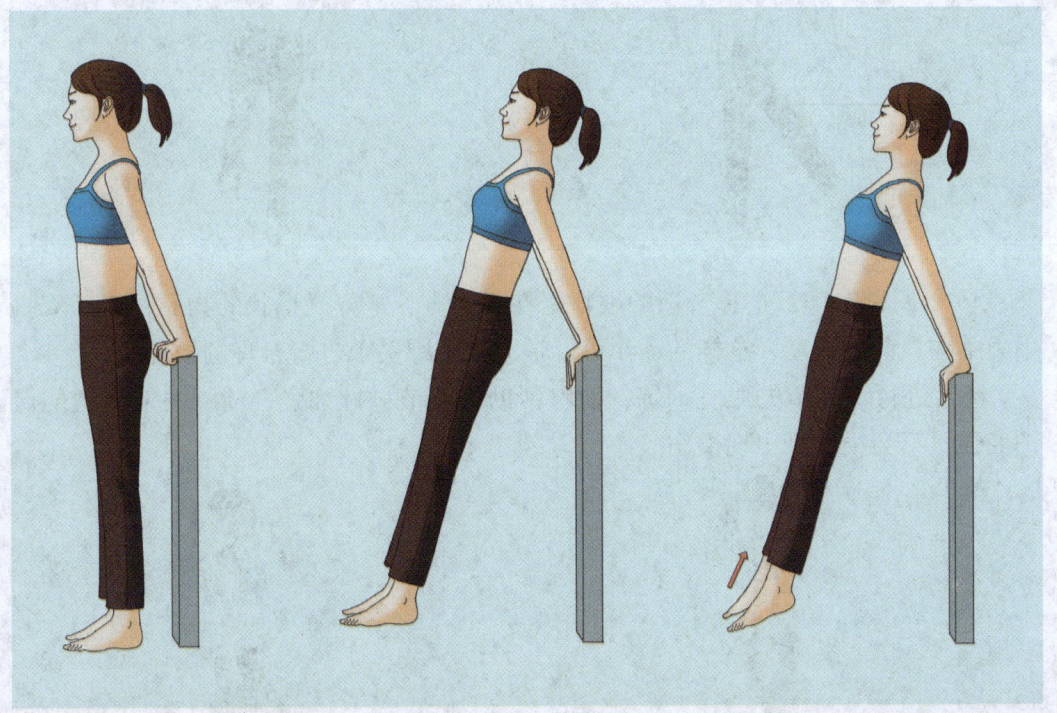

(2)外翻动作:保持一只脚站立不动,另一只脚稍微提起;然后让身体向支撑脚的内侧倾斜,这样大腿内部的肌肉就会充分紧张,达到拉伸的目的。最后双脚交换,每次进行5分钟以上。

（3）内翻动作：同样是一只脚站立，将另一只脚抬起；然后整个身体向支撑脚的外侧倾斜，拉伸对侧的肌肉和韧带。双脚交替进行，每次5分钟。

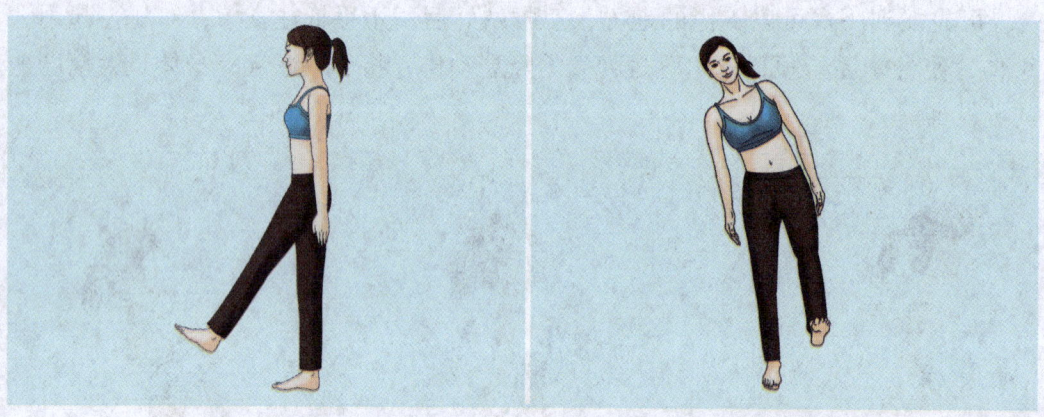

（4）踩踏动作：选择合适的硬物踩在脚下方，最好是桶状的物品；然后双脚用力踏住，前后滚动，这样的动作可以带动整个踝关节进行合理的拉伸。

经常进行踝关节的康复训练，能够帮助踝关节韧性加强，使踝关节周围的保护变强，不会很容易出现损伤。

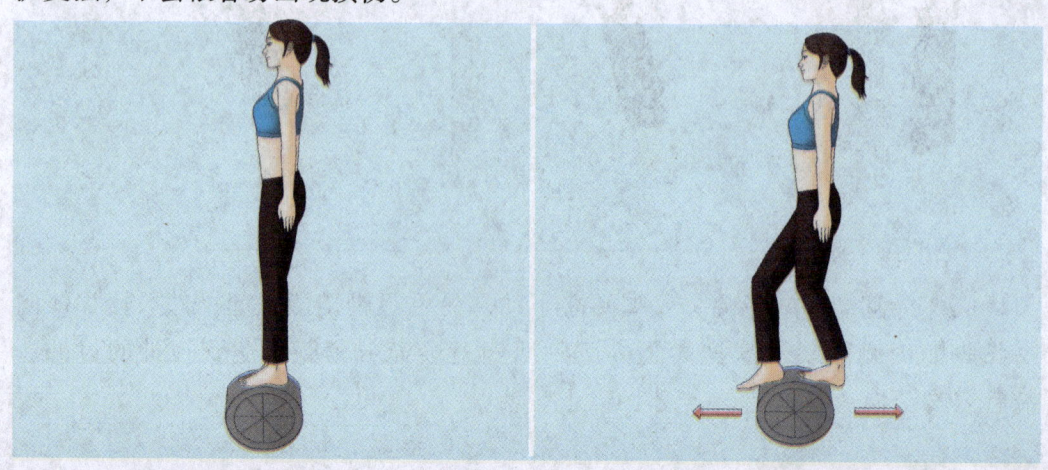

第三章
上班族拉伸保健

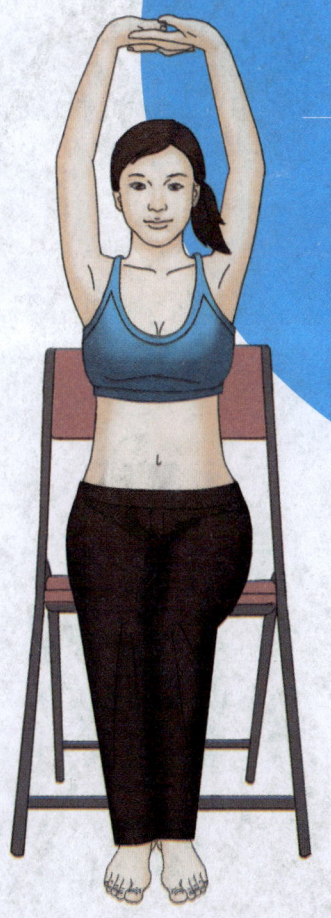

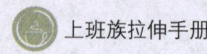

第一节 办公室拉伸

简易的办公室拉伸

如果长时间待在室内，就容易引起头昏、失眠、记忆力减退、高血压、冠心病、便秘等，因此加强健身十分必要。下面就介绍几个强健体魄的"小动作"。

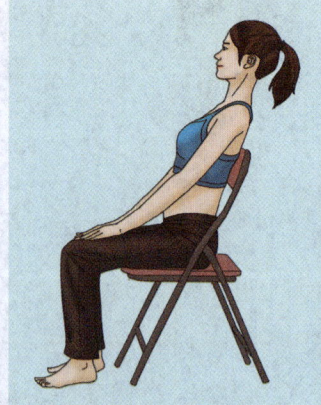

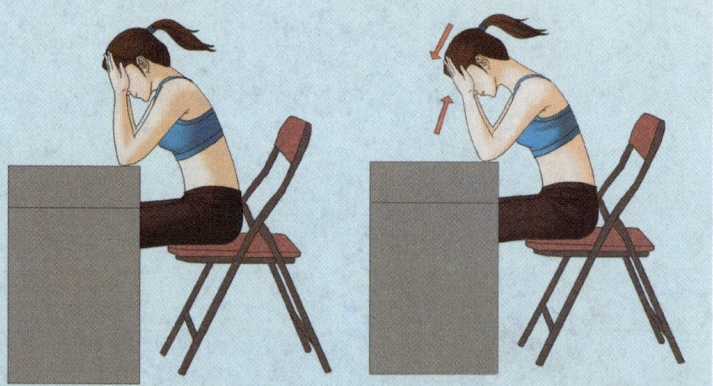

▲ 端坐在椅子上，挺直背部，脊背与椅背紧密接触，同时用力向后顶，保持姿势10~20秒钟。

▲ 端坐在椅子上，双臂自然放于桌面，并使肘部弯曲，用两边手掌支撑住额头；然后尽量向后推动头部，与此同时，头部向前抵抗，用力下压，保持姿势10~20秒钟。

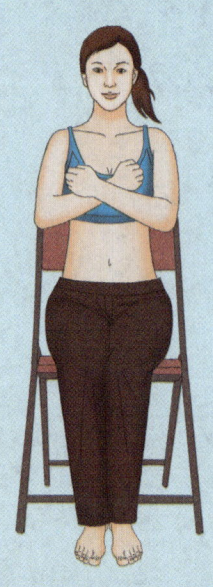

◀ 端坐在椅子上，两臂弯曲，在胸前左右交叉，两边小臂同时用力，相互挤压。保持姿势10~20秒钟。

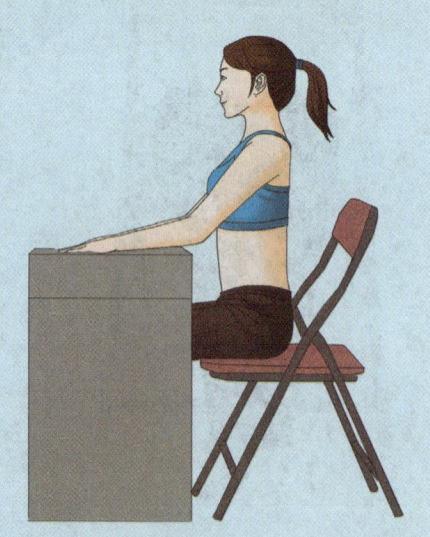

▶ 端坐在椅子上，双臂自然放于桌面，保持伸直，掌心朝下与桌面相贴，并尽量向下按压桌面，保持姿势10~20秒钟。

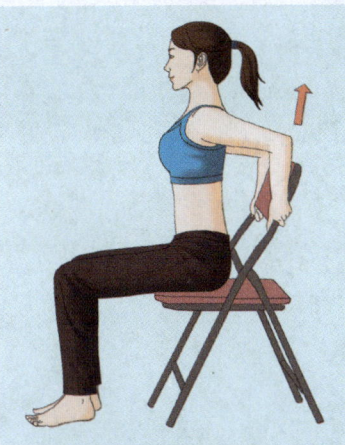
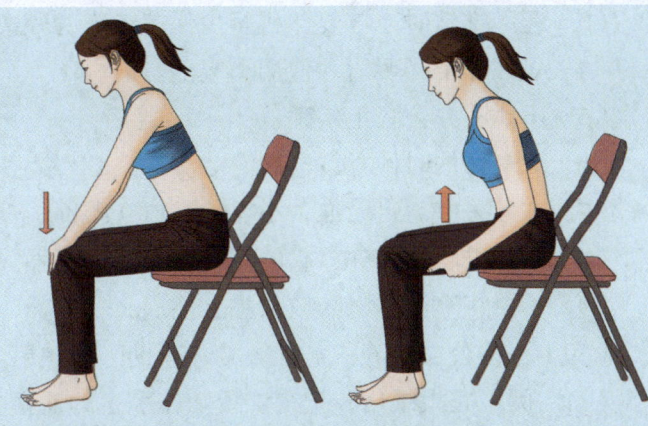

▲ 端坐在椅子上,双手放于身后,分别扶住椅子两侧。然后双臂尽量向上拉伸,保持姿势10~20秒钟。

▲ 端坐在椅子上,上半身略向前弯曲,双手分别放在两边膝盖上方,保持手臂绷直,然后双臂用力按压大腿,保持姿势10~20秒钟。

▲ 端坐在椅子上,上半身略向前弯曲,同时手臂弯曲放在大腿下方,然后将大腿用力向上提伸,注意双脚不能移动,停顿10~20秒钟。

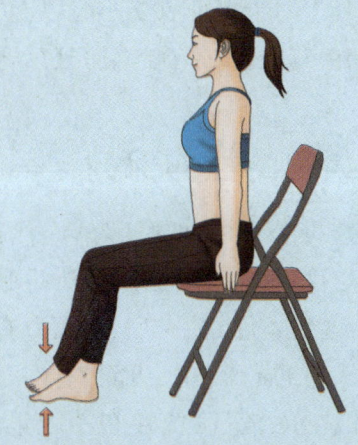

▲ 端坐在椅子上,双腿向前挺直,臀部略微向上抬起,双臂向前抬起,与肩同高,停顿10~20秒钟。

▲ 端坐在椅子上,左右腿交叉,脚踝相贴。左腿在上,用力向下挤压右腿,同时右腿向上抵抗,保持姿势10~20秒钟后,还原。以同样的动作要领,使右腿在上,重复练习。

除此之外,再给大家推荐一些绿色办公的好习惯:
(1)每天踏进办公室,先将窗户打开透气,再坐下来工作。
(2)如果一天要接听5小时电话,就使用无线耳机。

（3）复印文件时，与复印机至少保持1米的距离。

（4）只在非常必要时才使用滴眼液。

（5）不趴在办公桌上午睡。

（6）该午休的时候不玩电脑游戏。

（7）在办公室为自己准备小靠垫，放在腰部。

（8）别让电脑包围你，它的侧、背面辐射更强。

（9）不要将笔记本电脑放在膝上使用。

（10）在办公桌上养一盆仙人掌，帮助吸收辐射。

（11）阅读完报纸后，记得洗掉沾在手上的油墨。

（12）每30分钟伸一次懒腰。

（13）办公室内的地毯定期清洗杀虫。

（14）用完电脑后要清洁面部及手部，清除辐射微尘。

（15）下班时将洗净的水杯倒扣在办公桌上。

（16）单肩的短带挎包会加重肩周炎症状。

（17）公文包里的口红与签字笔要分格存放。

（18）每天保证有2小时以上的时间，让脚从高跟鞋里解放出来。

（19）超过22:00的加班每周不超过一次。

办公桌前的拉伸保健

久坐办公室的你是否经常有烦躁不安、呼吸不畅、失眠厌食、胸闷咳嗽、容易疲倦、头昏眼花、莫名流泪、反应迟钝等状况？这些病症除了与工作压力有关外，还与打印机、复印机、传真机、扫描仪、多功能一体机、电脑等现代办公室设备存在的大量污染有直接关系。为了缓解这种不适，我们在办公桌前可以做一些简便的拉伸动作。

（1）坐位或立位。
两手交替摸颈的后部，每天2次。

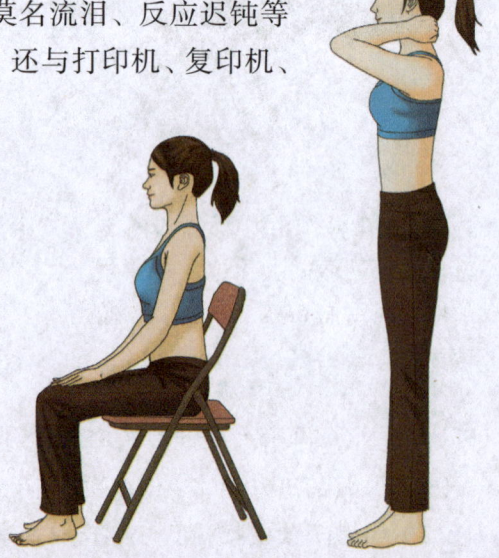

（2）坐位或立位，两肩耸动，幅度由弱到强。

（3）坐位或立位，双手在颈后部交叉。肩关节尽量内收及外展，反复数次。

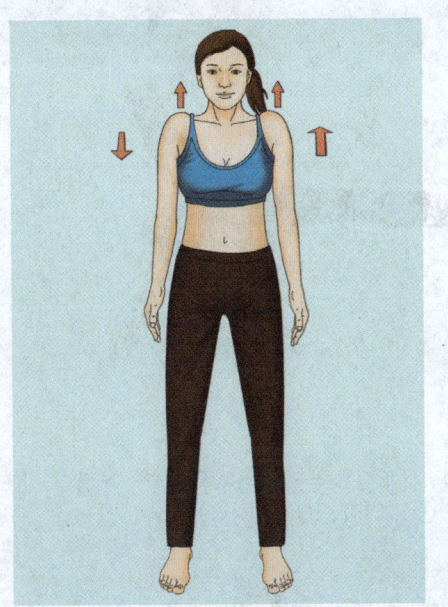
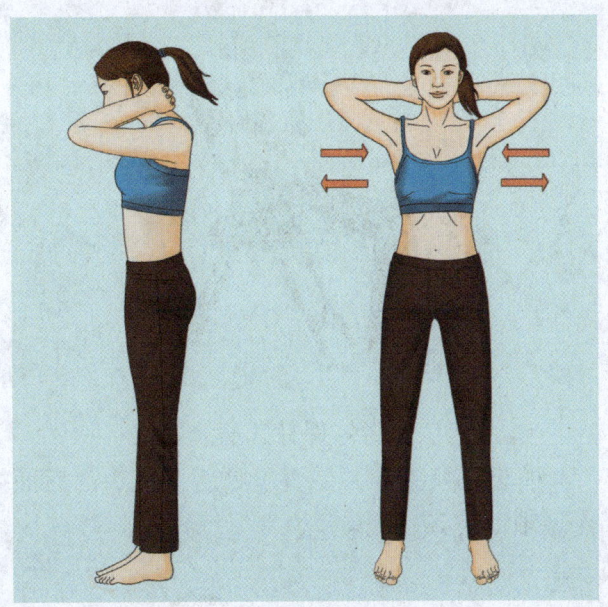

（4）端坐在椅子上，身体保持正直，双手交叉后抱头，置于脖子根部，双腿挺直。

做扩胸运动，幅度由小到大，直到最大限度，力度由小到大，每次50~60次，每天1~2次。

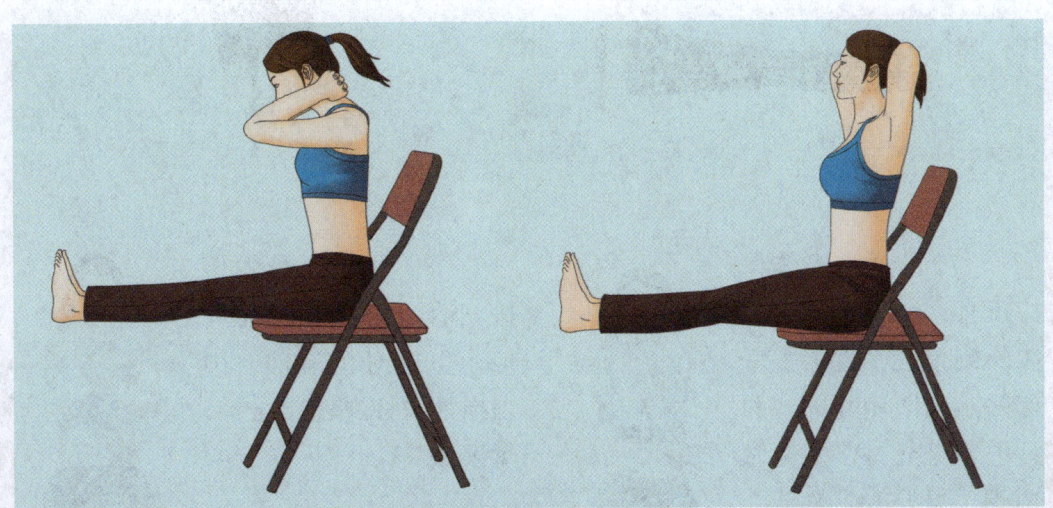

（5）端坐在椅子上，身体保持正直。

双腿挺直，一手臂旋后，使手背接触自己的后背，然后尽力用指尖向对侧肩部用力上提，直到最大限度，两只手轮流交替，每次上提10次，每天1~2次。

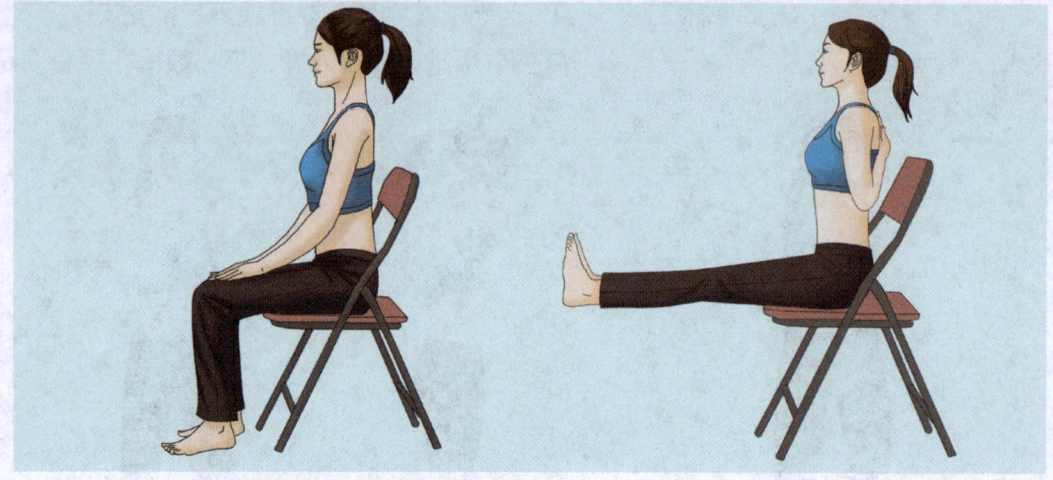

（6）坐位，身体保持正直。

抬起一只手臂，手绕过脑后，从头部后面握对侧耳朵，两只手轮流交替，每次做10遍，每天1~2次。

（7）坐位，身体保持正直，一只手臂沿身体外侧抬起，直至手臂外侧贴到同侧耳部。两只手轮流交替，每次做10遍，每天1~2次。

（8）坐位，身体保持正直，两臂在胸前环抱，手握对侧肩部，用力抱紧，每次坚持5分钟，每天1~2次。

（9）站立位，面对墙壁，一手手掌接触墙壁。

用力使指尖沿竖直方向抬高，至最大限度，两只手轮流交替，每次做10遍，每天1~2次。

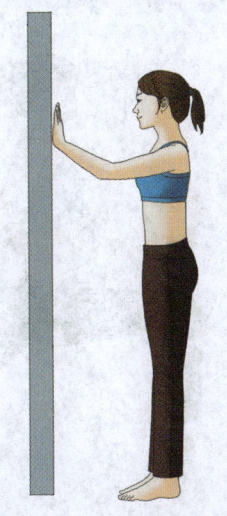
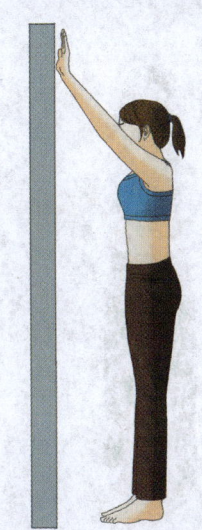

除了上面的拉伸方法，还可用下列方法进行功能训练来缓解办公室疲劳感：

（1）爬墙锻炼：面对墙壁，用双手或患手沿墙壁徐缓地向上爬动，使上肢尽量高举，然后缓慢向下回到原处，反复进行。

（2）体后拉手：双手向后反背，用健手拉住患肢腕部，渐渐向上拉动抬起，反复进行。

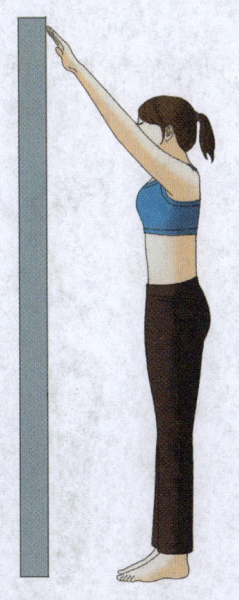
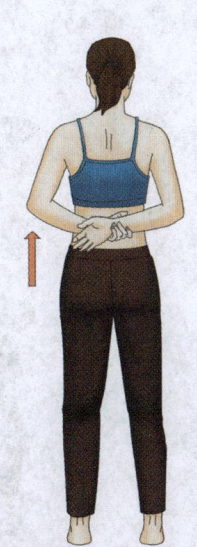

（3）上臂外旋锻炼：背靠墙而立，双手握拳屈肘，做上臂外旋动作，尽量使脊背靠近墙壁，反复进行。

（4）摇膀子：弓箭步，一手叉腰，另一手握空拳靠近腰部，做前后环转摇动，幅度由小到大，动作由慢到快。

开始工作前的拉伸

每天早上，到达办公室后，先别急于打开电脑上网浏览信息或者工作。用几分钟闭上眼睛，把心率调慢，此时也可以配合一些拉伸小动作，把身体调节到最佳状态后，再投入到一天的紧张工作中。别小看这几分钟，这些小动作能够平缓心态，提高你的工作效率。

（1）交叉双手，将手臂抬起到与肩同高的地方，并尽力向前伸展。

再将两只手都翻转过来，手心朝外。将这个拉伸动作维持 15 秒钟，慢慢放松恢复到原位。

（2）先将肩膀分别向耳朵的方向耸起，这时颈部和肩膀处会稍稍产生一些紧张感。将这个姿势保持5秒钟。然后放松，让肩膀自然下垂。在做动作的同时，心中默念："肩膀上升，肩膀下降"。

（3）将眼睛尽量往大睁，并将眉毛向上抬起，把嘴巴张大，舌头吐出。将这样的拉伸动作维持5~10秒钟。

（4）十指交叉掌心向上，举过头顶。

向后上方轻轻推动手臂，让手臂、肩膀以及上背部产生一定的拉伸感。让呼吸自然顺畅，并将此姿势保持15秒钟。

（5）两臂垂于体侧，抖动10~12秒钟。

此外，工作累的时候还可以吃点鸡肉。鸡肉营养丰富，是高蛋白、低脂肪的健康食品，其中氨基酸的组成与人体的需要十分接近，同时它所含有的脂肪酸多为不饱和脂肪酸，极易被人体吸收，并含有多种维生素、钙、磷、锌、铁、镁等成分。

中医理论认为，鸡肉具有温中益气、补精填髓、益五脏、补虚损的功效，可以治疗由身体虚弱而引起的乏力、头晕等症状。对于男性来说，由肾精不足所导致的小便频繁、耳聋、精少精冷等症状，也可以通过吃鸡肉得到一定的缓解。

由于鸡肉具有很强的滋补作用，现代社会中压力过大、身心疲惫，常处于亚健康状态的白领最好多吃一些，以增强免疫力，减少患病。鸡肉中的牛磺酸可以增强人的消化能力，起到抗氧化和一定的解毒作用，在改善心脑功能、促进儿童智力发育方面，有较好的作用。

利用椅子来拉伸

"我的手都成鼠标手了""我脖子都抬不起来了",在办公室里,经常可听到这样的抱怨。我们既然意识到了,那为什么不在办公室里锻炼呢?虽然没有网球场,没有跑道,没有足球门,可是你还有属于你的那一小片空间。在闲暇之余不妨试试办公室里的椅子拉伸保健操:

(1)站立,双脚分开,与肩同宽,双手放在椅背上,保持腰背挺直,吸气。

吐气,膝盖微微弯曲,然后缓缓站起来。重复15~20次,每天坚持做,一定有较佳的效果。

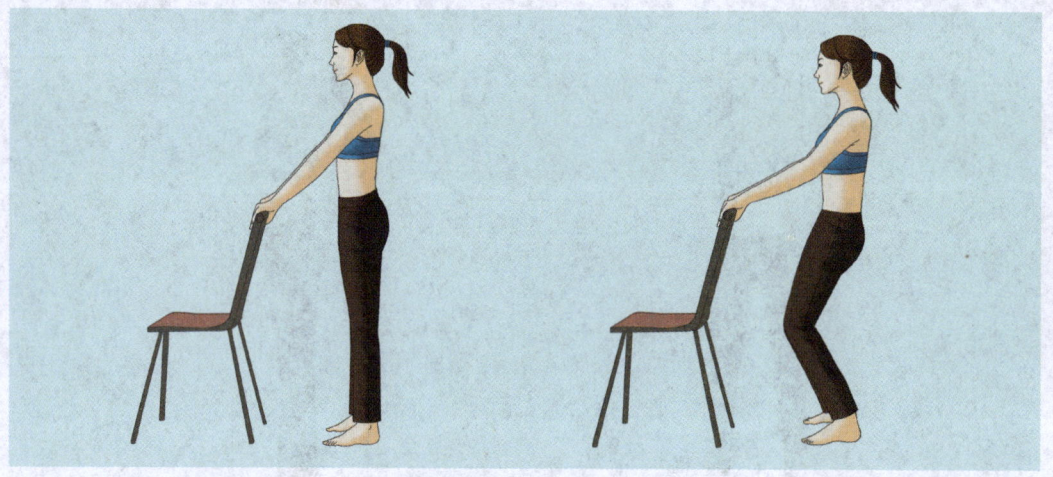

(2)双手放在椅背上,双脚分开,与肩同宽。

右脚站着,膝盖微屈,左脚向后移,距离右脚约一个脚掌,保持2秒钟后还原。重复15~20次,左右脚交替进行,每天坚持做,一定有较佳的效果。

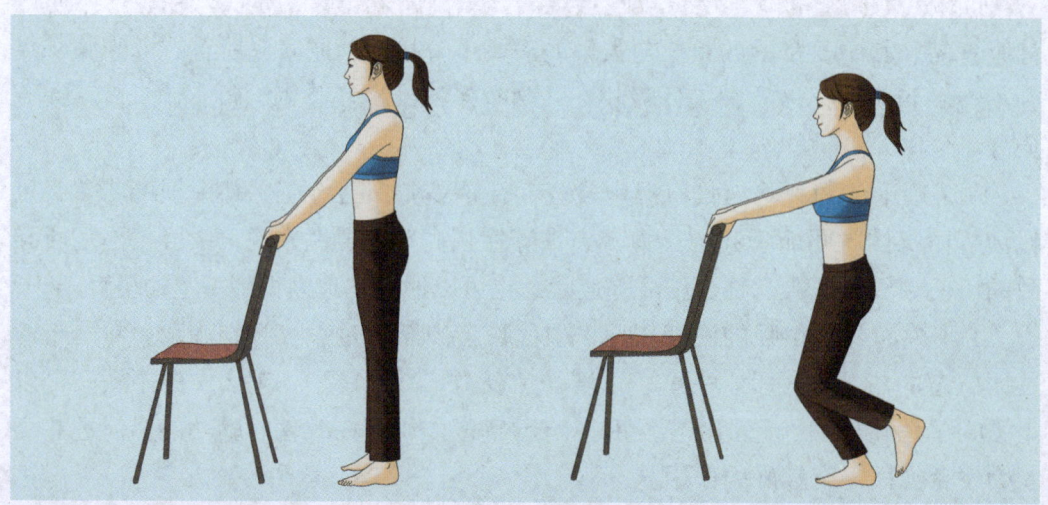

（3）侧身站在椅子旁边，左手扶着椅背。

甩动右腿，足尖下压，右腿要绷直，尽量甩开，重复15~20次后还原，换左腿做。

（4）站在椅子后面，距离约一步，双手放在椅背上。

上半身保持挺直，吐气提臀，向后抬起左脚，保持约10秒钟，吸气还原。重复15~20次，换右脚做。

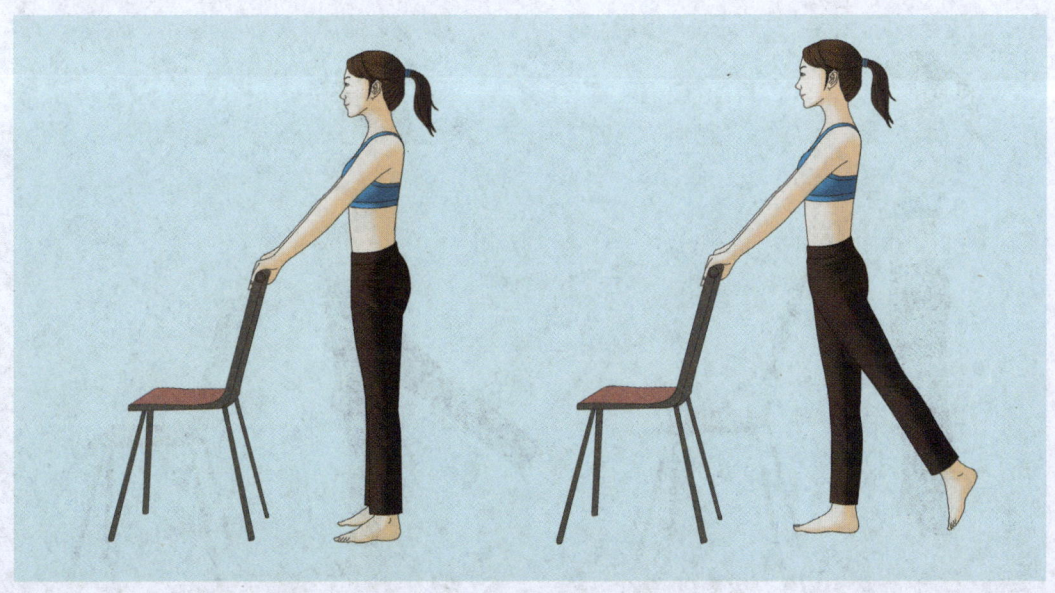

（5）站在椅子前，双脚分开与肩同宽，吸气。

半坐姿势，吐气后蹲，双臂平行向前推，吸气还原。重复15次。

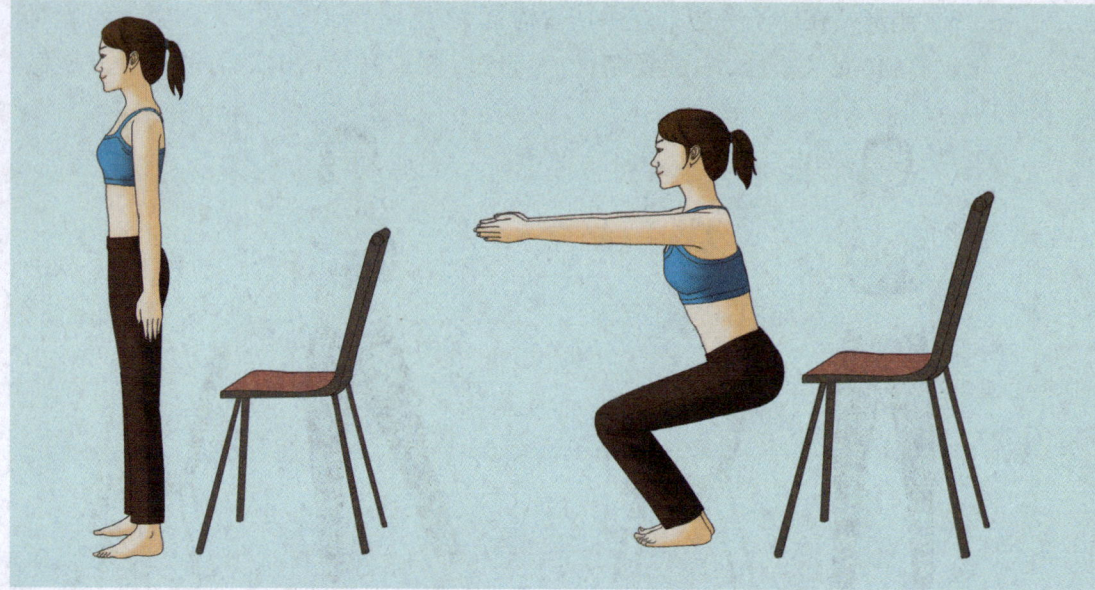

（6）双手扶着椅背成立正姿势，左脚脚尖朝前，右脚脚尖朝右侧，两脚尖成90度角。

缓慢地将右腿向后抬起，达到最高点后保持5秒钟，再缓慢地将右腿放下。重复5~10次，换左腿进行。

上班一族，由于工作压力较大，除在办公室做一些小运动外，日常也要注重自己的饮食。下面就让我们一起学习一下上班族的7条饮食妙方：

1. "迷你"食品定时"充电"

每隔 2~3 小时就少量进食，一杯脱脂奶或一片营养麦片，一片面包或若干块饼干足矣。

2. 最佳中式、西式早餐

最佳西式早餐：牛奶+面包+水果（或复合维生素）；最佳中式早餐：豆浆+煮鸡蛋+包子。

3. 商务餐尽量远离海鲜

据测定，海鲜中存在寄生虫和细菌的概率很高，加之酒楼、餐馆过于追求味道的鲜美，烹制往往不够充分，当人们津津有味地品尝其鲜美时，也许病已从口入。

4. 提防夜餐综合征

若夜餐时间较晚，一则此时人体吸收能力增强，容易发胖；二则破坏了人体正常的生物钟，容易导致失眠，经常这样，还容易诱发神经衰弱症。

5. 吃水果要小心

白领族费心劳神，工作压力大，精神长期处于紧张之中，容易患消化道溃疡病，不宜吃柠檬、杨梅、李子、山楂、西瓜等酸性或凉性的水果。

6. 饮酒的取舍

每天饮用 20~30 毫升红葡萄酒，可以使心脏病的发病率降低 75%。而饮啤酒过量会加速心肌衰老，使血液内铅含量增加。

7. 电脑操作者吃什么

每星期吃 3 次胡萝卜，即可保持体内维生素 A 的正常含量。整天待在办公室里日晒机会少，容易缺乏维生素 D 而患骨质疏松症，需要多吃海鱼、动物肝脏、蛋黄等富含维生素 D 的食物。

办公室健脑拉伸

我国传统医学认为"脑为元神之府"，脑是精髓和神经高度会聚之处，人的视觉、听觉、嗅觉、感觉、思维和记忆力等，都受到脑的控制，这说明脑是人体极其重要的器官，是生命要害的所在，所以我们在生活中一定要学会健脑的方法，这样才能健康长寿。

拉伸方法如下：

1. 上下耸肩运动

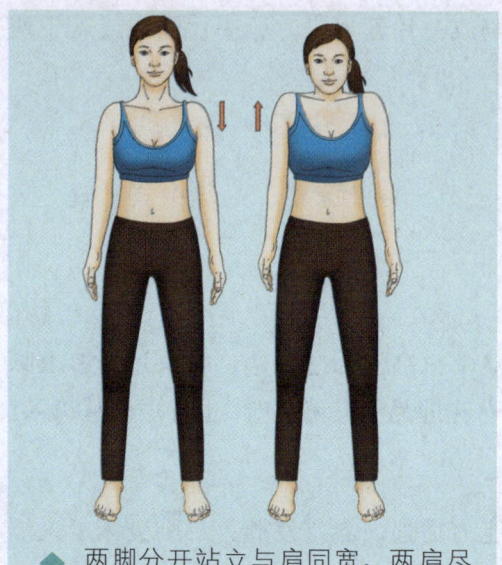

▲ 两脚分开站立与肩同宽,两肩尽量上提,使头部贴在两肩之间,稍停片刻,肩突然下落,做 8 遍。

2. 背后举臂运动

▲ 两臂在背后交叉并伸直,随即用力上举,用肩胛骨上推头的根部,保持 2~3 秒钟后,两臂猛地落下,像要撞到腰上,做 1 遍。

3. 叉手前伸运动

屈肘,五指交叉于胸前。

两手迅速向前伸,同时迅速向前低头,使头夹在伸直的两小臂之间,做 5~10 遍。

4. 叉手转肩运动

五指交叉在胸前,掌心朝下,尽量左右转肩。头必须跟着向后转,注意保持开始时的姿势,转动幅度要等于或者大于 90 度,左右交替做若干遍。

5. 前后屈肩运动

先使两肩尽量向后弯曲，就像两肩胛骨要碰到一起。

接着用力让两肩向前弯曲，如同两肩会在胸前闭合似的，并使两只手背靠在一起，做5~10遍。

6. 前后转肩运动

屈肘，呈直角，旋转肩部，先由前向后，再从后向前，旋转遍数可根据自己情况而定。

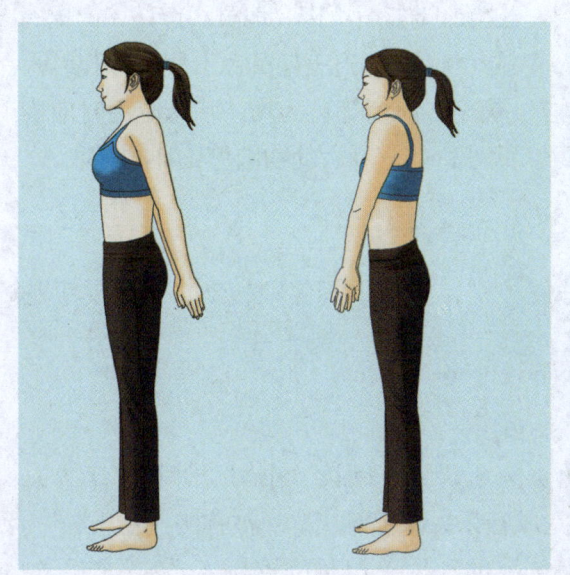

除了以上拉伸运动，日常生活中还可以运用下面几种方法来锻炼大脑：

1. 颐神养脑

脑藏神，精神愉快则脑不伤；如果精神紧张，心境不宁，神乱神散，那么脑就会受到损害。颐神养脑，须重道德修养。如豁达大度，恬淡寡欲，不患得患失，不追名逐利，悠然自得，助人为乐，就利于养脑；如胸襟狭窄，凡事斤斤计较，七情易动，引起脏腑气血功能失调则易致病。

2. 节欲健脑

中医认为，肾主骨生髓，通于脑。肾与脑有密切关系，节欲可养精，养精才能健脑全神，延缓大脑的衰老。反之，纵欲过度，则会伤精耗神，未老先衰，百病丛生。

3. 气功强脑

练气功得法，可充分发挥意念的主观能动性，大大激发健脑强脑的自调功能。气功功法很多，有不少以补脑强脑为目的的功法，具体练习以有气功师指点为好。

4. "浴脑"锻炼

每日清晨起床后，宜到公园、江滨、郊外、庭院等地，进行太极拳、跳舞、散步等活动。清晨空气清新，能唤醒尚处于抑制状态的各神经、肌肉的活动，使大脑得到充分的氧气，提高脑功能。

5. 饮食补脑

分析古今健脑药方，一般是以补肝肾、益精血（如山萸肉、地黄、首乌、枸杞、菟丝子、五味子、川杜仲、牛膝、当归等）、益元气、活血脉（如黄芪、人参、丹参等）为主，化浊痰、开清窍（如石菖蒲、远志、茯苓、泽泻等）为辅，临床应用时应当以辨证论治为原则，有针对性地配制较好。此外，如芝麻、动物脑等食补亦可取。

6. 手脑结合

手脑关系最为密切，手托两个铁球或核桃，在手中不停地转动。可以使手脑协调，从而起到健脑的作用。

7. 音乐健脑

医学研究显示，人的大脑左半球负责完成语言、阅读、书写、计算等工作，被称为"语言脑"；大脑的右半球负责完成音乐、情感等工作，被称为"音乐脑"。由于人类生活离不开语言，因而"语言脑"的利用率相对比较高，"音乐脑"的利用率则相对比较低，从而造成左右脑的功能失调。听音乐可以对脑的电波活动产生有益的作用，在刺激右脑功能的同时，也促进了大脑两个半球联络的功能，从而提高了大脑整体的智力活动水平。

电脑族脊背拉伸

上班族常因保持一种姿势时间过久或姿势不良而造成颈部或背部肌肉紧张，从而导致背部疼痛不适；另外，心理性紧张也会造成背部的紧张与疼痛。由此可见，人的背部肌肉所承受的负荷是很大的，而解除背部疼痛最有效的方法之一就是进行背部的放松健身运动。

上班族在办公室内，可以利用椅子、办公桌、重物等室内物品进行放松背部的运动。

1. 利用椅子

（1）自然坐姿。

双肩外展，两手五指交叉置于胸前，手心向内，双肘关节与肩平齐。反手向前用力伸展，直至最大限度，坚持 10 秒钟，还原，重复 3~5 次。

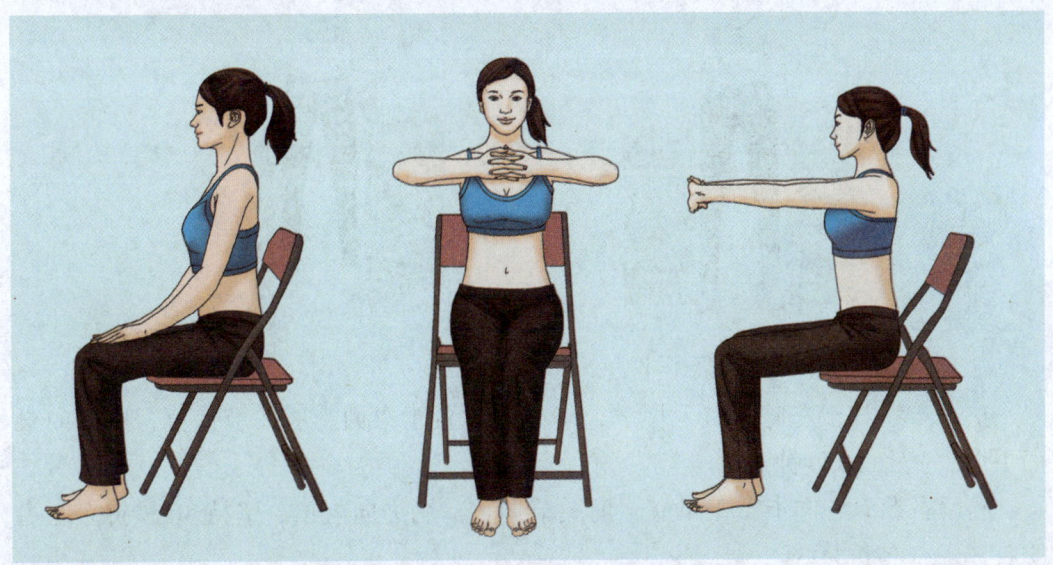

（2）自然坐姿。

左手放在右膝上，双脚用力着地，膝关节保持不动，同时用力伸展肘关节，让手掌压住膝关节，保持肘关节伸展 5 秒钟。左右交替练习，各重复 3~5 次。

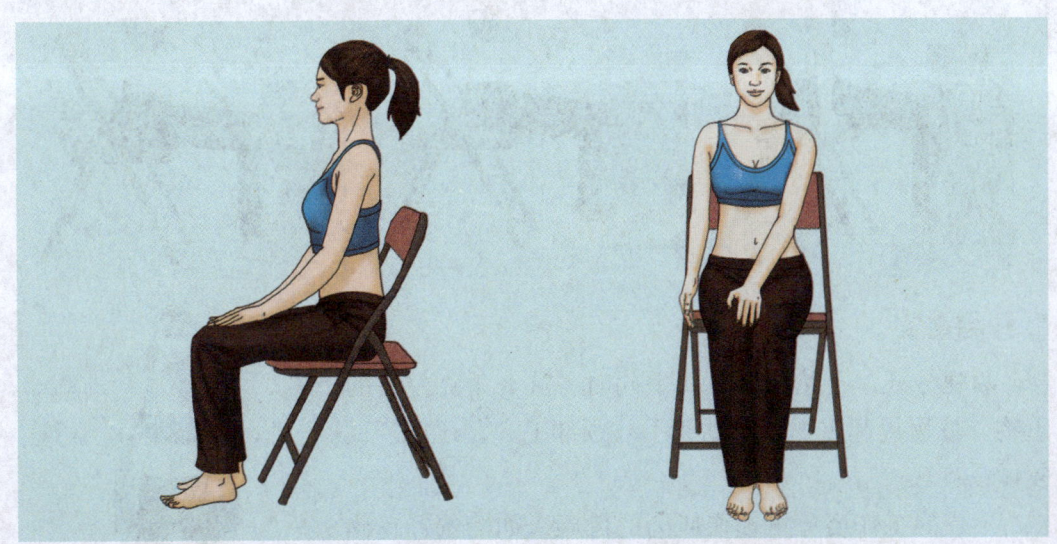

2. 利用办公桌

（1）站在两张办公桌之间（两桌间距略比肩宽）。

两手撑于桌面，两足腾空，双臂用力支撑身体，坚持数秒钟，还原。重复 3~5 次。

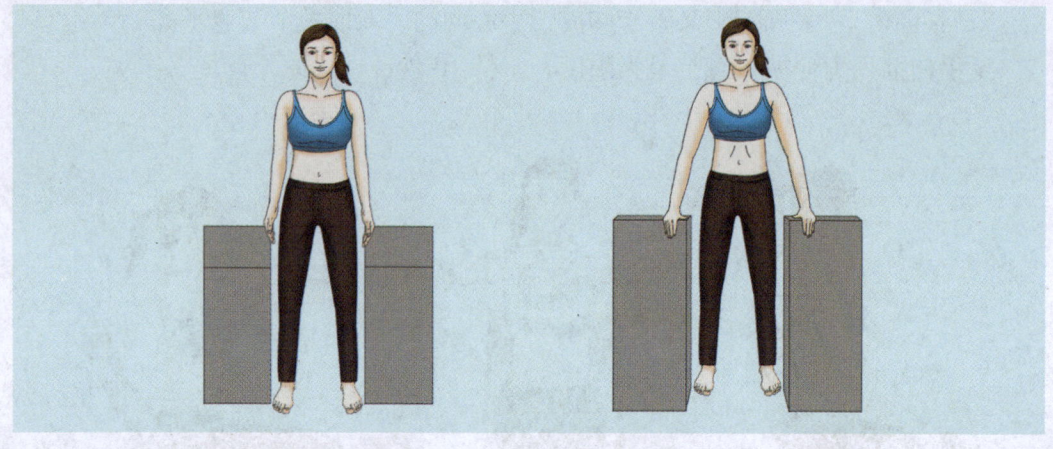

（2）双腿并拢，面对桌子坐直。

左手自然放于左膝，右手握拳，拳心向下置于桌面，肘关节伸直，用力向桌面下压，坚持10秒钟。

然后右拳拳心向上置于桌底，肘关节伸直，用力向上顶，坚持10秒钟。左右交替练习，各重复3~5次。

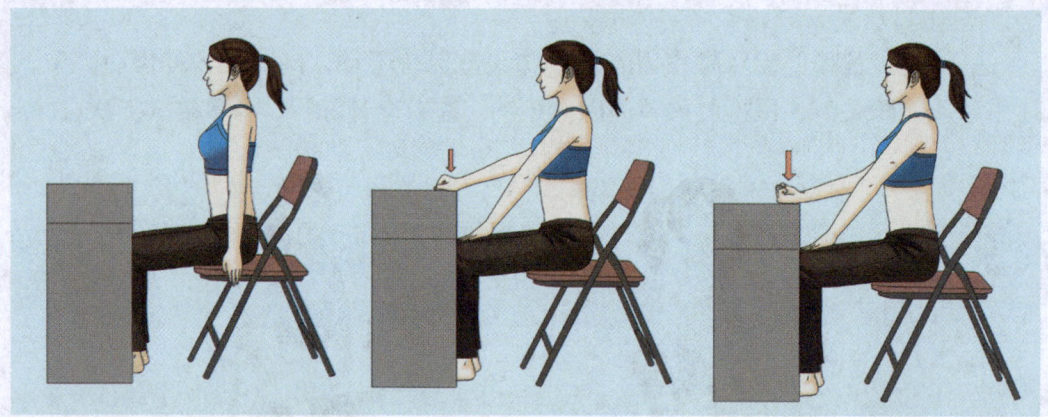

3. 利用重物

两腿分开，自然站立，双手同时各握3千克左右的重物，慢慢提起重物，直到双手与颈部平齐，还原。重复做3~5次。

不当的工作姿势可损伤肌肉的健康，如能选择正确的工作姿势，不但能提高工作效率，而且可减少发生肌肉骨骼不适的机会。

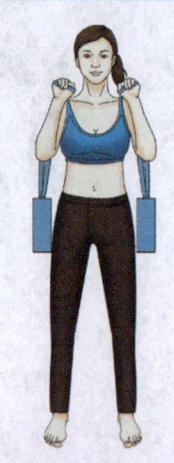

1. 站姿

长时间保持站立不动，会令下肢血液循环欠佳，导致四肢肿胀甚至静脉曲张。不当的站姿会使腰椎过度弯曲而致下背痛。足部负担过大，若加上鞋子不适，容易引起足部疼痛。

建议：你需要一双舒适的工作鞋，或考虑穿着弹性袜。调整工作台至合适的高度，尽量让身体重心有移动的空间，最好找一个靠脚处。

2. 坐姿

腰椎的椎间盘在坐着时会比站立时承受更多压力，容易有下背痛，长时间维持同一姿势，易造成肩膀及颈部疼痛不适。

建议：选择一张高度、硬度适合，而让脊椎有适当支撑的椅子。避免伏案工作、手臂亦不宜在没有支撑的情形下长时间抬举。每工作1小时后，要改变姿势或做适当的伸展活动。

电脑操作者试试这套拉伸

长时间操作电脑会感到很累。这时休息一下，做做专为电脑操作者设计的保健操，就能很快消除疲劳，恢复体力。

（1）坐在椅上，背要直，双手放在膝盖上。

一臂后伸，连同身体一起后转，目光盯着手掌并吸气、呼气，换手再做。

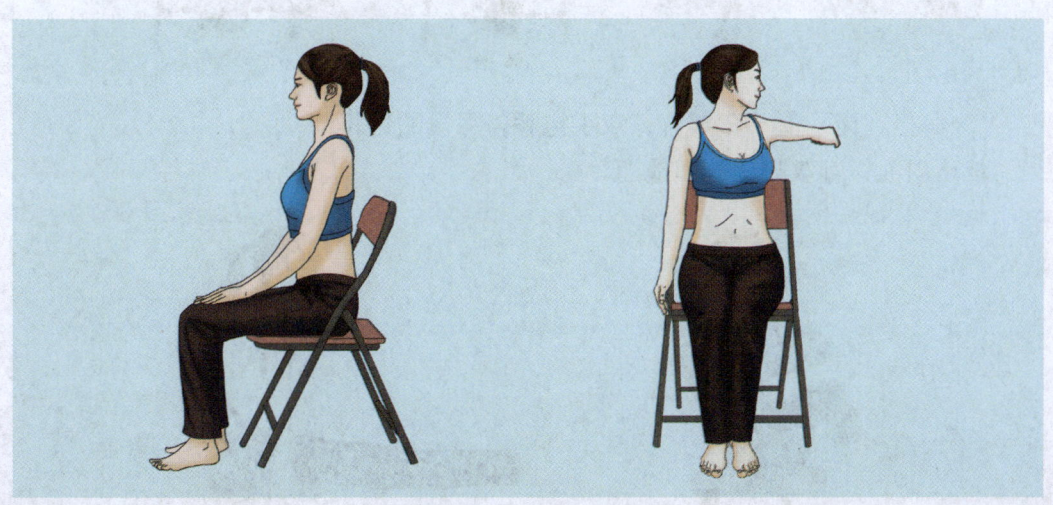

（2）坐在椅子上，屈臂握拳，同时勾脚尖抬起，稍停。

坐在椅子上，双手放回膝盖，同时绷脚尖，让脚后跟带动脚尖一起转动。

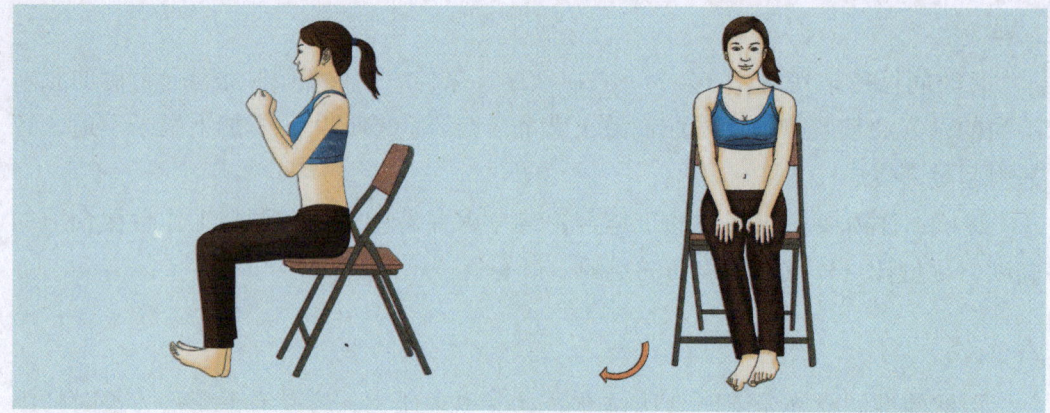

（3）坐在椅子上，屈肘，双手放肩上，两肘前后做圆周运动。

（4）坐在椅子上，双臂交叉，胸前抱臂。抬起双臂，在左胸前做圆周运动，可同时活动双肩、肩胛骨和胸肌。

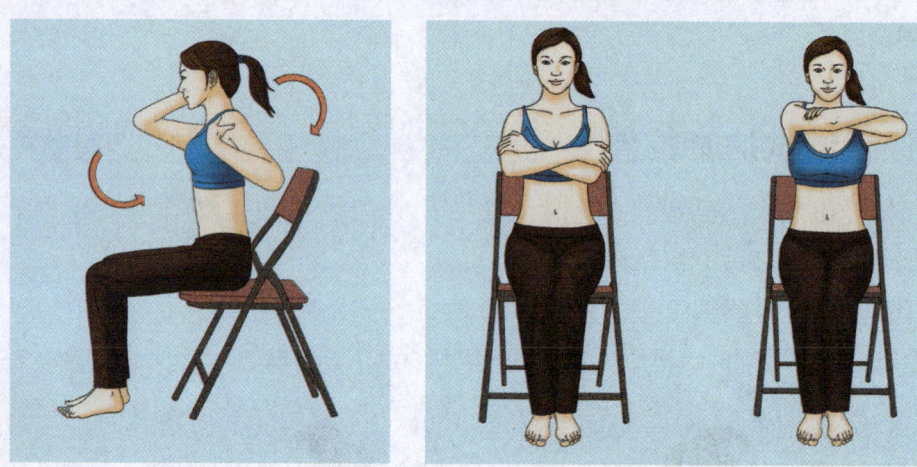

（5）坐在椅子上，背要直，双手抱膝盖尽量贴近腹部。然后向前伸直双腿，放回地面。

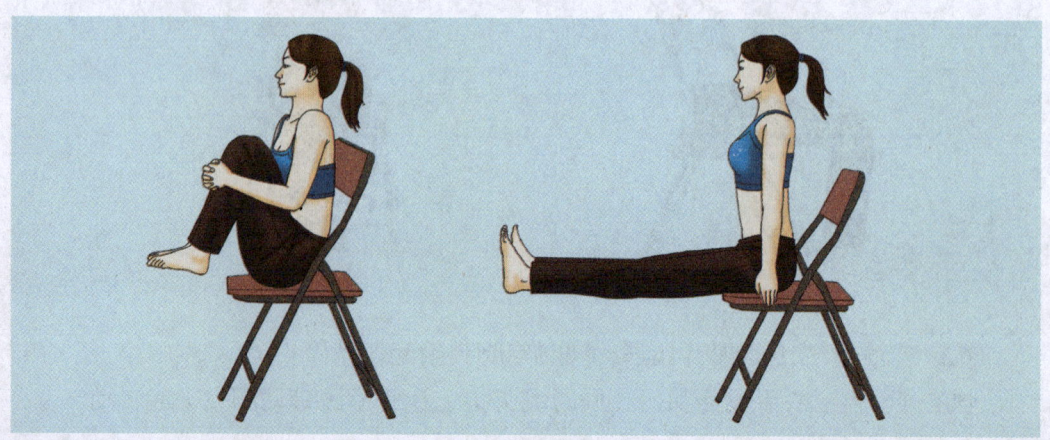

（6）坐在椅子上，向前伸直双手，做游泳的动作，如蛙泳。尽量向前和向两侧伸展身体。

（7）坐在椅子上，一条腿屈膝并缓慢转向一侧，感觉是向一侧跨出一步，还原，换腿再做。

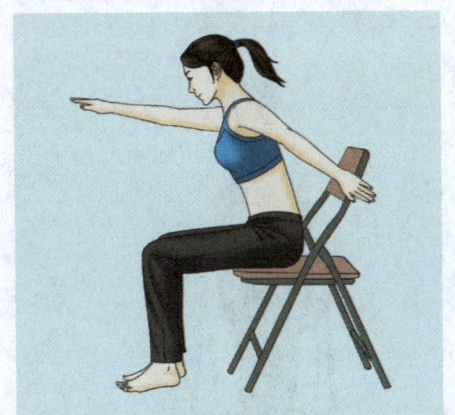

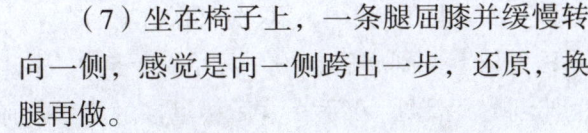

（8）坐在椅子上，一条腿伸直，脚尖朝上，另一条腿弯曲，脚尖朝下，模仿走路动作，轮流换脚。

（9）坐在椅子上，双腿伸直，抬腿，向两侧转动，在地板上空画圆。

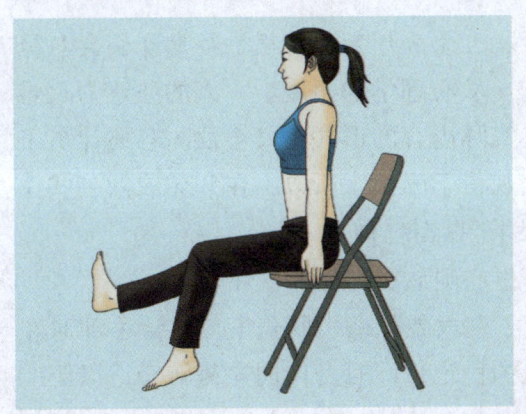

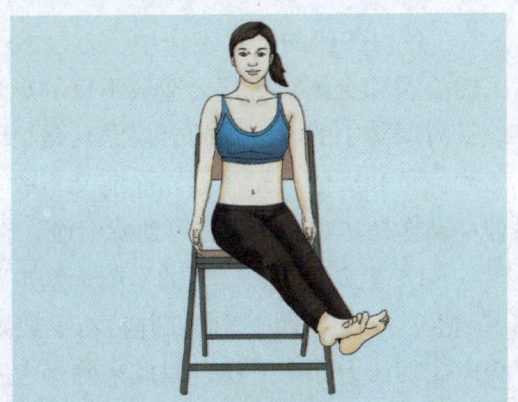

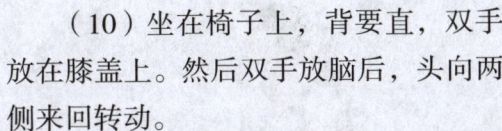

（10）坐在椅子上，背要直，双手放在膝盖上。然后双手放脑后，头向两侧来回转动。

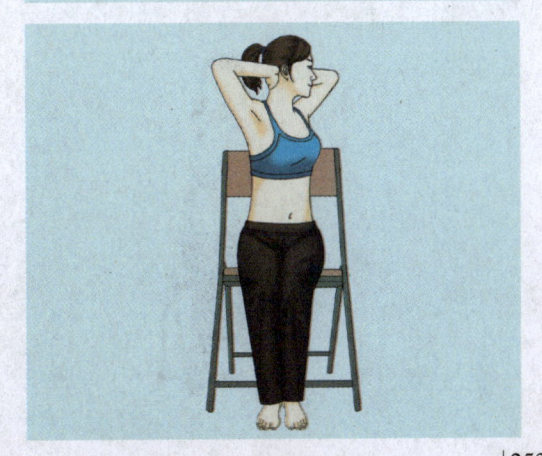

（11）坐在椅子上，双手放膝盖上，一只手从上伸到肩后，另一只手从下向上伸到肩胛骨处，双手在背后尽量接触，换手再做。

（12）紧贴椅背坐在椅上，挺直脊柱，微微低头，向两侧轻轻转动。假设胸前有一小球，尽量用下颌去够球，眼睛睁大，跟着头一起转动。

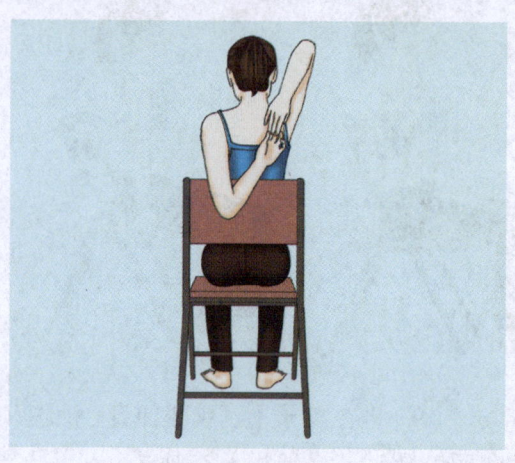
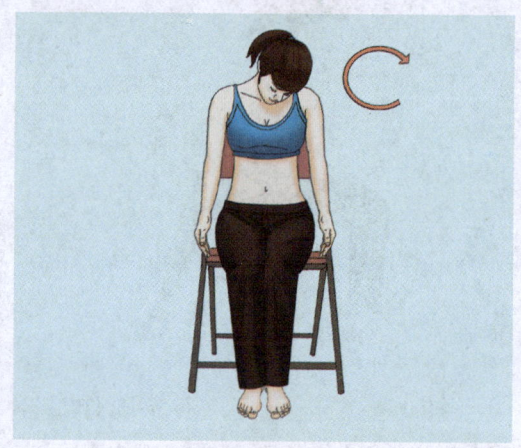

开会前的拉伸

在各行各业的日常工作中，有很多会议，经常开会，尤其是经常开长会对员工的心理和身体健康都会造成不良的影响。从心理学的角度看，人的注意力是难以长时间集中的，过长的会议尤其是缺乏实际内容的形式主义会议，容易让员工感到疲惫和厌倦。而在领导面前又不敢表现得不耐烦，所以，在开会前做一些拉伸小动作是非常必要的，可通脉活血，有助于振奋精神。

（1）坐在椅子上，弯曲右腿，左脚跨过右腿放在右腿膝盖外侧。

然后将右手手肘弯曲，并将右手放置于左大腿外侧、膝盖上方。让手部对左腿内侧的压力保持平稳，以此来确保左腿的稳定，同时身体向左侧转身，以至产生轻微的拉伸感。

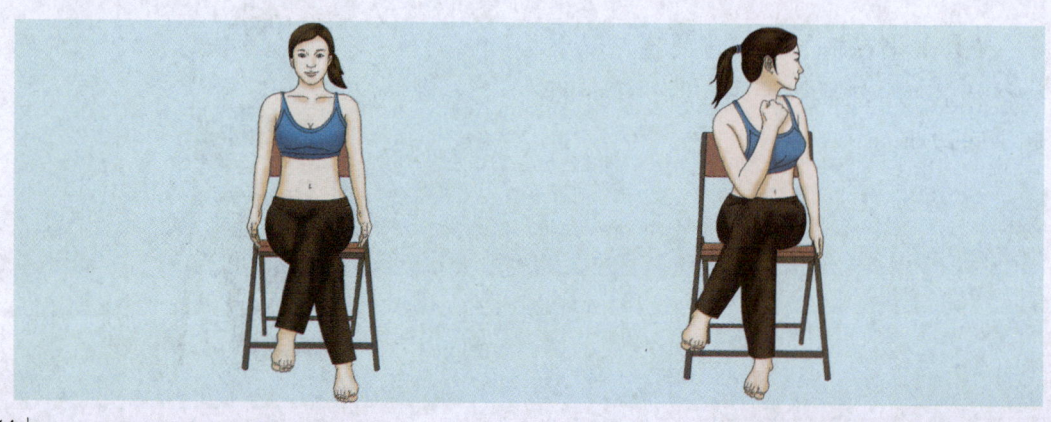

（2）仰卧，向上抬起一条腿，让大腿与身体成90度，另一条腿弯曲，腿掌贴地，腰部与地面贴紧。将这个姿势坚持做10~20秒钟，另一条腿也用同样的方法做。

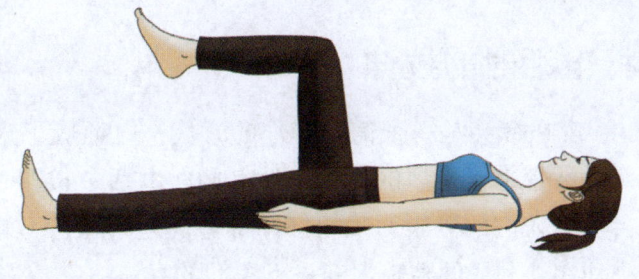

（3）坐在椅子上，十指交叉掌心向上，举过头顶。

向后上方轻轻推动手臂，让手臂、肩膀以及上背部产生一定的拉伸感。让呼吸自然顺畅，并将此姿势保持15秒钟。

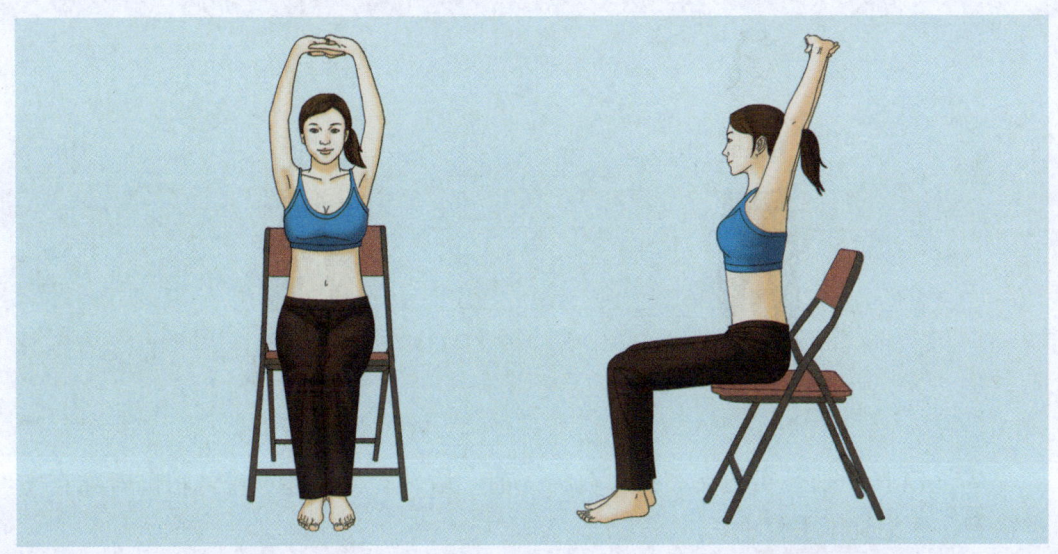

（4）坐在椅子上，借助双手的力量向胸前拉动右腿。注意用力要适度。将这个姿势坚持5~15秒钟，左腿的拉伸也按照相同方式进行。

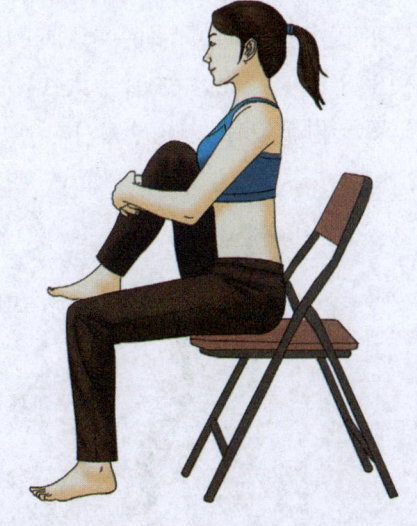

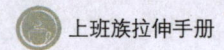

打电话时的拉伸

现在社会是一个信息爆炸的时代,电话成了人们生活的必需品。电话给我们的生活带来了诸多的方便,但人们在电话中长聊时往往会保持同一姿势不变,这会危害人们的健康。我们怎样将害变为利呢,不妨在接听电话的时候做一些拉伸小动作,利用间隙来保养一下我们的身体。

(1)两脚分开站立,比肩稍宽一些,两只脚的脚尖指向正前方。

略微弯曲右膝,将左髋向右膝方向下移,让左大腿内侧感到轻微的拉伸,将这个姿势坚持5~15秒钟。换另一侧,做同样的动作。

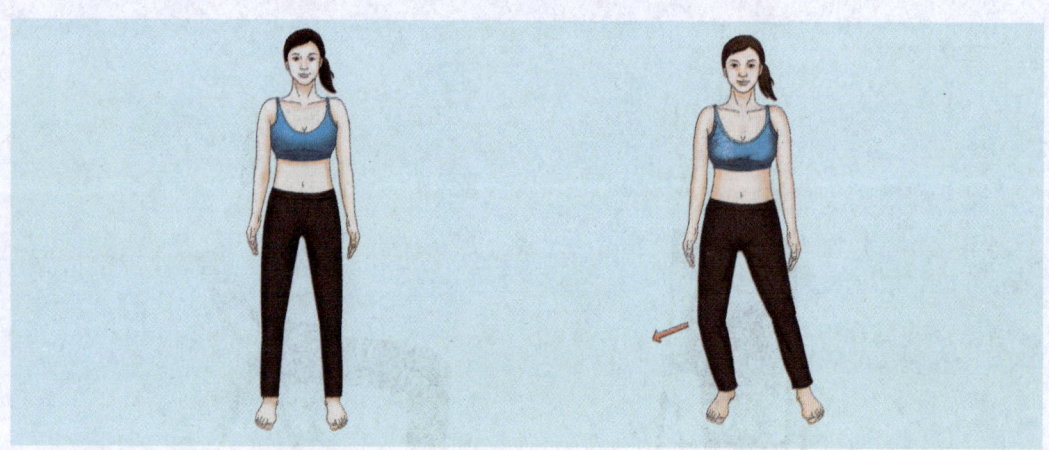

(2)选择一处坚实的支撑物,双腿一前一后站立。抬起手臂,将前臂靠在支撑物上,额头枕于手臂上。

弯曲前面的一条腿,前脚指向正前方,伸直后面一条腿,将髋部慢慢前移,腰部保持平直。拉伸时,后面一只脚的脚跟不能离开地面,脚尖要指向正前方,或者稍稍偏于内侧。做动作不要太快。保持轻松拉伸10~15秒钟。然后交换双腿的前后位置,再重复做同样的练习。

（3）略微弯曲膝部，脚后跟平贴地面，两脚尖指向正前方，双脚分开站立，与肩同宽。

将这个姿势保持30秒钟。

（4）选择一个稳定的支撑物，用手扶好，站立并保持平衡。

抬起右脚离开地面，按照顺时针旋转脚踝10~12次；再按照逆时针旋转10~12次。左脚的练习也与此相同。

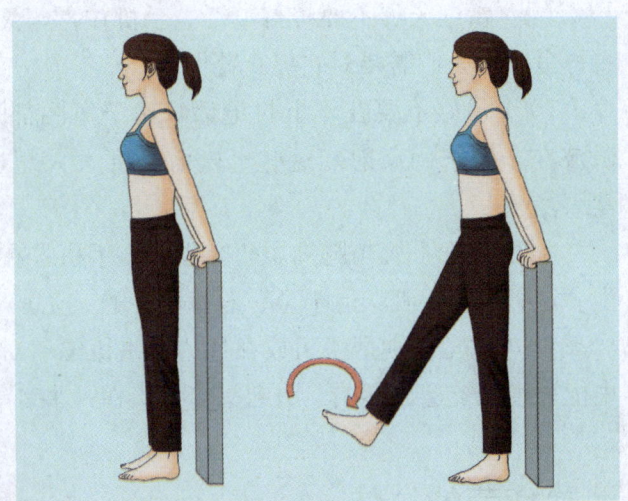

（5）头部从侧面向右肩方向靠近，同时左手从身后抓住右臂，并斜向下拉伸。将此拉伸动作保持5~10秒钟。两侧都重复做同样的动作。

（6）下颌向右肩方向转动，让颈部左侧产生略微的拉伸感。每个方向拉伸2次，双肩自然下垂，呼吸顺畅。

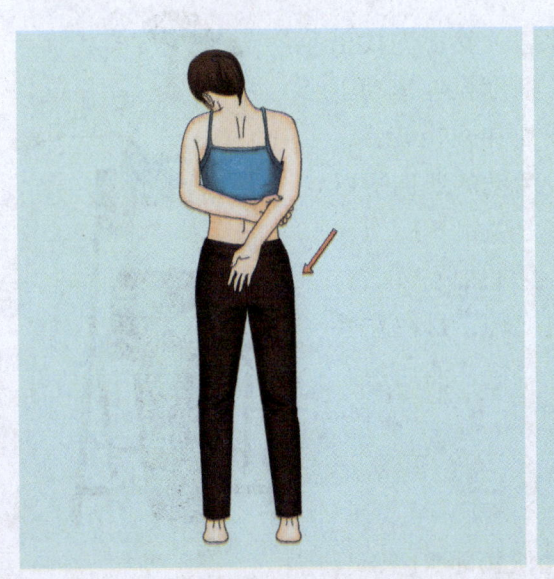

在日常生活中，我们还可以利用下面的方法，来减少手机对身体的辐射量：

（1）不要放在裤袋里。手机若常挂在人体的腰部或腹部旁，其收发信号时产生的电磁波将辐射到人体内的精子或卵子。

（2）使用免持听筒。尽管许多人会觉得使用免持听筒很麻烦，但是使用免持听筒确实能使你免于电磁波辐射的伤害。

（3）雷雨天气不要接打电话。手机在雷雨天气中，就像金属扣子等金属物体一样危险，人们需要对它提高警惕。

（4）最好不要在车上打电话。由于车厢都是金属外壳，所以大量的手机电磁波在车内来回反射。这些电磁波密度大大超过国际安全标准，严重影响身体健康。

（5）莫把手机当胸饰。研究表明，手机挂在胸前，会对心脏和内分泌系统产生一定影响。心脏功能不全、心律不齐的人尤其要避免把手机挂在胸前。

（6）睡觉时别把手机放在枕边。手机辐射对人的头部危害较大，它会对人的中枢神经系统造成影响，引起头痛、头昏、多梦等症状。

消除疲劳的拉伸

疲劳是一种信号，它提醒你，你的机体已经超过正常负荷，应该进行调整和休息了。如果你认为自己还可以撑得下去，继续不断为生活拼搏，那么当你发现自己疲劳不堪的时候，再想通过休息来恢复精力就已经不太可能了，必须借助外力才行。

当你患上慢性疲劳症后，要治疗此病，就得先找出病源，而长时间休养可取得最佳疗效，适度拉伸运动也对病情有很大帮助。拉伸运动可舒缓压力和减轻疲劳，因为拉伸运动可活动筋骨，使平时较少活动的肌肉得以松弛，对于消除局部疲劳有效用。拉伸方法如下：

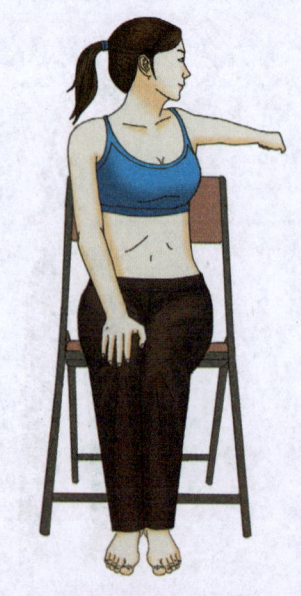

（1）端坐于椅子上，绷直背脊，双手自然放于两膝。

左臂前举，并带动身体向身后方向旋转，目视左手手掌，然后深吸一口气，还原时深呼一口气，然后换右臂继续练习。

然后伸直双腿，还原坐姿。

（2）端坐于椅子上，双臂在胸前自然交叉。

平举双臂，并在胸前画圆，同时注意使胸部肌肉、双肩以及肩胛骨一同舒展活动。

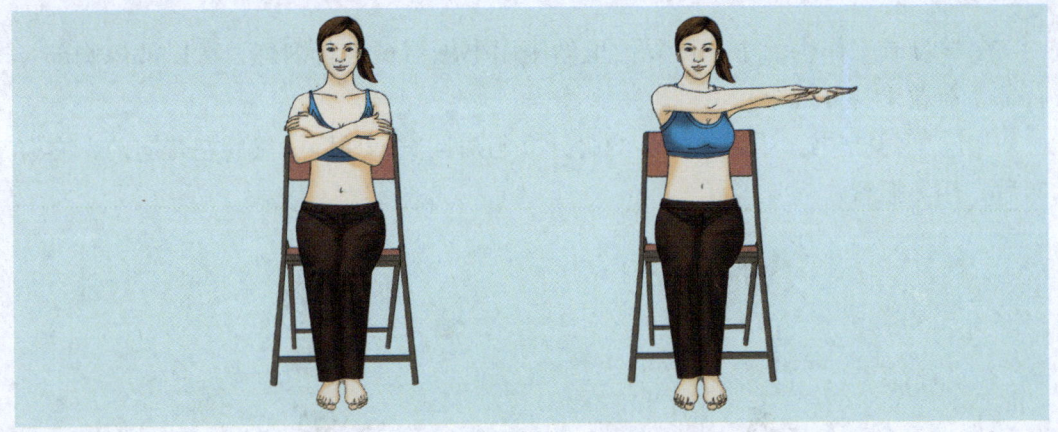

（3）端坐于椅子上，双臂自然弯曲，手握拳置于胸前；向身前、左右两侧，以及头顶上方充分伸展双臂。

（4）端坐于椅子上，绷直双腿。用力将双腿上抬，并向身体两侧来回转动，在地面方向做圆周运动。

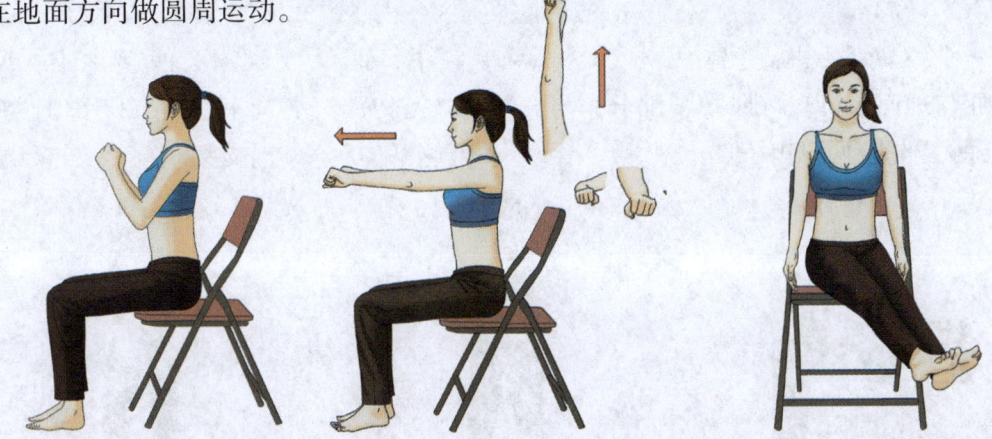

（5）端坐于椅子上，左腿屈膝并转向左侧，回到坐姿之后，交换右腿做同样的动作。

图书当器械,做做拉伸

在学习或工作生活中,可以忙里偷闲用书做器械进行锻炼,可以锻炼胸部、背部,有益于身体健康。

(1)两手拿书,手臂放松。两脚开立与肩同宽,屈膝;然后左臂向前,右臂向后,用力振臂。

(2)两手拿书,上体前屈与地面平行,两脚分立,两腿伸直,两臂侧平伸。

(3)两手拿书,两腿分立与肩同宽,挺胸,收腹,抬头,两臂侧平伸。

(4)两手拿书,两臂向下摆动,利用惯性在体前交叉。

(5)两手拿书,两臂向下摆动,在体前交叉后,臂向斜上方用力伸展,做扩胸运动。

(6)两手拿书,上体前屈,挺胸,同时两臂体前交叉,再用力向上摆。

(7)两手拿书,两臂向前平伸,两腿直立。

(8)两手拿书,手臂放松下垂,自然低头弯腰,膝略前屈。

（9）两手拿书，利用膝部弹力，伸直两腿，同时两臂向后摆，头仍向前低。

（10）两手拿书，挺胸抬头，两臂向上高高扬起。坚持几秒钟，恢复站立姿势。

午间休息的拉伸

对于忙碌的上班族，利用午间休息的时间进行一些拉伸小动作对身体大有帮助，不但可以赶走上午的疲劳，也可以精神饱满地投入到下午的工作中。拉伸方法如下：

（1）双腿频举。　　　　　　　　（2）踏蹬运动。

▲ 仰卧，双腿举起与地面垂直，双膝微屈，接着放松肌肉。快速做100~180次（每日逐增）。

▲ 仰卧，做蹬自行车的动作。蹬腿速度要快，开始每分钟做40次，以后逐渐增加到每分钟150次。

（3）双脚挪动。

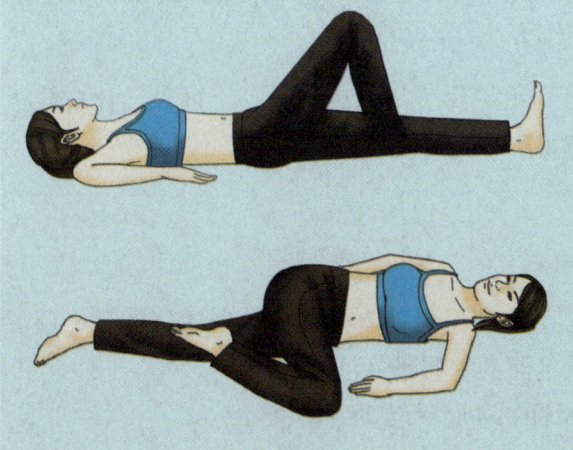

◀ 仰卧，手肘弯曲，掌心向下，右腿屈膝，挪到左边。

◀ 用力翻转大腿，膝盖触地，接着换腿做。每条腿各做10~20次，逐日增加次数。

（4）身体慢转。　　　　　（5）臀部"行走"。

▲ 坐在地上，双手双脚分开，双手前伸向左向右反复转，各转10~15次，逐日增加次数。

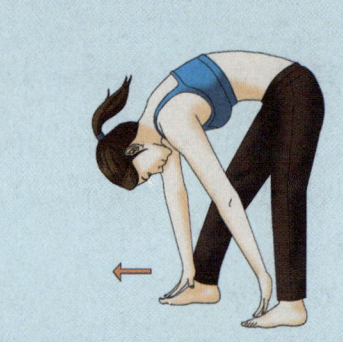

▲ 伸直双腿，双手扶脚背并抬头，进行同侧行走，交替向前运动。每日2次，以后逐渐增加距离。

（6）侧弯腰。

◀ 将一脚置于椅上，同时向另一侧弯腰，用头触碰脚，做10~15次。接着换脚重复做同样的动作，逐日增加次数。

另外，忙碌了一上午，你也可以利用午休时间彻底清洁一下面部，让皮肤透透气、补充水分，让自己整个下午都感到容光焕发、心情愉悦。

拉伸小动作甩开"鼠标手"

电脑整天"霸占"着人们的手，手腕部慢慢就有了病变，防治鼠标手，就要从日常生活中做起。日常里不妨试试下面的一些小方法：

（1）用手表做辅助器械，按顺时针和逆时针转动手腕25次。

【功效】缓解手腕肌肉酸痛的感觉。

（2）手握有重量的水瓶，首先手掌向上握水瓶；做从自然下垂到向上抬起动作，然后手掌向下握水瓶，做从下向上的运动，各25次，锻炼腕屈肌。

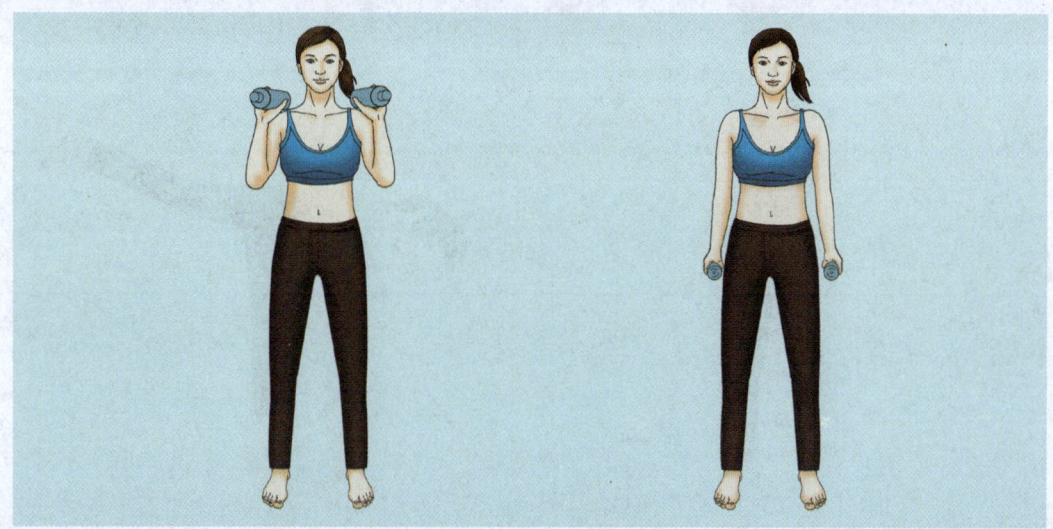

【功效】防治腕关节骨质增生，增强手腕力量。

（3）舒展身体各部位时，也要用力伸开双手的五指，每次20~30秒钟，做2~3次。

【功效】增强关节抵抗力，促进血液循环。

（4）吸足气用力握拳，用力吐气，同时急速依次伸开小指、无名指、中指、示指、拇指。左右手各做10次。

【功效】锻炼手部骨节，舒缓僵硬状态。

（5）用一只手的示指和拇指揉捏另一手的手指，从大拇指开始，每指各揉捏10秒钟，平稳呼吸。

【功效】促进血液循环，放松身心。

（6）双手持球（如网球），或持手掌可握住的食物（如水果等），上下翻动手腕各20次。球的重量可依自己的力量而定。

【功效】增强手腕力量，锻炼肢体协调能力。

（7）双掌合十，前后运动摩擦至微热。

【功效】促进手部的血液循环。

办公室铅笔操

在办公间隙，练习铅笔操，不仅能促进身体的协调性，而且可增加腹部和背部的肌肉力量。练习方法如下：

（1）在自己周围摆好若干支铅笔，呈半圆形摆放。

（2）右腿站立，左腿抬起向后扬，弯身按逆时针方向拾起铅笔。可以一支接一支地依次拾起，也可以隔一支拾一支。

（3）坐在地上，把铅笔摆在身体四周，放在手刚好能拿到的地方。

扭转上身，用右手拾起地上的所有铅笔。重新摆好铅笔，然后改用左手拾铅笔，方法同前。

（4）坐在椅子上，两腿伸直，把两脚放在另一张椅子上，在地上摆好铅笔。然后用右手拾铅笔。做若干次后再另摆笔，改用左手拾起。

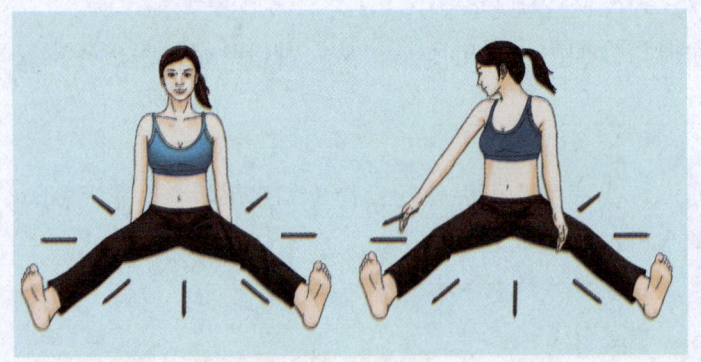
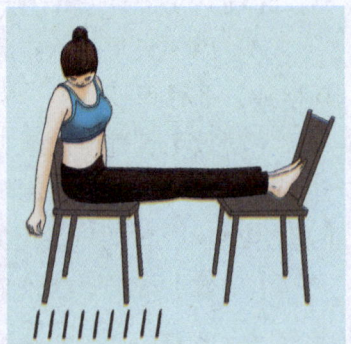

办公室不同时段的拉伸

上班族，一天中有 1/3 的时间是在办公室度过的，而且一天中的不同时间段身体状态也是不同的，所以进行拉伸锻炼的方法和部位也不同。

（1）8：30 新的一天，从活动筋骨开始。

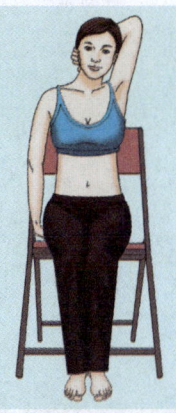

◀ 坐姿扭头。身体坐直,一手压在臀下,另一只手绕过头部紧贴耳朵,在手的带动下将头部贴紧肩膀到最大限度,然后保持15秒钟,换另一侧交替进行。此动作可充分拉伸深层肌肉,有清醒大脑的作用。两侧拉伸各3组。

(2) 9:30 为腹部充电。　　　　(3) 10:30 扶墙下腰。

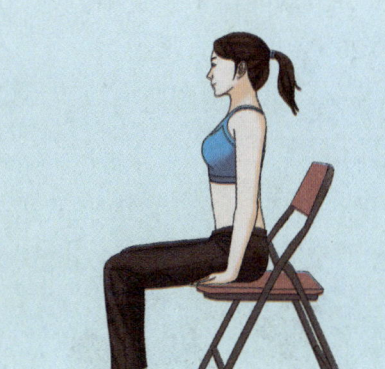

▲ 坐椅收腹。将椅子拉到过道上,双手撑住椅边用腹部力量控制不变形。保持时间越长越好。

▲ 活动腰部。面对墙壁站立,双手扶墙下腰,到最大位停留20秒钟(有经验者可以在最大限度轻轻抖动)。应缓缓进行,将注意力集中在后腰和肩部,感受它们逐渐收紧。每次20秒钟,每日3组。

(4) 11:30 喝杯咖啡,伸个"懒腰"。

▶ 扶墙拉胸。侧面对墙,一手轻扶墙固定,向前迈一小步,拉动上身向前,感觉胸部肌肉拉伸。此动作对胸、背、肩部都有很好的刺激作用。每次15秒钟,两侧各2次。

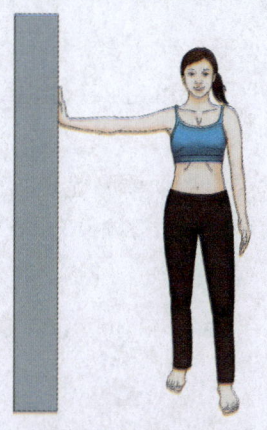

（5）13：30 扶桌下蹲。

◀ 背对桌面，两手支撑桌边，缓缓向下坐，上臂与地面平行。下蹲过程中胸、背都有强烈的拉伸感。在最大限度的位置保持10秒钟，共3次。

（6）14：30 再次活动腰部。

扶椅下腰。跟扶墙下腰几乎相同，但因加入了可滑动的椅子，效果更好。应掌控好椅子的滑动，切忌动作过猛拉伤身体。每次20秒钟，每日3组。

（7）15：30 扶墙收腹。　　　　　（8）16：30 伸展腰肌。

▶ 上臂支撑墙面，与身体呈120度夹角，收腹。持续3分钟。

▶ 坐姿伸展。坐姿，伸直双腿用胸部紧贴大腿，手向脚尖方向伸展。髂腰肌伸展对保护腰部、刺激腿部肌肉都有明显效果。每侧每次20秒钟，做若干组。

（9）17：30 舒展放松全身。

▶ 跪姿展臂。单膝跪地，一手上提，带动身子舒展，深呼吸，让气流在全身流动，活跃每一个细胞。每次20秒钟，做若干次。

长期伏案者的颈部拉伸

长期伏案的人经常有颈部酸胀、疼痛、僵硬、活动受限等不适，究其原因，主要是由于颈部长期处于一种姿势或姿势不当，造成颈部某些肌肉过度紧张，从而引起上述种种不适症状。因此，经常伏案的人，应该坚持做以下松弛颈部肌肉的运动。

1. 坐位颈部松弛锻炼体操

（1）两手叉腰，一二拍颈项向左侧屈，三四拍颈项向右侧屈。

（2）两手叉腰，一二拍颈项向左旋转，三四拍颈项向右旋转。

（3）两手叉腰，一二拍头顶用力向上顶，下颌内收，三四拍放松还原。

（4）两手叉腰，前四拍颈项向左、前、右绕环至还原，避免后仰。后四拍颈项近相反方向旋转。

（5）第一拍，头向左旋转，左手经体前伸向右肩上方。第二拍还原。三四拍同一二拍，方向相反。

（6）第一拍，颈项向左侧弯，左手经头顶上方触右耳，第二拍还原。三四拍同一二拍，方向相反。

（7）第一拍，低头含胸，两臂在胸前交叉，尽量伸向对侧，左臂在上。第二拍，挺胸，两臂尽量外展，肘弯曲与肩平，手心向前，头左旋，眼看左手。三四拍同一二拍，方向相反。

（8）两手抱头后，手指交叉，第一拍，稍低头，两肘向两侧张开。第二拍，用力抬头，两手向前用力，与头对抗，不使后仰。三四拍同一二拍。

2. 站位颈部放松锻炼体操

（1）自然站立，肩膀放松。

两肩慢慢紧缩（夹肩），坚持5秒钟，然后双肩向上耸起，坚持5秒钟，还原，重复5次。

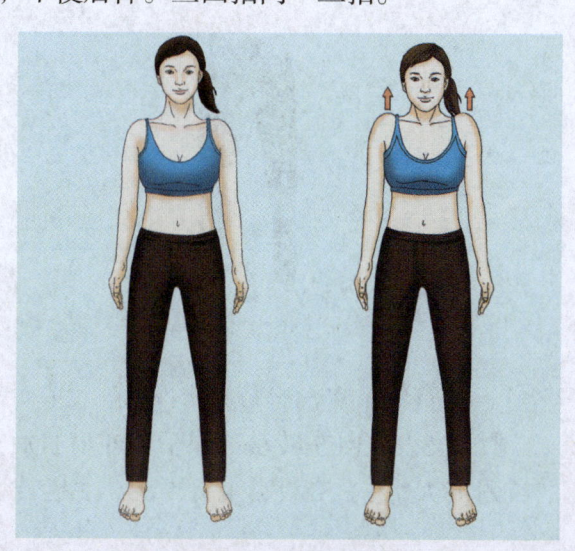

（2）自然站立，肩膀放松。

颈部慢慢地向前屈，尽量让下巴碰到胸前，停留片刻，将头轻轻抬起来，还原；然后颈部慢慢向后伸，停留片刻，还原成预备姿势，重复5次。

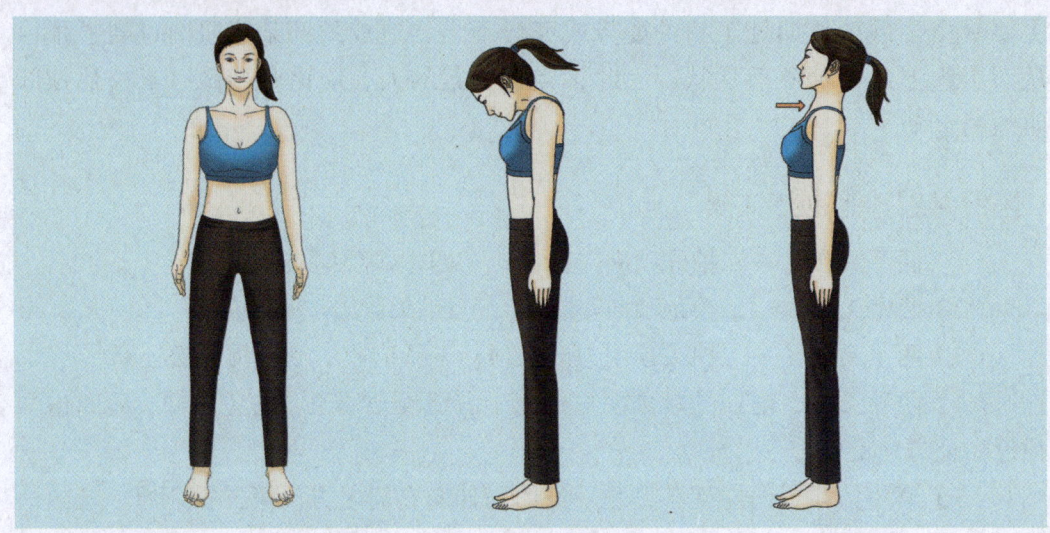

（3）自然站立，肩膀放松。

颈部慢慢地向左侧屈，让左耳尽量靠近左肩，停留片刻，还原。如上动作，再向右侧屈。左右交替，重复做5次。

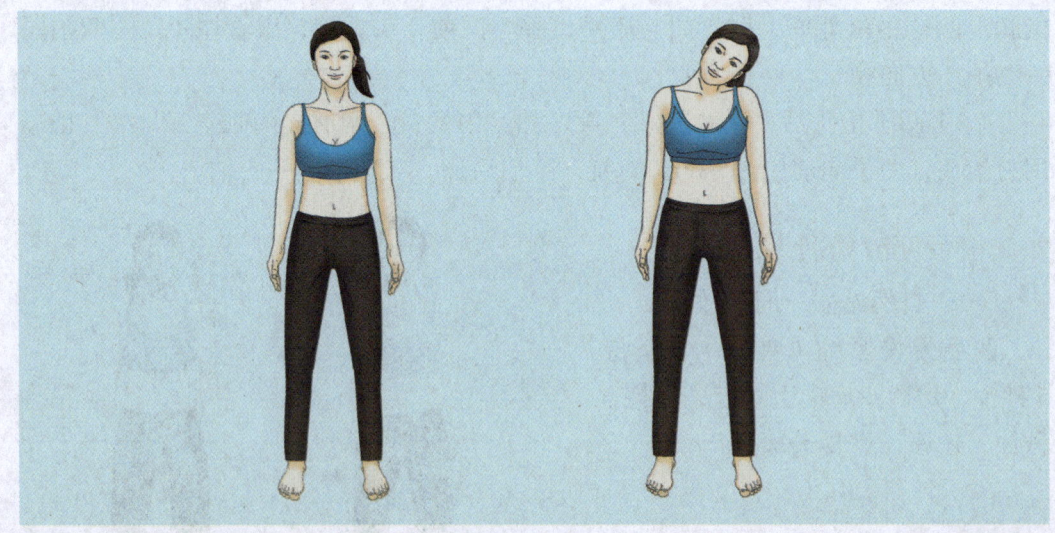

（4）自然站立，肩膀放松。

颈部慢慢地向左转动，眼睛向左肩膀后方看，停留片刻，还原。如上动作再向右侧转动。左右交替，重复5次。注意转动时头部不要过分向后倾。

办公室的减肥拉伸疗法

如何拒绝肥胖,做一个身材匀称的上班族呢?拉伸就是一个不错的选择:

(1)腹式呼吸练习,1~2分钟。取立位姿势,两足开立,吸气时两臂上举外展,呼气时还原,同时缓慢用力收缩腹肌。

(2)原地踏步练习,3~5分钟。尽力高抬腿,逐渐加快频率。

(3)放松练习,1~2分钟。放松肩部,两手叉腰。

(4)蹲起练习,2~3分钟。足开立,下蹲时膝关节屈曲角度不低于60度。

除了呼吸法,还有下面的一组拉伸减肥操也颇具效果,每星期抽3天,每天做20分钟即可。

(1)左手抬高至肩位,向前伸直,右手向后伸以平衡身体;右腿屈膝抬高至碰到左手。

然后右手向前伸,左手向后伸直,左腿同样屈膝,抬高至碰到右手。左右腿轮流做整套动作50次。

（2）站于椅背后，双腿合拢。

收紧臀部和腿部肌肉，身体向前弯。左右手交叠，平放于椅背上，头压于双臂上，身体约弯曲成90度。收紧腹部肌肉，并应感到背部肌肉拉紧，维持10~20秒。

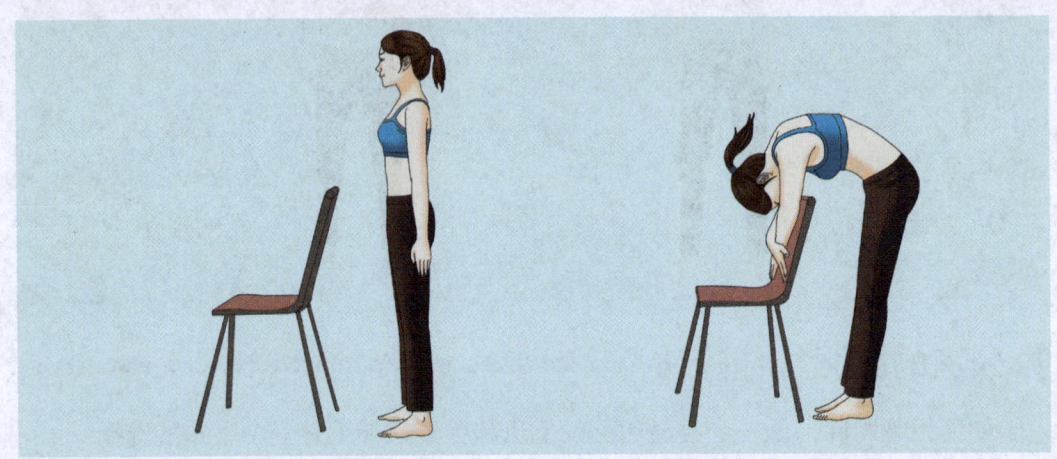

（3）接动作2，左腿向后提高至与上半身成水平状，脚向后蹬直，应感到腿部肌肉被拉紧，如果可以，可将腿再抬高一点，维持10秒钟。左右腿轮流做整套动作30次。

办公室水肿的拉伸

天天坐在办公室，坐久了有没有感觉双腿水肿粗了一圈呢？如果双腿都有水肿现象，但时间短暂，有时睡一觉起来就会消失，到中午过后又开始水肿，这属于生理性的水肿。生理性水肿多与久坐或久站引起循环不良有关，而过度疲劳、工作日夜颠倒，也会让身体水分运行受阻，产生水肿现象。

其次，是因久站久坐、维持同一种姿势、重力作用造成静脉回流差，导致的下半身水肿。做做以下拉伸，可以消除腿脚部水肿。

（1）两腿前后分开，上身向前倾斜，抓住前面的脚踝，吐气的同时向下压，吸气的同时抬起来；压下去后休息片刻，再反复4次。

（2）两腿左右分开，上身向前向侧倾斜，尽量靠近一边的腿，手放于前方按摩脚和小腿；慢慢从1数到10，然后换一边做。

（3）坐姿，双腿置于前方，向前抓脚踝，注意膝盖不要弯，让腿部全部紧绷起来；维持坐姿，在腿上由下而上的按摩，用点力气，拧着向上按；脚背上用手指压，脚趾则用手捏，可以促进血液循环。

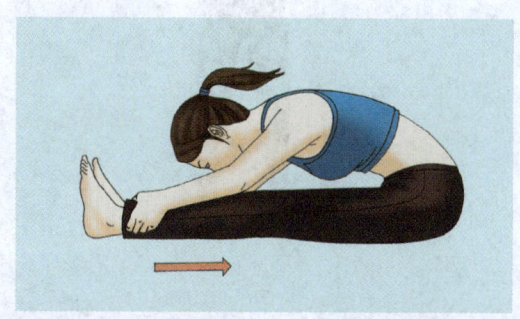

（4）站起来，做些伸展运动，放松颈部和肩膀。用手从下而上顺着肌肤纹理按摩片刻。

办公室瘦腰腹的拉伸

下面给大家推荐几个专瘦腰腹赘肉的拉伸动作：

（1）屈臂运动。　　　　　　　　（2）屈膝下蹲运动。

▲ 将电话簿等有一定重量的东西放入手提包内，然后，手握住包的提手，反复以屈臂的形式，从腰部开始上提到肩部位置，左右手臂交替进行，各来回做30次。

▲ 双腿分开，约与肩同宽，脚尖略向外，两腿略弯曲，双手抱住后脑部。

▲ 然后，慢慢地下蹲，直到大腿与地面平行为止，随后再慢慢地复原，注意不要伸直膝关节。

（3）侧身弯曲运动。

▲ 手持有适当重量的手提包，另一只手的掌心贴在后脑勺。

▲ 然后，手提包像被拉向地面一样自然下垂，身体跟着一起侧身弯曲。复原动作是：慢慢地将手提包上提，身体也慢慢地伸直。左右侧交替进行。

（4）后屈运动。

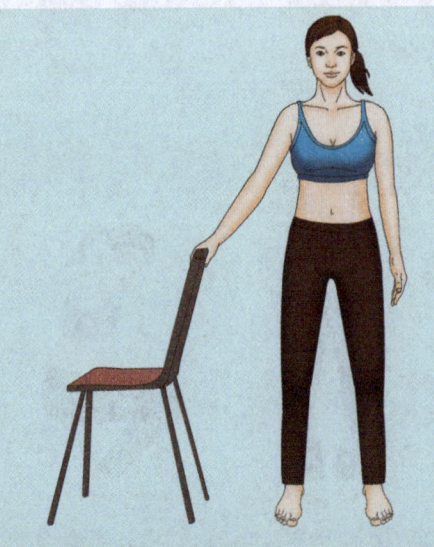 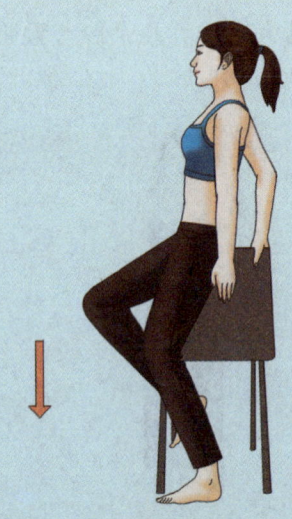

▲ 双脚分开与肩同宽，一手扶着椅子，让上半身保持固定。

▲ 然后，一条腿的膝盖向前挺，而腰部则慢慢下落，向后倾，保持这一姿势，直到较疲劳为止。换另一侧练习。此练习可使大腿部的前侧肌肉健壮，消耗臀部的脂肪。

注意：做动作的时候不要太剧烈，只要舒缓到位就行了。

坐骨神经痛的办公室拉伸

坐骨神经痛在体内各种神经痛中居于首位，是常见病。坐骨神经痛患者往往表现为右腿疼痛，从大腿外侧到脚部，疼得厉害的时候一秒钟都坐不下去。

坐骨神经痛是由经络不通造成的。大腿外侧只有胆经一条经络，所以可以说，胆经不通是造成坐骨神经痛的原因。那么，坐骨神经痛患者该如何缓解和调养呢？

当胆经发生疼痛时，按摩肺经的尺泽穴会感觉非常痛，压住正确的穴位后，停留在穴位1分钟可以立即止住疼痛。为减少发病的概率，平时可以经常按摩尺泽穴。每日睡前用热毛巾或布包的热盐热敷腰部或臀部，温度不可太高，以舒适为宜。

坐骨神经痛是身体排除寒气时的症状之一。当肺排除寒气时，会使胆的功能受阻，当胆经受阻的情形严重时，就造成了胆经疼痛，也就是坐骨神经痛。由于疼痛是由肺热引起的，因此，按摩肺经可以疏解肺热，肺热消除了，胆经立即就不痛了。

拉伸也是缓解坐骨神经痛不错的方法，具体练习如下：

（1）体转运动。　　　（2）体侧运动。

▲ 两脚开立与肩同宽，大小臂屈曲于胸前，小臂朝上，肘部下沉，掌心相对。以腰为轴，左右转体。

▲ 两脚开立与肩同宽，左手上举，右手叉腰。

▲ 以腰为轴，上体右侧屈，然后右手上举，左手叉腰，向左侧屈，重复几次。

（3）腰部绕环。　　（4）腰腹运动。

▲ 两脚开立与肩同宽，两手叉腰，以腰为轴，向左、右绕环，重复几次。

▲ 两脚开立与肩同宽，两臂上举，掌心向前。

▲ 以腰为轴，先向后仰体，再向前屈体，手指或手掌尽量触地，重复几次。

（5）下蹲。　　　　（6）膝绕环。

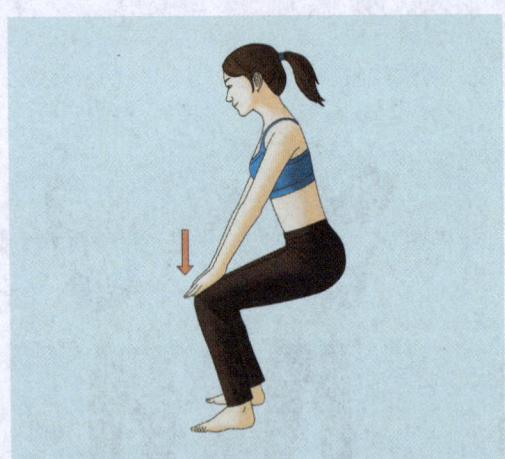

▲ 两脚开立与肩同宽，两手按压双膝，先半蹲再起，重复几次。

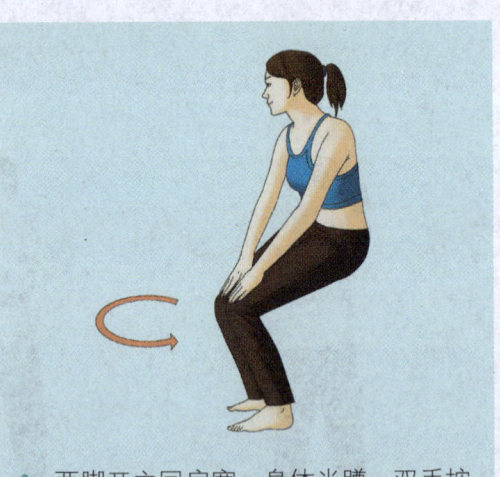

▲ 两脚开立同肩宽，身体半蹲，双手按推双膝，先向左绕环，然后再向右绕环，重复几次。

此外，还要注意以下事项：工作时坐硬板凳，休息时睡硬板床。要劳逸结合，生活有规律，适当参加各种体育活动。

下面再给大家推荐两个小妙招：

（1）光脚在鹅卵石铺成的地面或粗糙的地上做原地踏步，每天1次，每次

20~30 分钟。通过鹅卵石对脚部穴位的刺激,使气血运行畅通,调节神经功能,降低发病率。

(2)取坐位,手掌从腰部到臀部来回按摩 1~2 分钟,节律逐渐加快,使之有发热感。也可采用立位,两手掌同时按擦臀部或手握空心拳,拍打腰臀部。用力适度,拍打要有节奏,拍打 2~3 分钟即可。

防治痔疮的办公室拉伸运动

痔疮是发生在肛门的一种疾病,痔疮是人类特有的常见病、多发病,它的生长、发展与人们的生活习惯、工作学习环境、行走劳累、饮食睡眠有很大关系。可以说,人人都会有或轻或重的肛门疾病,所谓的无痔疮,只不过是无症状而已。鉴于此,我们每个人都要学一点防治痔疮的知识。

痔疮最主要的症状是便血和脱出,大便时反复多次地出血,会使体内丢失大量的铁,引起缺铁性贫血。而用脚尖走路可以减轻痔疮的困扰,让身体进入健康的"良性轨道"。

具体做法如下:走路时,双脚后跟抬起,只用两脚尖走路。在家中早晚 2 次,每次走 100 米左右。长期坚持下去有利于提肛收气,又能让肛门静脉瘀血难以形成痔疮。

治疗痔疮,拉伸也是一个不错的选择:

(1)提肛运动。

全身放松,将臀部及大腿用力夹紧,配合吸气,舌舔上腭,同时向上提收肛门。如忍大便的样子,提肛后稍闭一下气,然后配合呼气,放松全身。每次做几十次。

(2)交叉起坐运动。

两腿交叉,坐在椅子上,全身放松。

两腿保持交叉站立,同时收臀夹腿,提肛;坐下还原时全身放松,连续做 10~30 次。

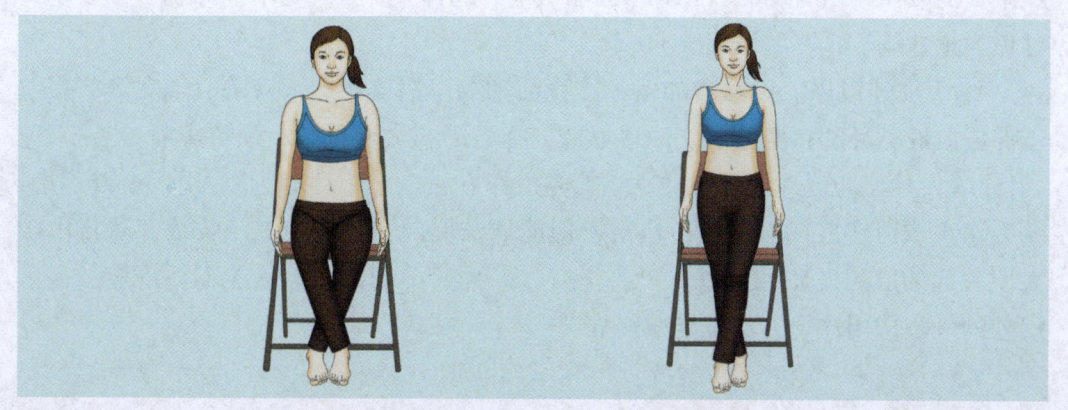

（3）提重心运动。

两腿分立，两臂侧上举至头上方，同时脚跟提起，做深长吸气；两臂在体前自然落下，同时脚跟随之下落，并做深长呼气，连续做5~6次。

（4）手摸脚趾。

打开双脚与肩同宽，放松肩部，上身前倾，用左手摸右脚趾，右手掐腰；起身，双手撑腰，上身后仰，腹部尽量往前；然后换右手摸左脚趾。

重复数次，可预防便秘引起的痔疮。

"办公室一族"要远离痔疮，还要从日常工作和生活上多加注意：

（1）多坐硬板凳。当人坐在硬板凳上时，臀部有两个坐骨节支撑，可减少血液循环受到的阻碍，从而减少痔疮的发生。

（2）按时排便。最好在每天早晨起床后就立即排便，一旦有便意要及时如厕。且要注意缩短如厕时间。许多忙碌的上班族都有在如厕时读书、看报的习惯。殊不知如厕时间长不仅不卫生，长此以往还会使直肠静脉长时间受到挤压，诱发痔疮。应该注意每次如厕尽量不要超过10分钟。

（3）饮食调节。多吃芹菜、菠菜、大白菜、韭菜、南瓜等有利于排便的新鲜蔬菜，粗粮如荞麦、高粱、玉米等也是不错的选择。同时少吃辛辣等刺激性食物，避免大量饮酒。

（4）加强锻炼。经常参加多种体育活动如广播体操、太极拳、气功等，有益于促进血液循环和胃肠蠕动，改善盆腔充血，防止大便秘结，预防痔疮。

另外，冷敷也是个不错的方法。具体操作方法是：每天大便后，用毛巾或手指，蘸冷水敷或清洗肛门。因为冷水洗不但能清洁肛门，还能使肛门收缩，防止由于大便引起的肛门发胀和下垂。只要坚持这一种简单的方法，就能不得痔疮，得了痔疮的人坚持用这个方法也能减轻痛苦。

办公室降压拉伸

心理专家认为，适度的压力虽然可以激发人的潜能，但是如果压力过度，就会引起生理上的不良反应，比如心跳加快、心情紧张、血压升高、腹胀、失眠，等等。当压力很大时，就会产生疾病，比如心脏病、高血压、偏头痛、胃溃疡等。另外，过大的压力还会造成心理上的忧虑、沮丧、恐惧、消沉、心悸、急躁等不良反应。

为了缓解办公室的压力，这里给大家推荐一些降压的按摩及拉伸动作：

（1）自然站立，全身放松，两臂自然下垂，平视前方，舌抵上腭，闭唇叩齿，排除杂念。

（2）两脚分开，与肩同宽，双手合掌相搓至发热。

（3）两手举至头顶，两掌相叠掌心向上放至百会穴，先顺时针轻轻按揉再逆时针按揉。

（4）手半握拳，示指在耳前，拇指按在耳后降压沟处。拇指在穴位上由上到下摩擦；然后用两手拇指、示指捏着两耳尖向上提拉，再向下摩擦到耳垂，并向下牵拉耳垂。

（5）自然站立，右手放于背后，左手沿后颈部大筋两侧，由上至下捏拿；换另一侧进行练习。

（6）先耸右肩再耸左肩，左右交替耸肩，然后双肩一起上下抖肩，接着旋转肩部，先向前转再向后转。

（7）十指交叉，掌心向外，两臂向前缓缓推出。

身体微微后倾，再掌心向上，向前推出。注意：两臂伸出后要尽量伸展开，稍停一会儿。

（8）自然站立，双手叉腰。然后将拇指慢慢移到前面。腰部先以顺时针旋转，再逆时针旋转。

（9）自然站立，两手叉腰。

先左脚向前迈出，随着重心前移，手自然放下，后脚跟提起，随着重心后移，左脚收回，还原。相同动作，左右交替。

（10）自然站立，双手叉腰，头微抬；两脚跟提起，好像在往墙内看戏，还原后再提起，反复运动。

（11）两臂侧举，由两侧向上举至头顶，采宇宙之气贯通百会穴。

随后屈蹲，两臂由上而下自然落至胸前，还原后，相同动作再做一次。

（12）自然站立，两手叉腰。然后以腰为轴转身，右手拍打左肩，左手拍打右肩，动作相同，左右交替。

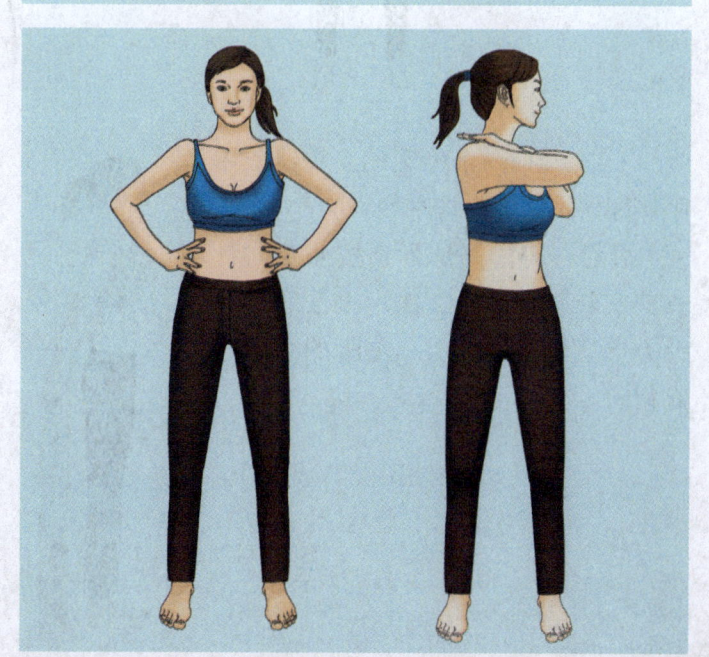

专业设计师的拉伸

专业设计师的工作性质一般是长时间伏案工作，也是一个需要创意与灵感的职业。很多设计师都是在夜深人静的时候工作，安静的环境能够帮助设计师们寻找灵感。不规律的作息时间，就导致了很多疾病找上门来，应该如何预防这些职业病呢？拉伸就是一个不错的方法：

（1）弯曲手指指节，保持 10 秒钟，然后放松。十指张开并伸展，直到手指有拉伸的感觉。坚持此动作 10 秒钟，然后放松。

（2）双手十指交叉，放置在胸前，然后双手和手腕按照顺时针转动 10 次。再按照逆时针转动 10 次。

（3）坐好后，两臂向相反的方向伸展。将这个动作坚持 10 秒钟。然后交换方向，重复同样的动作。

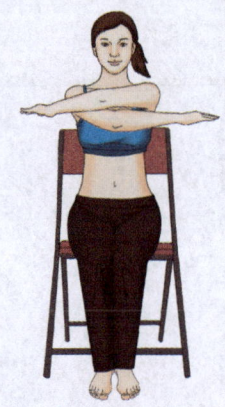

（4）选择一个稳定的支撑物，用手扶好，站立并保持平衡。

抬起右脚离开地面，按照顺时针方向旋转脚踝 10~12 次；再按照逆时针方向旋转 10~12 次。左脚的练习与此相同。

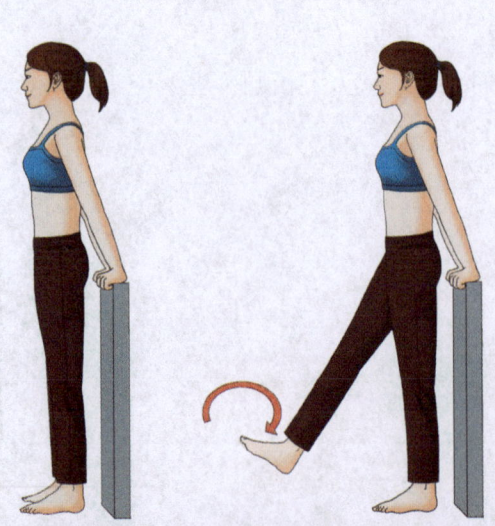

（5）右手握住左肘上部。将左侧肘部向右肩拉，眼睛向左肩后面看，保持拉伸 10 秒钟。

（6）坐在椅子上，左脚跨过右腿放在右腿膝盖外侧。

然后将右手手肘弯曲，并放置于左大腿外侧、膝盖上方。让肘部对左腿内侧的压力保持平稳，以此来确保左腿的稳定。

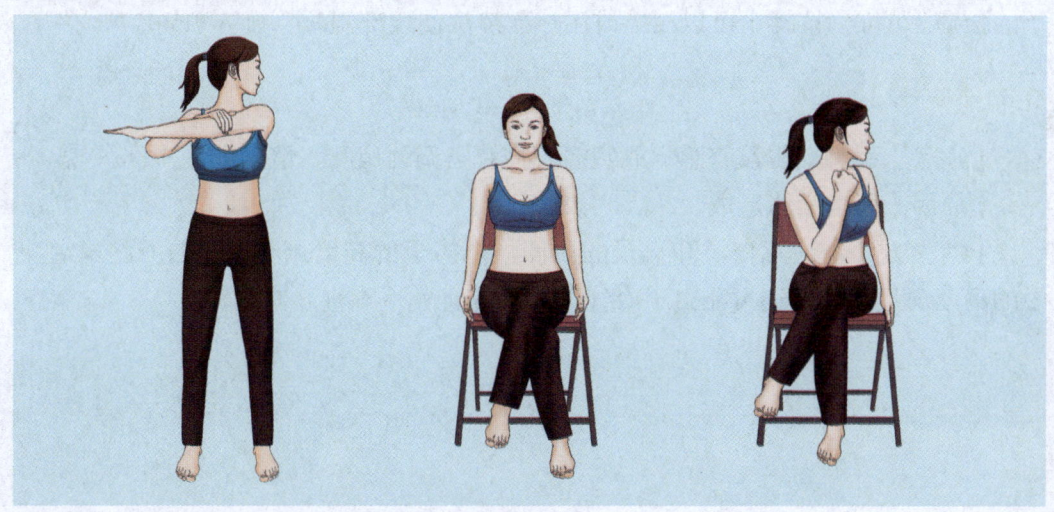

此外，还可以对症下药，来缓解病痛。

1. 头痛

【症状】头经常一跳一跳地痛，或好像有东西缠着头部，并伴有眩晕现象。

【原因】工作中用眼过度，长时间注视屏幕，睡眠不足、压力太大等都是导致头痛的直接原因。

此外，姿势不正确、工作节奏快和睡眠太少也可能引发头痛。

【解决方法】放松心情，到室外做舒展运动，打开窗户让室内空气流通。没有条件这样做时，索性离开办公桌，戴上耳机听音乐，但不要乱吃止痛片。

2. 颈、肩部酸痛

【症状】颈部僵直、两肩酸麻、精神萎靡不振。

【原因】运动少、压力太大令肌肉紧张，血气运行差，肌肉毛细血管形成瘀血。

【解决方法】当你感到肌肉酸疼时，最好在每天睡觉前泡个澡，令患处温热。避免长时间采用同一种姿势，休息时可站起来活动一下，或用手轻揉、轻叩患处，不要让肩膀受凉，应做适当的运动。

3. 腰痛

【症状】除了疼痛处，腰部发胀、变硬，严重时起不了床。

【原因】女性较男性易患腰痛病，因为女性骨盆内器官比男性复杂，脊椎承受的负担过重，易患腰痛病。

【解决方法】若是轻微腰痛，只要按摩或伸展筋骨，好好休养即可。若是严重的腰痛，可强力按揉，可以浸浴或用热敷疗法使腰部温暖、血流顺畅。

4. 手足麻痹

【症状】手脚变得没有感觉或刺痛，在有空调的房间，情况会更严重。

【原因】肌肉紧张造成。

【解决方法】注意椅子和桌子的高度，把椅子的高度调至双手自然地靠着桌子的高度。足部麻痹还可能由于冷气过冷，应避免手脚直接受风。

第二节 办公室里的墙壁拉伸功

为何蹲墙功也有拉伸效果

蹲墙功是一些中医学家在长期的实践中得出的养生方法,它是一种松腰秘法,反复练习可帮助松腰。中医认为,腰在人体中非常重要,腰部放松、灵活、气血流通,一方面可增强肾的功能,使人元气充足,故古人有"命意源头在腰隙"之说;另一方面,可保证腰主宰一身活动的职能,故古人又有"力发于足,主宰于腰,行于四肢"的说法。

相反,若腰部不能放松,则容易导致多种疾病,具体分析如下:

(1)影响丹田蓄气,阻滞背部气机上升,轻则背部酸痛、板直、头晕、眉间闷胀、腹满、腹胀等;重则气机走窜,甚至不能自控。

(2)影响命门之火对水液的蒸腾,男性可出现遗精、白浊,甚至癃淋;女性则白带增多、月经不调、小便频数等。

总之,腰一旦放松,则周身气血易于流通,不但强身壮体效果明显,而且是调整气机的良方,可以纠正身体各部位已紊乱了的气机。只要不是精神失常,无论哪里的气不顺,皆可以以此调理,只要坚持练习,若达到能一连蹲数百次,坚持练习,无不愈者。

其实,这种松腰顺气的方法其实就是一种拉筋的方法。更具体一点来分析,就是蹲墙功的功法原理即通过任督二脉的修炼达到丹田气足圆活,尤其是对颈、胸、腰、骶、脊椎的伸拉、压缩,可牵扯到常常运动不到的肌肉、韧带、神经,从被动运动到主动运动,日久自然感应异常灵敏,而使肌肉、骨骼坚韧有弹性。

但要注意的是,在练习蹲墙功时要平心静气,摒弃自己意识里的不良东西。因为一个人意识乱了之后,外面的东西很容易影响自己,本来很简单的东西也会变得很复杂,蹲墙功的养生效果也大打折扣。

蹲墙拉伸功的动作要领

在练习蹲墙功时,最好是自己先试蹲一下:缓缓下蹲上起,下蹲时脚掌或脚跟不要离地,蹲至大腿与小腿相贴,然后上起站直身体。如果你原地下蹲感到很困难,例如膝关节疼痛,就不宜练习蹲墙,以免造成身体的意外损伤。如果你试蹲的效果不错,那你就可以进行以下步骤的练习了。

（1）找一面比较光滑的墙壁，这是为了避免太过粗糙的墙壁可能会把鼻子擦痛。

（2）面对墙壁站着，先调整脚与墙壁的距离，另一个是调整两脚之间的距离。脚与墙的距离近一点，难度就大一些；双脚分开一点，蹲起来就容易一些。一个合适的蹲墙距离既要能够蹲下去，又要略感吃力。

（3）找准合适的距离以后，则可以开始正式蹲墙练习。

面壁而立，两脚并拢，重心落在前脚掌上，两手自然下垂，手心向内，周身中正，脚尖顶着墙根，会阴上提，两肩前扣，含胸收腹；全身放松，安静片刻，让思绪平和。

然后腰向后放松，身体缓缓下蹲，下蹲时头不可后仰、不可倾斜，要放松地下蹲，腰后突下蹲。可守下丹田，肩部放松前扣（向墙的方向前扣）；尾闾前扣，命门后突。注意后背脊柱要一节节卷着柱逐节放松往下蹲，像猫儿一样，弓着后背下蹲，膝盖尽量不要超出脚尖等要求，同时注意全身放松，把注意力放在腰背部及尾闾部；彻底蹲下后尾闾可用力前扣一下，然后再缓缓上起；上起时，注意用百会上领，百会处好像有一根细线向上轻轻拽着脊柱逐节升起、拉动、拉直，如此为一次。

开始阶段每次蹲墙 20~50 次。刚刚开始练习的时候宜早晨三九二十七次、中午三九二十七次、晚上三九二十七次。

（4）在练习了一段时间的蹲墙功后，要适当增加强度。一是指增加蹲墙的次数，二是指加大蹲墙的难度。蹲墙熟练以后，如果以健身、减肥为主要目的，可以着眼于增加蹲墙的次数，每次蹲墙的次数从 50 增加到 100、200 甚至更多。以中等速度来练习，蹲 200 次一般在 20 分钟左右。如果以练功为主要目的，可以着眼于加大蹲墙的难度，这里说的难度主要是指缩小两脚之间的距离和脚尖与墙壁的距离，当脱掉鞋子光脚蹲墙时能做到两脚并拢、脚尖抵住墙壁，通常会感到腰部比较松动，腹内气机盎然，身体的整体性加强。

（5）要注重练功完毕后的收尾动作，也就是当蹲墙完毕以后，两手重叠在小腹上，按左—下—右—上的方向缓缓转动20下，然后安静片刻，再睁开眼睛，走动放松，结束练习。

此外，还要注意的是，因为蹲墙功强度较大，因此饭后最好不要练蹲墙功，练功后1小时内禁止洗冷水澡，出汗后尽量避风。

蹲墙拉伸功对脊柱的修正

我们已经了解了蹲墙拉伸功的松腰拉伸功效，其实蹲墙功还具有修正脊柱的功效，主要表现为两点：

（1）蹲墙功能够对脊柱错位与偏斜进行修正。也就是说，蹲墙功对腰椎间盘突出与骨质增生、弯腰驼背等脊柱系统的错位及偏斜具有相当不错的治疗与预防作用。据有关实验证明，如果一个人在正常站立状态下脊柱长度为50厘米，他正常蹲下时的脊柱也只是被拉长3厘米左右（合每个椎间大约被拉长0.1厘米）。而在蹲墙状态下，则可以拉长到10厘米左右（合计每个椎间被拉长0.3厘米）。也就是说，通过蹲墙功的这种一张一弛、一伸一缩，脊柱中的错位与偏斜的椎体被自然回复到原位。

此外，在蹲墙起落的同时，也锻炼了相应的颈部、肩部、背部、腰部肌肉与韧带，由于这些软组织坚强的维系作用，复位的椎体很难再脱出，从而使根治脊柱椎体偏斜成为可能。

（2）蹲墙功能够治疗骨质增生、腰椎间盘突出、腰腿痛、轻微驼背、轻微鸡胸等椎体偏斜错位的病例。

现代脊柱医学认为，"脊柱不正乃万病之源"，不同部位的椎体出现问题能够引起不同的内脏病症。比如，以腰椎为例，第一腰椎偏斜可以引起胃及十二指肠溃疡、胃扩张；第二腰椎偏斜可导致精力下降、尿床、腹膜炎、便秘；第三腰椎偏斜可导致腹泻、水肿、肾炎、蛋白尿、痛风；第四腰椎偏斜可导致坐骨神经痛、头痛、难产；第五腰椎偏斜可导致膀胱炎、腹泻、痔疮、子宫内膜易位，等等。总之，有数百种疾病都与脊柱不正有着直接或间接的关系。而通过蹲墙功对椎体偏斜的修正作用，由脊柱偏斜直接或间接引起的上述病症也就能得以根治。

因此，有各种内脏疾病的患者不妨试着练习蹲墙功，感受一下其神奇的养生功效。

脊柱系统肌肉拉伸

蹲墙功除了有松腰、修正脊柱的功效外，还能锻炼脊柱系统肌肉，极大而快速地增强腿脚实力，并在一定程度上增强了身体的抗击力。这主要从两个方面来分析：

（1）蹲墙功在一张一弛之间矫正了偏斜的椎体，使脊柱正常，进而使发力顺畅。内家讲究"力由脊发"，很难想象一条不正的脊柱能够胜任高级的发力。

（2）蹲墙功由百会引领躯干上起的时候，颈椎部肌肉、胸椎部肌肉、腰椎部肌肉、骨盆（骶椎）部周围肌肉、大腿部肌肉、小腿部肌肉依次分别收缩、用力做功，而所有肌肉收缩所产生的力，其目的无疑都是使身体上升。换言之，它们的发力最终都集中到一个方向，这个方向就是腿部肌肉的用力方向。这时，腿部的发力早已不单单是腿部肌肉的发力，而是上述胯腰背、乃至颈部肌肉力量的集合，这便造就了内家拳所梦寐以求的整体力，"腿脚千斤力"即由此而来。

中国轨迹拳创始人李紫剑先生曾经提出以"对争"与"贯通"两大概念来阐述桩功的发力奥秘。在此基础上，人们不难发现：蹲墙功正同时暗合了"对争"与"贯通"的原理。因此，人们可以通过蹲墙功的修炼来获得一定程度的抗击力，正是因为通过"对争"与"贯通"使练习者的躯体成为一个整体，受击打时的力就被整体传导并共同承受，整体的抗击力显然要大于局部的抗击力，从而加强了肌肉的纠结力，锻炼了脊柱的肌肉。

蹲墙拉伸功要用心感受

蹲墙功还有一个特点就是讲究心法练习，也就是说人们在下蹲练习的时候，一定要有这样的意识。

（1）不是你的身体在下蹲，而是你的骨盆在将整个脊柱节节下拉，要悉心体会骨盆下降过程中将脊柱缓慢拉长的感觉。

（2）不是你的双腿在用力支撑身体上起，而是由你的百会穴上领，把整个脊柱由上到下，由颈椎到胸椎到腰椎至骨盆，最后到两条腿缓慢地向上拽起来，要悉心体会脊柱缓慢回缩的过程。

以上两点就是蹲墙功的心法，目的其实很明确，就是要人们在下蹲时用骨盆将脊柱缓慢拉长，而在上起时以百会引领脊柱缓慢回缩，因为蹲墙功所练习的正是脊柱的一伸一缩、一张一弛，从而达到舒经活络的养生效果。

蹲墙拉伸功，要进阶练习

人们常说，一口吃不成个胖子，意思是说人们做事的时候不能急于求成，练习蹲墙功也不能例外，应循序渐进地进行，才能真正获得养生的功效。

下面，我们根据人们练习蹲墙功的进程，将蹲墙功分为三个阶段：

1. 初始阶段：加强脊柱的拉长度

在刚开始练习蹲墙功时，许多人的姿势无法做到位，这时，不宜强求，而应根据自己的身体状况，确定两脚的姿势和距离。而且，脚尖可以先离开墙，离多远以尽自己的力量能蹲下去为度。如年纪大或行动不方便的同志，可以两脚尖离开墙根，两脚分开，以降低难度。甚至还可抱住树、床架，拉住门把手等支撑物往下蹲。总之，动作不标准不要紧，关键是要坚持。

对于年轻的身体健康的练习者，则应尽量按标准的姿势蹲。刚开始时可能比较困难，没等蹲下去，就会往后倒，碰到这种情况，就要精神高度集中专一，并加意念"一定成功"。

每次下蹲30个为一组，每天蹲一组以上，多多益善。经过一段时间的锻炼，随着周身各部气的充足，尤其是脊柱、腰部松动程度的提高，就能顺利下蹲、上起了。此时就应转入第二阶段——熟练阶段的练习。

2. 熟练阶段：加强脊柱（尤其是腰椎）周围肌肉的力量

此阶段的首要任务是人们在姿势标准的基础上有所提升难度，也就是说，人们在两脚并拢，脚尖抵墙能完成蹲墙动作的基础上，应注意"形松意充"，体会周身气机的升降开合，同时增加蹲墙的次数和时间。

3. 提高阶段：使胸椎乃至颈椎周围的肌肉得以锻炼加强

当练习者每天能够按照标准姿势来进行蹲墙功，且能轻松自如地完成每天的练习量，此时则不宜再加多次数，而应加大难度，提高质量。

（1）赤脚蹲墙。

赤脚，脚尖抵墙下蹲，同穿鞋蹲墙的感觉大不一样。大大加强了对脊柱的抻拉作用。

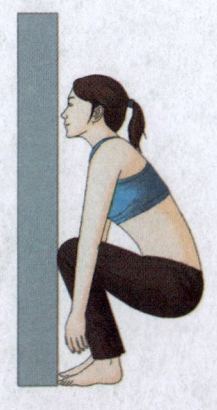

（2）撑臂蹲墙。

这在难度、力度上又加了码。

蹲墙时，两臂保持左右手举成一字形，立丁字掌。进一步还可以配合手指的分合。

上起时，大、小指分，二、四指分；下蹲时，二、四指合，大、小指合。注意不要使手碰墙壁，练此式更有利于通透上肢。

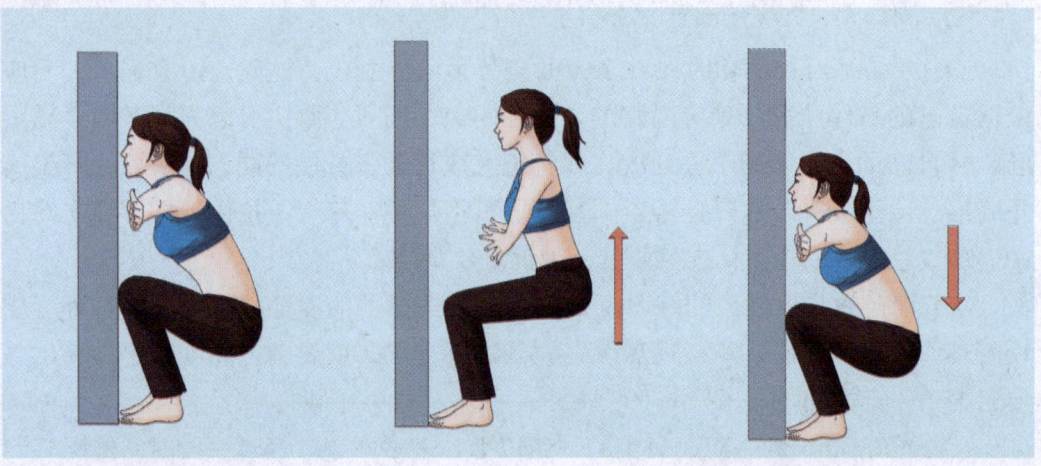

（3）背手蹲墙。

两手十指交叉、掌心向外，置于腰部命门。经过撑臂蹲墙，起落时身体平稳，不会后仰，就可以采取这种办法。

两臂置于背后时，两小臂重叠，两手互握对侧肘关节。这样做在蹲墙时还能起到很好的松肩作用。

（4）拳抵鼻尖蹲墙。

蹲墙时，可用一手握拳，横置于鼻前，用拳眼对准鼻尖。熟练后，可加至两拳相接，置鼻尖与墙壁之间，下蹲上起。此动作难度较大，但只要持之以恒，刻苦练习，久之自然合度。

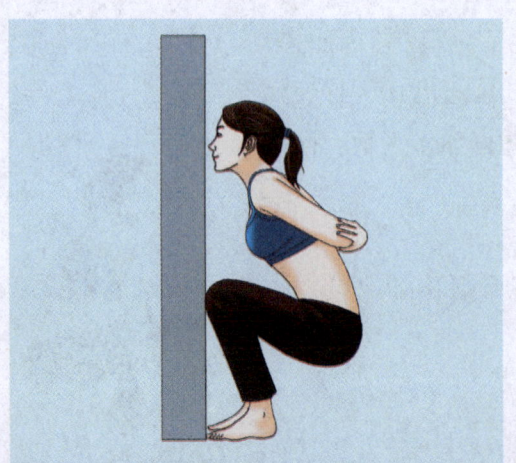 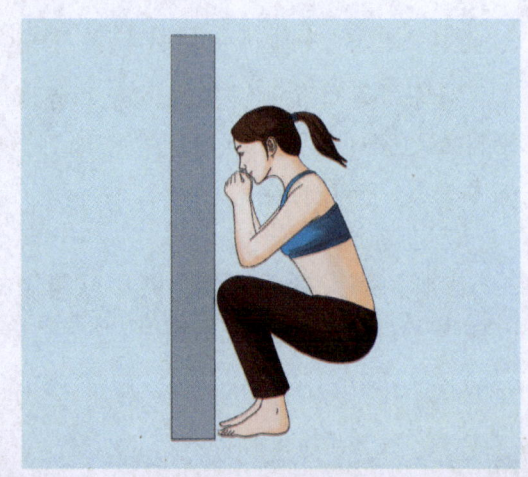

当蹲至大腿与地面平行时，定住姿势不动，当作站庄来练，坚持的时间越长越好。若此时能在鼻尖前放置两拳，则效果会更好。

此外，人们在练习蹲墙功时可先赤脚练习，熟练后再穿鞋练习，其次再双手持砖块练习，最后再双手背于身后练习，这也是增强练习难度的一种方法。

面壁蹲墙拉伸功，有哪些注意事项

蹲墙虽然动作简单，但初学者要想取得好的健身效果，需要注意以下几个问题：

（1）蹲墙的时候要集中精神，要把注意力集中到身体上来，不要一边蹲墙一边思考别的问题。

（2）要遵守循序渐进的原则，不要一下子蹲得太快、太多、太难，练习以后不应该感到精疲力乏，而是精力充实、留有余兴。

（3）初练蹲墙不要管呼吸也不需要意守，只要自然呼吸，认认真真做动作就行。

（4）蹲墙不要仰头或把头侧向一边，蹲墙练习的全过程都要保持头部中正，略收下颌，宁可拉开距离降低难度，也不要动作变形。

（5）要注意蹲墙过程中的放松。上起的时候要注意头顶百会穴上领，由头部带动上起，避免下肢或膝盖的拙力。站直的一刹那注意下肢的放松，站直以后停留片刻再下蹲，有一个松紧转换的空隙。

（6）注意蹲墙前后衣服的增减。不要一下子脱掉衣服去蹲墙，应该蹲到身体发热以后再逐件脱去衣服。蹲墙结束后马上用干毛巾擦去身上的汗迹，迅速穿上衣服保暖，放松休息半小时以后再去洗澡。

在练习蹲墙功时，人们还需要注意以下几个方面：

（1）人们在刚开始练习蹲墙功时，必须将脚尖稍稍后移，具体尺度自己把握，保持重心稳定即可，然后缓慢下蹲、起立。这是因为此法看似简单，但刚开始有难度，主要是肾气不足之人无力蹲稳，起立乏力，重心容易向后倾斜倒地。因此，人们在做功时一定要专注于脊椎的直立和身体平衡，否则一不留神就会向后倒。

（2）此外，下蹲、起立的次数由自己把握，多少不限。但每次最少应有9次以上，然后以9为单位逐渐加大到18次、81次等，但不要使自己过于疲劳。

体会扭腰功的动作要领

和蹲墙功一样，扭腰功也是一套有效的强肾功法，它因为简便易学、收效迅速，且不受场地、时间限制而受到许多人们的喜爱。人们喜欢通过扭腰功来增强精力、性功能、记忆力、骨骼，减少脱发、黑斑和皱纹。此外，它对所有腰胯以内的疾病都有疗效，比如生殖系统、泌尿系统的疾病，如前列腺炎、膀胱炎、肠道疾病、便秘和妇科类疾病，等等，而且还可以减肥，其减肥区域在腰、胯、臀、腹部，正是赘肉最多的部位，所以此法令男女老少皆大欢喜。

扭腰功的动作要点主要有以下几个方面：

（1）双脚按等同双肩距离站立，身体略微前倾；双脚脚趾紧紧向下抓住地面。

（2）双手用力撑住腰部，掌心朝内护住丹田处（肚脐下方），两只手拇指、示指形成的空白正好在丹田处形成一个空空的方形，双肘自然弯曲至90度左右，与双手在用力时形成固定位置。

（3）以脊椎为轴心，两胯带动整个臀部向左做圆形扭动，经身体左侧、后方，最后从右方返回，使整个肚皮和胯部正好转完一个360度的圈，以此动作连续做20下，即转20圈，转圈时双肘和双手都在原位置固定不动。

（4）向左方的转圈扭动做完20个之后，再以同样的姿势向反方向转动胯部20次；做完后再向左方转动20次，如此反复变化方向转动。

（5）在整个练功过程中，口须微张，与鼻孔一同呼吸，不可紧闭。

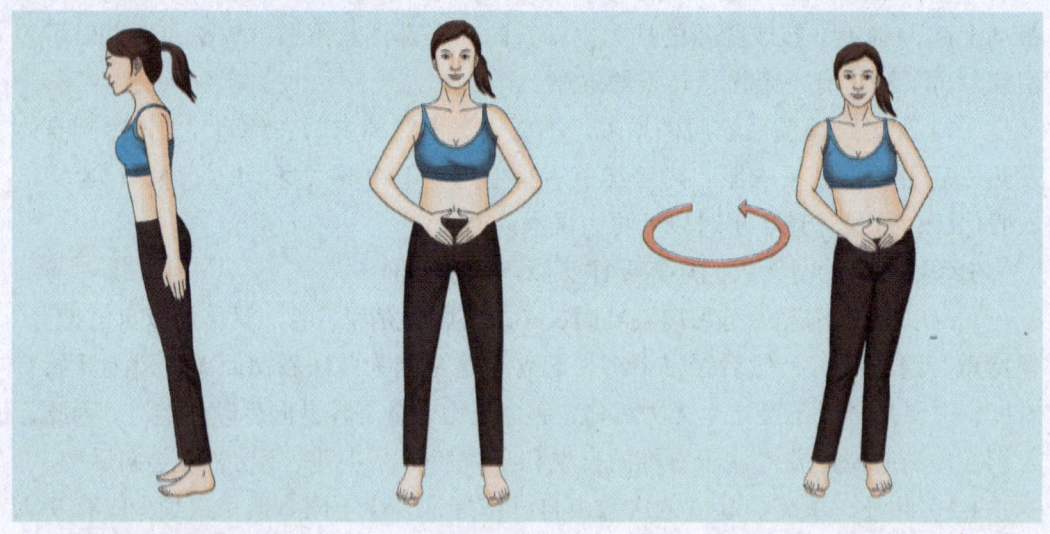

扭腰功的注意事项

在练习扭腰功时，要注意以下几个方面：

（1）要注意双臂、双手在扭动时紧张不动，只让臀胯扭动，这样扭肾气提升很快。因为人们在刚开始练习时，最易犯的错是手和臂没用力、紧张，因此不固定，导致手臂与双臂不由自主地跟着一起扭。

（2）此外，要注意双脚脚趾紧扣地面，这样既固定了身体，又接通了地气，还打通了脚上的经络。

（3）平时除了练扭腰功，还用提肛来配合，效果会更显著。比如开会、坐车、走路的时候，都可以坚持提肛，时间越长越好，经过几次练习后动作会逐渐趋于标准姿势。

撞墙拉伸功的养生功效

常见一些晨练的老人在公园里以背撞树，强身健体。这方法看似简单，却包含了养生理念，与中医的"铁背功"有些相像。"铁背功"就是"撞墙功"，又名"靠山功""虎背功"，简称"撞墙"，是一门简单易学的养生方法。据说，中国台湾巨富王永庆就是从80多岁开始靠撞墙功治好了自己一身病，多活了十几年。

撞墙功到底有着什么养生功效呢？中医认为，人的后背有多条重要经脉，比如膀胱经和督脉。膀胱经从头到脚，几乎贯通全身，因而当它出现异常时，也会牵连全身。督脉则是诸阳之会，打通督脉，即可祛除许多疾病。撞墙或撞树法就是依照这个原理，按摩、挤压背部经络，以及其上穴位，达到养生保健的目的。此外，以背撞击墙面等硬物，对活络全身血脉，强健腰背肌肉也很有好处。

具体分析，"撞墙"主要有以下几点养生功效：

（1）打通督脉及两边共四条膀胱经，一条督脉就可以治多少病，数不清啊！而膀胱经上有所有的腧穴，如心俞、肝俞、肾俞、脾俞，等等，这意味着所有内脏的病皆可治疗，程度不同而已。

（2）震动了胸腔、肺部、心脏，也震动了下部的肝脾肾等，与其相关的病也直接、间接都治了。

（3）震动了脊椎，令整条脊椎都处于震颤状，相当于正骨，调整了所有不正的关节、筋腱、纤维，等等。

（4）脊椎通大脑、脑髓，打通所有与脑部相关的经络、神经、血管，等等，对大脑相关疾病极有帮助。

（5）撞墙的刹那要吐气，如同气球被突然一击，胸中之气突然向所有该出的地方挤出，打通所有不通的气脉，排出胸中浊气，心中块垒。

撞墙拉伸功动作要领

人们在练习撞墙功时，主要注意以下几个动作要领。

1. 量距离

两脚与肩同宽，脚与墙的距离以自己的鞋为单位计算，1.0~1.5只鞋的长度，以太极拳前七后三的弓箭步姿势，或是左右弓箭步的姿势站立，后脚跟贴近墙壁，微微往后一倾，就能很自然地背贴墙壁。

2. 落胯

稍下落即可，膝盖不必弯太低，全身放松，上身保持正直。

3. 撞墙

（1）重心由前脚往后推，臀部以上连背部，平顺往墙面平靠，要出乎自然平靠，不可刻意出力往后仰。

（2）初期撞击面在肩胛骨以下，只撞击一个地方，也就是说一次撞击只发出一个声音，不可出现两个撞击面或撞击时发出两个声音，否则容易导致练习者不舒服。

（3）双手宜自然下垂摆荡，即离墙时，手往前摆，撞墙时手往后摆。其好处是：手比较能放松，且借着摆荡之力，有助身体的离墙与撞墙，减少初学者刻意出力的毛病，而且还可以借机训练荡手，感受"太极不动手、动手非太极"的境界。如果有人喜欢在练习时双手互抱，置于丹田也行，而且这种抱手方式有利于使内气集中，还可避免肩胛骨受伤。

（4）在撞击的刹那，练习者要自然吐气，不要憋气，尽量别咬到舌头。

4. 离墙

由后脚往前推，能自然离开墙面，不可有刻意出力离墙之感；而背部离墙或竖直背部时，整个脚掌仍应紧贴地

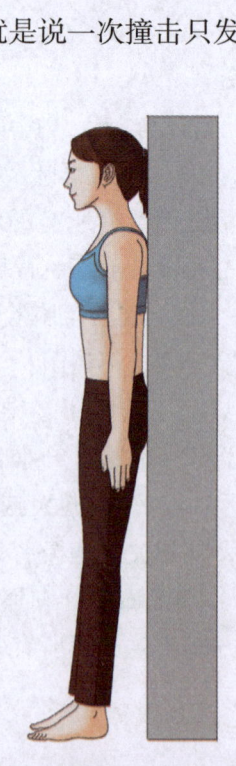

面，且膝盖弯度要固定（微弯即可），不可有上下起伏。

人们在练习撞墙功时要全身要放松，不可发力或僵硬，尤其是在撞击瞬间更要如此；旨在使体内脏腑能随着身体撞墙而起到振动的作用，不致因发力而使肌肉韧带紧绷，而影响脏腑运动的效果。

此外，腰背的放松在撞击瞬间更须注意加点意念，使撞击时能起到按摩"督脉"与"足太阳膀胱经"各脏腑穴道的加成效果；且腰背放松，又能使背部血液循环，尤其是静脉回流加快，不致因回流慢，而影响头部血液的供应。

一般来说，撞墙功的练习以每天撞200次，每次10分钟左右为佳。

第三节 办公室手指拉伸

柔软手指拉伸

如果你想让自己的手变得柔嫩健美,可以这样做:用温肥皂水洗手,擦干后浸入温热盐水中约5分钟,擦干后再浸入温热的橄榄油中,慢揉5分钟,再用肥皂水洗净,接着再涂上榛子油或熟猪油。过10~12小时后,双手会变得柔软细嫩。

手指部拉伸也是柔软手指的一个好方法:

(1)端坐在椅子上,双手合掌,十指先交叉;直到能接触手面,再还原到自然状态,反复练习20~30次。

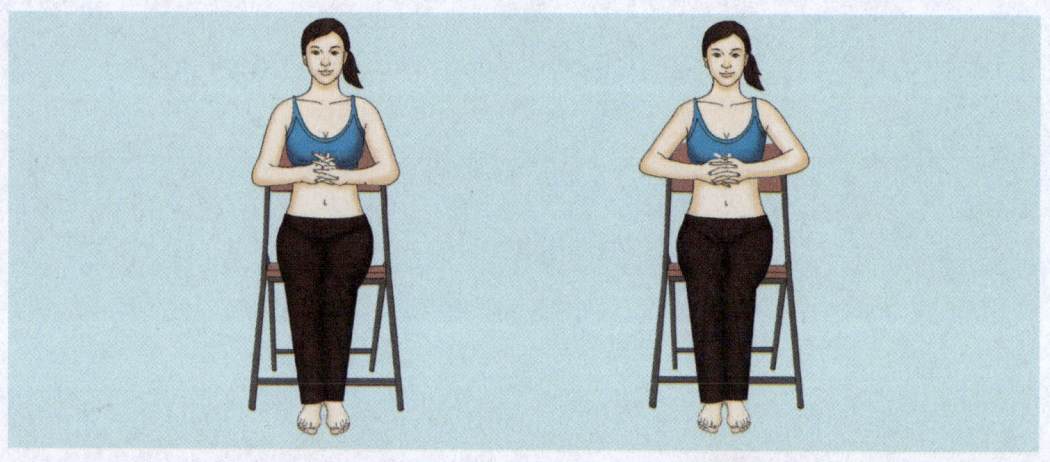

(2)端坐于椅子上,双臂前举,与胸同高,十指自然分开,掌心向下。

左右手同时尽力握紧双拳,保持2~3秒之后,慢慢还原,用抖腕的方式放松手腕,反复练习4~6次。

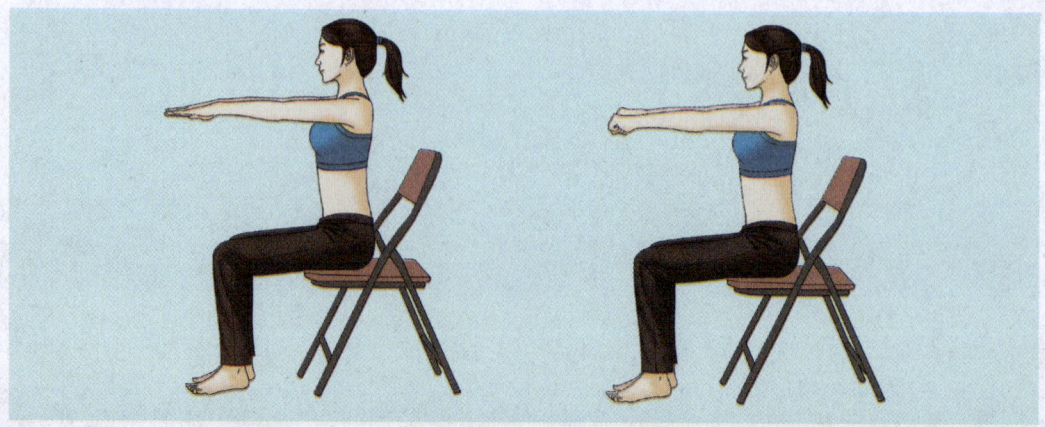

（3）端坐在椅子上，双臂前举，与胸同高。十指自然分开，掌心向下，然后手掌向两侧外翻，再还原到自然状态，反复练习15~20次。

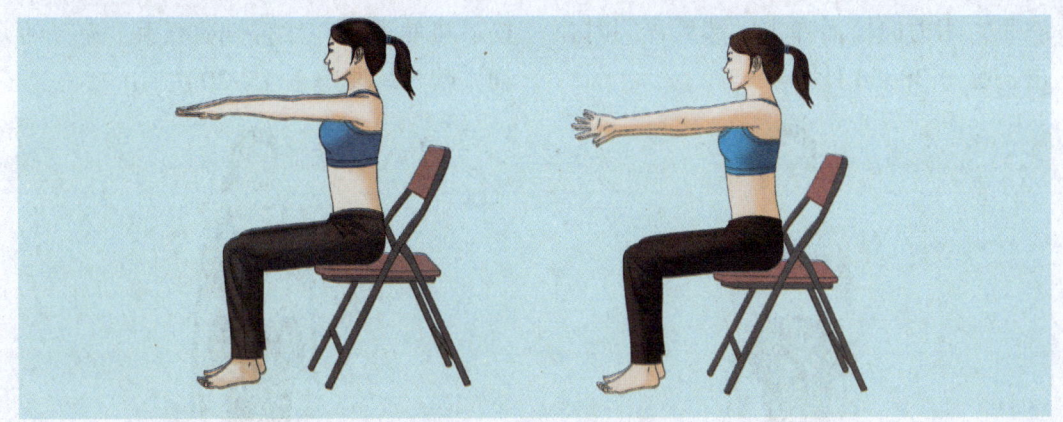

（4）端坐在椅子上，双臂前举，与胸同高，掌心向下。
左手先握拳再慢慢还原，右手握拳然后还原，左右手交替，同时加快速度反复练习20次以上。

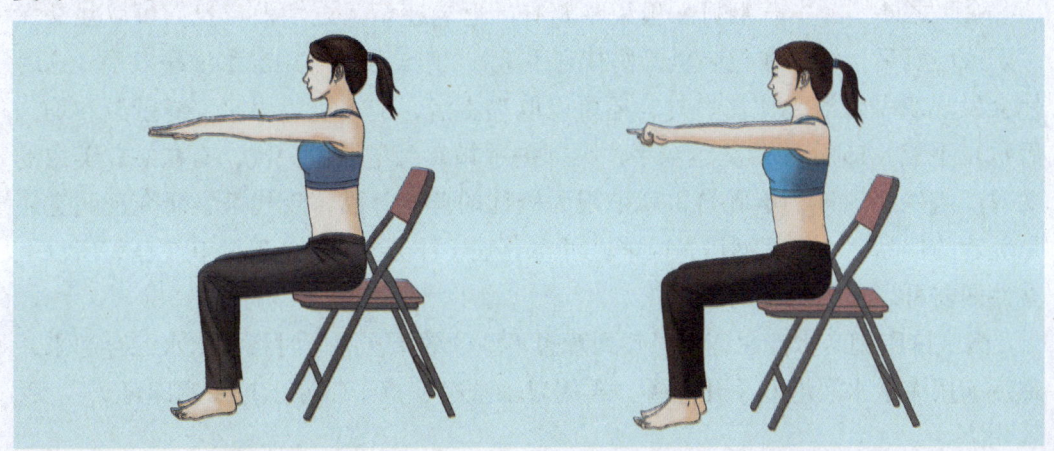

（5）端坐在椅子上，左右手臂向内自然弯曲，然后分别用大拇指依次与示指、中指、无名指和小指接触，练习的过程中注意加快速度、加大力度，反复练习15~20次。

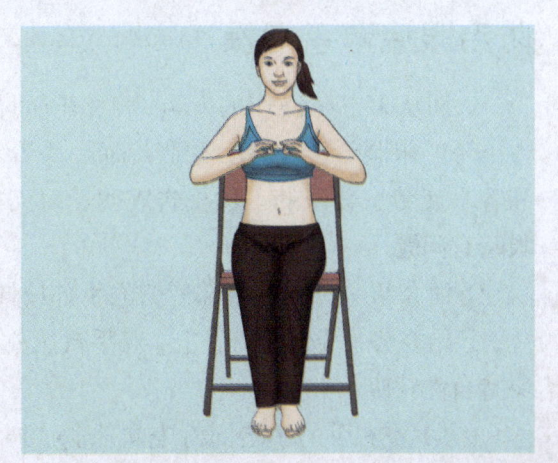

（6）自然坐姿，两臂自然下垂。十指分开，自然放置于椅子上。交换左右手，用力向椅面弹击，然后再同时弹击，练习30~60秒钟。

（7）端坐于椅子上，双臂向两侧伸直，双肘向下弯曲，左右手腕充分放松后自然下垂，然后抖动双手，充分活动手腕，反复练习15~20次。

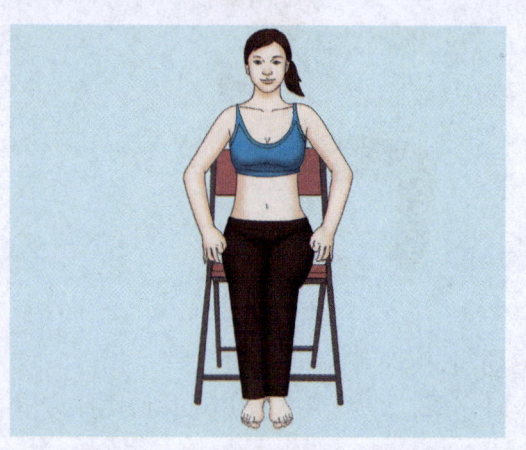
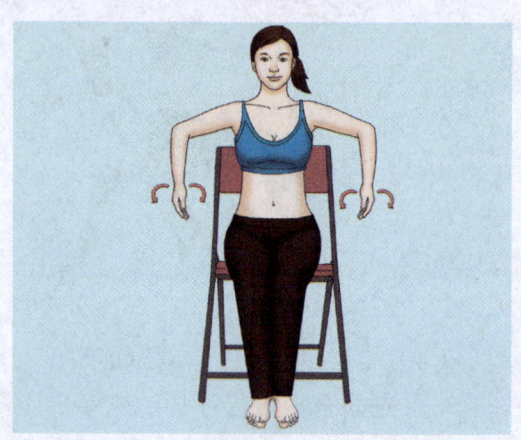

除此之外，《本草纲目》里说牛奶有"返老还童"之功效。我们可以在喝完牛奶或酸奶后，将剩在包装里的奶抹到手上，约15分钟后用温水洗净双手，这时你会发现双手嫩滑无比。另外，还可以取鸡蛋清，加入适量牛奶、蜂蜜调和均匀后敷在手上，15分钟后洗净双手，再抹护手霜，每星期做一次，有祛皱、美白的功效。与牛奶一样，羊乳自古就被视为极佳的营养补品，现代医学研究证明它还是美容的佳品。《本草纲目》说羊乳可益五脏、补劳损、养心肺、利皮肤，所以，女性朋友可以多喝些羊奶。

而坚持用淘米水洗手，也可收到意想不到的效果。煮饭时将淘米水贮存起来，临睡前用淘米水浸泡双手几分钟，再用温水洗净、擦干，涂上护手霜即可。

防治眼疲劳手指操

长期从事电脑操作的人员，工作时间长了容易产生眼睛疲劳、视物模糊、视力下降、眼睛干涩发痒、酸胀疼痛、头晕等不适症状，有的形成近视、心情烦躁和容易疲劳。美国的一项报告表明，每天在电脑前工作3小时以上者，90%的人眼睛有问题。

下面介绍一种缓解眼部疲劳的手部拉伸方法。

起始姿势：端坐在椅子上，双手自然放在身体的两侧，使指尖向前，掌心向下，保持自然呼吸。

（1）左右手的小指同时先向外侧拉伸，再向内侧还原。同时，左右眼球先向右充分转动，再向左充分转动，重复练习36次。

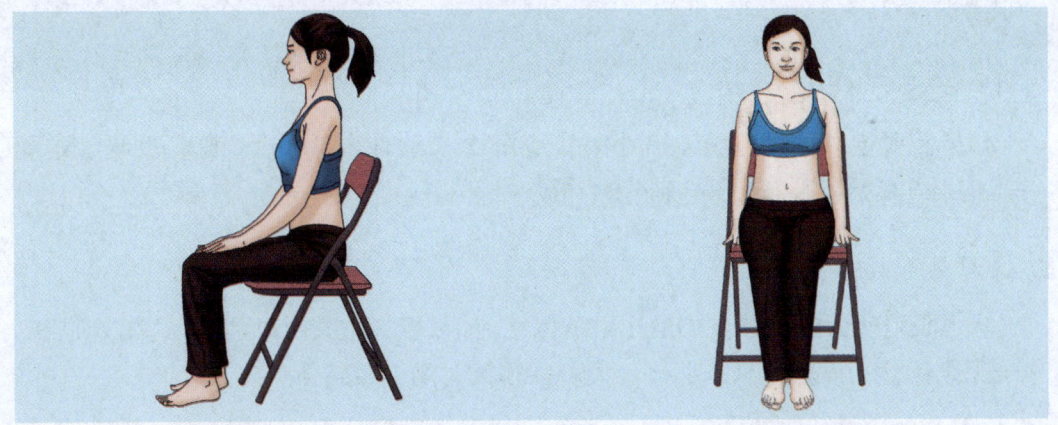

（2）左右手的小指微微向上翘起，然后再向地面方向用力下压1次。以同样的动作要领反复练习36次，与此同时，左右眼球先向上充分转动，再向下充分转动。

（3）左右手的小指在空中划弧，先向身体内侧转动，再往身体外侧转动，各36次。与此同时，左右眼球也做圆周运动，分别按照顺时针和逆时针的方向，各转动36次。

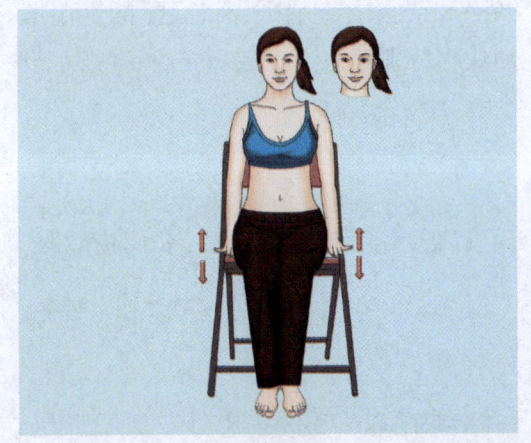
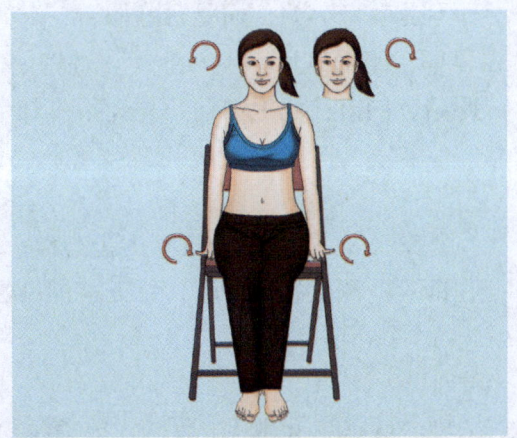

（4）双眼向远方眺望1分钟，注意不能在强光下。然后微微闭目养神，脑中意念设想自己的视力回到正常状态。

（5）做完以上练习之后，左右两边大拇指轻轻按摩小指的最下方横纹处（老眼点），坚持1~2分钟。

此外，还可以通过下面几种方法来保护眼睛。

1. 注意光线

在微暗的灯光下阅读，若光线未提供足够的明暗对比，将使眼睛容易疲劳。

应使用能提供明暗对比的柔和灯光（不刺眼的光线）。不要使用直接将光线反射入眼睛的电灯。

2. 中断你的工作

如果需要连续使用电脑 6~8 小时，应每 2~3 小时休息一次。喝杯咖啡、走动一会儿，或只是让眼睛离开电脑 10~15 分钟。

3. 闭眼休息

缓解眼睛疲劳的最佳方式是让眼睛休息。你可以一边接听电话，一边闭着眼睛。你若无须读什么或写什么，那么，大可在聊天时闭上眼睛休息。

4. 减弱荧屏的亮度

电脑屏幕上的字体及数字就像小灯泡，直接将光线打入你的眼睛。因此，你需要降低屏幕的亮度，并调整反差（明暗对比）使字体清晰。

5. 泡茶

不是用来喝的，而是敷在眼部。将毛巾浸入茶水中，躺平，将温热的毛巾敷在眼部，闭眼休息 10~15 分钟。这将使你加快消除眼睛疲劳。注意不要将茶水倒入眼睛，同时在浸毛巾前，先让茶冷却一会儿。

6. 伸出援手

摩擦双手，直至它们暖和为止。然后，闭上双眼，用手掌盖住眼圈，勿压迫双眼，盖住即可。深且慢地呼吸，每天这样做 20 分钟。

7. 眨眼按摩

每天特意眨眼 300 下有助于清洁眼睛，并给眼睛以小小的按摩。

治疗便秘手指操

便秘，现在已成为很多人的通病。很多人把这看成一个小毛病，但是这个小毛病却会给身体造成巨大的负担，让很多人痛苦不堪，甚至将小毛病拖成大毛病，将慢性病拖成顽症。

便秘对身体有多种危害，如果长期与便秘为伍，就很有可能引起下列疾患。

（1）诱发痔疮：便秘是痔疮的罪魁祸首之一。长时间用力排便，或蹲便时间过久，都可使直肠肛周静脉丛压力增高，逐渐使静脉曲张而形成痔疮。

（2）诱发肛裂：因为粪便干硬，可能会造成肛管处的皮肤损伤，然后继发细菌感染，从而形成肛裂。

（3）诱发胃肠功能紊乱：积存在体内的粪便，会产生有毒物质，让人食欲不佳、腹胀或腹痛，呃逆嗳气等。

（4）诱发脑出血：由于用力排便，可使腹压升高，静脉血回流增多，心脏负担加重，血压升高，导致脑出血。

（5）诱发心脏病：道理与引起脑出血相同，可以导致心绞痛，甚至心肌梗死。据统计，脑出血、心梗有大约1/4的病例是由便秘诱发的。

（6）诱发肿瘤：由于粪便长时间滞留，致癌物质不能有效排出，导致被大量吸收，可能诱发肿瘤，首先是肠癌。研究表明，有便秘史的女性，患乳腺癌的概率更高。

（7）影响儿童发育：小儿如果长期便秘，影响消化功能，吸收太差，可导致发育不良。由于粪便经常滞于肠道，毒素吸收入血，循环到大脑后，可使神经敏感性降低，导致智力发育落后。

以上可不是危言耸听，便秘的危害就是这么大，要从根本上解决这种"难言之隐"，可以试试手指操：

自然站姿，双腿分开，间距约为两肩宽度。

（1）打开手掌，十指分开。然后慢慢向外伸展手臂到最大限度，之后回到自然站姿，尽量放松。反复练习16次。

（2）自然站立，双腿略微弯曲，双臂自然垂于身体两侧，指尖向前，掌心向下。然后上下抖动膝关节，以此带动全身的上下抖动。同时注意先上下活动小指36次，再上下活动示指36次，最后上下活动无名指36次。全部做完之后，使小指、示指、

无名指一起上下活动。

要想告别便秘，还要在日常饮食中调理。蔬菜与水果都含有丰富的维生素、矿物质及膳食纤维，成人应每天都摄取。

除此之外，花生、腰果、开心果等坚果类，瓜子、芝麻等种子类，膳食纤维的含量也都较高，但是除了栗子、莲子外，坚果类的脂肪含量都很高。还有，洋菜（琼脂）、果冻、魔芋也是高纤食物。

总体来说，膳食平衡要做到以下几点：

（1）尽量少吃过季或者反季食品。
（2）每天吃饭的时间、数量都要有规律。
（3）吃饭时要身心愉悦，细嚼慢咽。
（4）饮食要依据自己的身体状况而定，不要盲目跟风。

空抓，改善手指血液循环

手上的骨关节、肌腱和韧带有很多，它们的活动可以牵扯到上半身。

双手在空中反复抓捏，不仅能使手指灵活，而且能带动臂肌、胸大肌和颈部肌肉群都参与运动，从而改善上半身的血液循环，还可缓解肩周炎、颈椎病和偏头痛，尤其对肩周炎的效果更为明显。

空抓的方法很简单，挺胸抬头（站姿或坐姿均可），伸直双臂成水平状，目视前方，然后双手以每秒钟一次的节奏反复抓捏，像抓捏极有弹性的东西那样。同时，双臂慢慢上抬，双手不断往上抓，直至超过头顶。

空抓时要保持呼吸均匀，捏时用力不要太大，速度最好不要太快或太慢，也不要时快时慢，而且手捏和手松时十指都要到位。手捏时，双手像拉扯什么东西那样向胸前轻拉一下，以活动肘关节和肩关节，扩展胸腔，增加肺活量。空抓在直角范围内反复进行，以不疲劳为度，肩周炎和颈椎病患者则以能忍耐为度进行练习。

脑出血患者平时可多做空抓动作。脑出血患者中，近70%的人是右脑半球的微血管破裂出血。专家认为这与患者的生活习惯、运动行为方式有关。人的大脑左半球控制右半身，在生活中人们右手的使用明显多于左手，大脑左半球得到的锻炼也就多于右半球，所以缺少锻炼的右脑半球的脑血管壁就显得脆弱，容易发生破裂。因此，平时应多活动左手，可采用空抓手的方法，每天早、中、晚各做几百次，以达到锻炼右脑半球血管的目的。

指腕部经筋痹病拉伸

别看手在人身上只是很小的一部分，但是，手指是人体身上最灵活的部位，因此，手部发生的疾病往往会给人的生活质量带来很大影响。所以，我们平时就要做好手部的保护工作，没病的时候要注意预防，得病之后，则应该采取积极、正确的治疗方法，以免带来不必要的困扰。

对于手指和腕部的疼痛，或者功能障碍，可通过以下手部拉伸方法得以康复。

（1）抓空增力：做这个动作的时候将五个手指尽量伸展张开，然后用力屈曲握拳，可以两手同时进行，也可以左右手交替进行。通过这个动作能促进前臂与手腕部的血液循环，消除手指或腕部的肿胀，并有助于恢复手指及腕部各个关节的功能，缓解疼痛麻木等不适的症状。

（2）拧拳反掌：将上肢向前平举，掌心向上；然后逐渐向前内侧旋转，使掌心向下，在旋转的过程中逐渐握拳，需要注意的是，在握拳过程中要有"拧"劲，如同拧毛巾一样，然后还原，恢复到掌心向上的位置，反复进行。这个动作有助于锻炼前臂及腕部的旋转功能。如果空手做此动作无法掌握要领的话，可以手中握一毛巾，做拧毛巾的动作。

（3）上翘下勾：先将双手手掌翘起成立掌的姿势；然后逐渐下垂成勾手，反复进行此动作。在做的过程中要注意动作要缓慢而有力，此动作能帮助恢复腕关节背伸及掌屈的功能。

上面所说的这些锻炼方法，不仅可以用于康复治疗，而且可以用来缓解疲劳，预防疾病的发生。

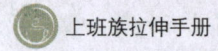

第四节 | 上下班路上的健身拉伸

"开车一族"的拉伸

有车族该怎么预防汽车综合征呢？其实并不难，每天抽出 20~30 分钟做做拉伸运动，工作中间做一下工间操，尽量减少过量进食、高油脂饮食和久坐的生活方式就能有效预防。

1. 开车前的拉伸

（1）伸展运动。

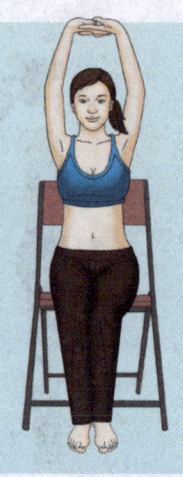

▸ 坐稳，两手十指叉握，直臂上举，掌心向上，持续5秒钟。

▸ 然后两手直臂由上到胸前，再屈肘紧抱双膝，含胸收腹，反复8次。

（2）收腹运动。

（3）转体运动。

▲ 坐稳，两手向后扶住椅背两侧，身体挺直，单腿向前伸展，上身向前屈体收腹，低头含胸，背部伸展，持续5秒钟，还原。左右反复各16次。

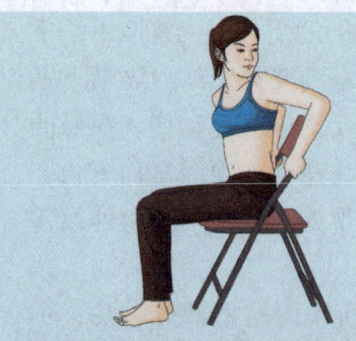

▲ 坐稳，两手向后扶住椅背两侧，身体向右侧转动，持续5秒钟，还原。换方向，身体向左侧转动，持续5秒钟，还原。左右反复各8次。

2. 车内锻炼

在等红灯时可做些"小动作"。方法如下：

（1）坐正、挺胸、收腹、挺腰，向上轻轻地抬头两次，向下低头两次，再向左、向右各侧头两次。

（2）把左手搭在右肩上，头尽量向左扭，维持3秒钟，然后换个方向练习。

（3）左手伸掌，轻轻地砍右边胳膊，从肩头到手腕，然后换手换方向重复练习。

（4）两只手轻轻地从膝盖往上捏两条大腿，再到腰部，重复练习。

（5）用两手掌夹紧一侧小腿肚，旋转揉动20次，然后换腿重复练习。

（6）在停车后眺望远处或绿色植物，缓解眼部疲劳。

3. 开车族防止汽车膝的拉伸

（1）采取坐位或仰卧位，首先将腿伸直，以"抽动"的方式进行股四头肌收缩运动，每次锻炼5分钟，每日2~3次。

然后将腿绷直抬起，抬起后坚持数秒钟后放下，一起一落，一次可由5分钟逐渐增到10分钟，左右两腿轮换进行。

（2）采取仰卧姿势，两腿膝关节同时进行一屈一伸的运动，以提高肌肉和韧带的弹性和韧性以及关节的灵活性，并消除膝部无菌性炎症，避免膝关节周围软组织粘连。每天坚持2~3次，每次3~5分钟。

（3）甩腿：一只手扶树或扶墙，先向前甩动小腿，使脚尖向前向上翘起。

然后向后甩动，将脚尖用力向后，脚面绷直，腿亦伸直。在甩腿时，上身挺直，两腿交换各甩数十次。此法可预防半身不遂、下肢萎缩软弱无力或麻痛、小腿抽筋等。

（4）扳足趾：端坐，两腿伸直，低头，身体向前弯，以两手扳足趾20~30次。能锻炼腰腿，增强脚力，防止足部软弱乏力。

公交车上的拉伸

都市上班族每天忙忙碌碌，难得抽出更多的时间来锻炼健身。其实，每天上下班坐公交车的时候都可以健身。

（1）肩部拉伸：在不打扰他人的情况下，肩尽量向前折合；然后还原挺胸向后折。常做这个动作可以打造"V"形的性感美人肩。

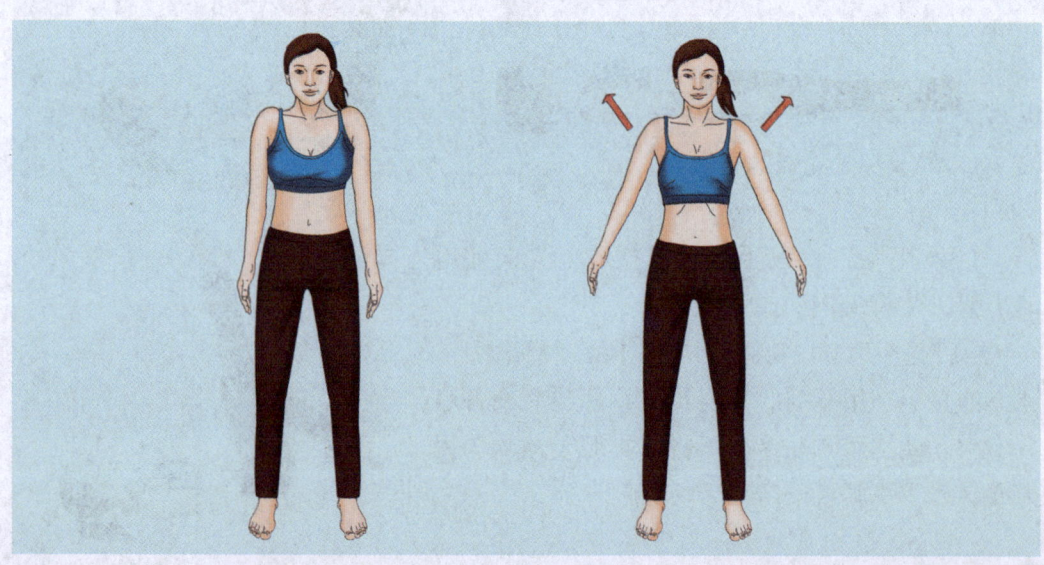

（2）美胸拉伸：挺胸站直，双手虎口交叉互握，手肘向外扩展。

然后双手用力互推。这个动作能够锻炼腹部、胸部、背部肌肉，有美化胸形的效果。

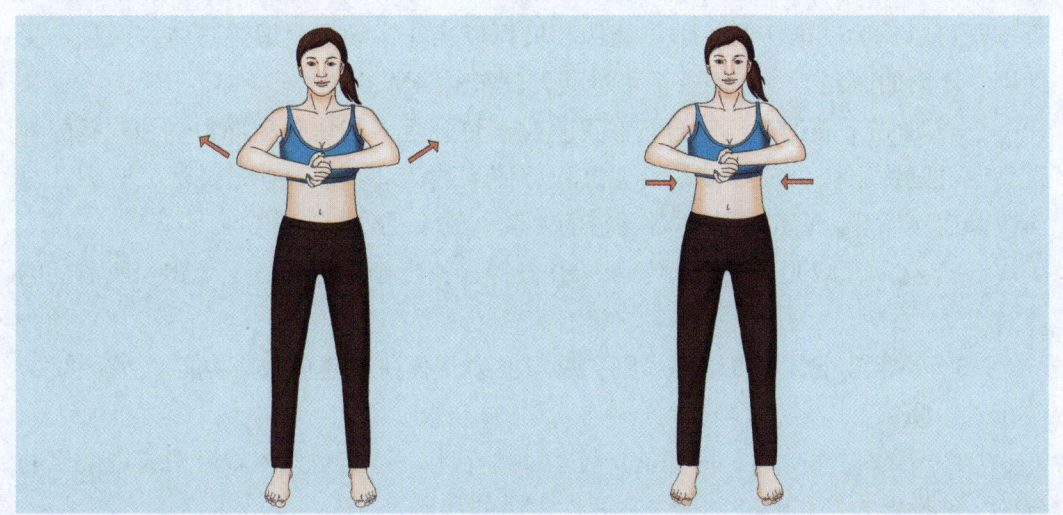

（3）手臂运动：双手交替拉住车厢里的拉环，先握紧5~6秒钟后再松开，再握紧，如此反复。这个动作能够锻炼手臂的肌肉，还可以让手腕变得细致，迷人。

（4）锻炼腹部：如果你随身带着手提包，不妨利用手提包来做个锻炼腹肌的运动。

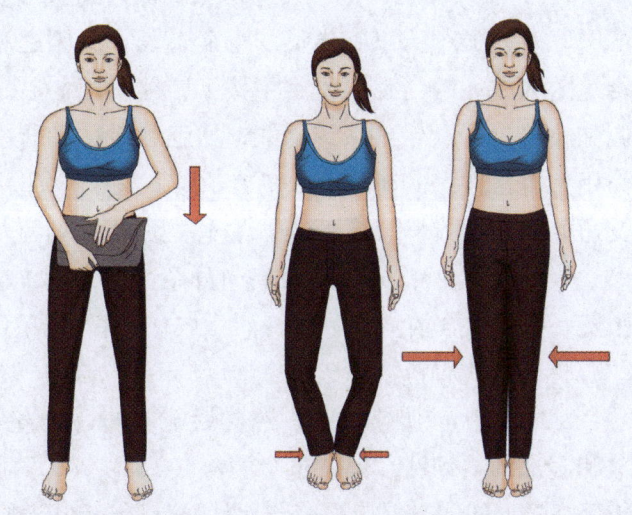

先把手提包抱在腹部，腹部向内缩；然后用一只手将手提包压下去，使腹部用力保持紧绷的状态。如果有座位的话，坐着锻炼腹部的效果会更好。

（5）提臀运动：这个动作适合站在任何位置的人。站立的时候双脚并拢，臀部夹紧，腹部收紧，每次坚持时间越长越好，可以让你轻松消除臀部堆积的脂肪，紧实臀部肌肉。

（6）腿部运动：两只脚的脚踝交替按压，再把双膝先分开再合并，用力互相压，重复做直到下车。

骑自行车一族的拉伸

健康专家说："每天骑车一小时，健康工作五十年，幸福生活一辈子！"自行车既可以作为交通工具，节省能源，又可以当作运动器材锻炼身体，而且不受性别、年龄的限制，一年四季都可进行，骑车对身体的益处多多。

（1）加强下肢锻炼。骑自行车可直接锻炼腿足，能增强腿部力量和双腿的弹跳力，并延缓下肢关节韧带的衰老进程，使下肢活动更加轻便、灵活、有力，进而改善血液循环，有助于身体各器官的协调一致。

（2）有助于减肥。骑自行车40~50分钟，相当于步行4~5千米路程所消耗的热量。

（3）经常骑车，可以锻炼大脑的反应能力，有利于健全大脑功能，活跃思维，防止老年痴呆。

（4）可改善性功能。每日骑自行车4~5千米，可刺激人体雌激素或雄激素的分泌，使性能力增强，有助于夫妻间性生活的和谐。

（5）增强体质、延缓衰老。根据国际有关委员会的调查统计，在世界上各种不同职业人员中，以邮递员的寿命最长，原因之一就是他们在传递信件时常骑自行车的缘故。因为手足得到了按摩，能防治心脏、神经、消化等系统疾病，对协调和改善泌尿、生殖系统功能，增强脑垂体和肾上腺、甲状腺、前列腺、性腺的作用大有裨益。骑车对身体有那么多的好处，生活中有很多人会选择这种便利的交通方式，在骑车前最好是要做一些拉伸热身活动。

（1）耸肩：首先，将双肩向耳朵方向耸起，直到颈部和肩膀处产生轻微的紧张感。保持这个姿势5秒钟，然后放松，肩膀自然下垂。做动作时，在心里默念："肩膀上升，肩膀下降"。

（2）后脚前脚掌撑地，这样后腿能伸得更直一些。这个动作能进一步提高骨盆和髋部的柔韧性。保持这个姿势5~15秒钟。两侧都要拉伸。这个动作会考验你能否在拉伸的同时保持平衡。与上一个动作相同，髋前部下压，同时保持上半身直立。

经常骑车上下班，也需要注意以下事项：

（1）车座不要过高，车座宜软，车把不要低于车座。

（2）骑车时上身应略微前倾，双臂伸直或稍微弯曲，双眼看前方15~20米处。

（3）连续骑车的时间不宜过长，最好每隔40分钟左右下车推行10分钟。切忌在饥饿饱食、大量出汗、疲劳过度、休息不好等情况下骑车。

（4）骑车不要上太陡的坡或是在颠簸不平的路上行驶，因为这样容易造成会阴部损伤。

（5）因骑车引起疾病者应及时去医院诊治，并暂时停止骑车。阴部肿胀或前列腺发炎者可适当进行体育锻炼，并每天用40℃左右的温水坐浴20分钟。颈、腰、手腕部酸痛者，可自我按摩患处，或用热水浸泡，也可局部涂用红花油等，以减轻炎症和疼痛。

等车时的拉伸保健

在等地铁或公交车时，你都会做什么？千万别小看这短短的几分钟，你完全可以好好利用它们来做做运动。每天坚持锻炼就会收到意想不到的效果。

（1）举臂运动：很多女性外出时都会带包，在不妨碍别人的情况下，就可以把它当成"微型运动器械"来锻炼手臂肌肉。

两手拿包，抬头挺胸，一边呼气，一边将手肘尽可能抬高，每次做5遍，反复做2~3组。

（2）收腹运动：将注意力集中在腹部，吸气收腹，默数到5再慢慢呼气并放松腹肌，再吸气收腹。1分钟重复做15~20次，直到腹部有疼痛感为止，此运动可以有效锻炼腹部肌肉。

（3）单足站立：单足站立，提腿要低，动作要小，交换腿要频，10秒钟更换1次，重复做12次。此运动可使上臀部肌肉及腹部肌肉得到有效锻炼。

（4）握拳运动：用力握拳再松开，使整个手臂肌肉有紧张感，1分钟内重复做30~40次。

微信扫码,添加本书智能阅读助手

帮助您提高本书阅读效率